西藏自治区教育厅和西藏民族学院学术著作出版基金资助

从批判走向治理
——托尼·贝内特研究

Tony Bennett

徐小霞 著

中国社会科学出版社

图书在版编目（CIP）数据

从批判走向治理：托尼·贝内特研究/徐小霞著.—北京：中国社会科学
出版社，2015.10
ISBN 978 - 7 - 5161 - 5098 - 6

Ⅰ.①从⋯　Ⅱ.①徐⋯　Ⅲ.①贝内特,T—文化研究　Ⅳ.①G156.1

中国版本图书馆 CIP 数据核字（2014）第 267318 号

出　版　人	赵剑英	
责任编辑	周晓慧	
责任校对	林福国	
责任印制	戴　宽	

出　　版	中国社会科学出版社	
社　　址	北京鼓楼西大街甲 158 号	
邮　　编	100720	
网　　址	http://www.csspw.cn	
发 行 部	010 - 84083685	
门 市 部	010 - 84029450	
经　　销	新华书店及其他书店	

印　　刷	北京市大兴区新魏印刷厂	
装　　订	廊坊市广阳区广增装订厂	
版　　次	2015 年 10 月第 1 版	
印　　次	2015 年 10 月第 1 次印刷	

开　　本	710×1000　1/16	
印　　张	15.5	
字　　数	267 千字	
定　　价	48.00 元	

目　录

导　言

　　托尼·贝内特是当代文化研究重要的代表人物之一，其学术思想已成为文化研究的又一个重镇。随着国内文化研究热潮的不断升温，贝内特应邀两次来华访问，国内研究对其有了学术思想的译介和评析，但包括国外在内，迄今还没有系统深入的全面性研究成果。鉴于此，本书以贝内特所依托的文化研究、当代西方多元思想资源和西方马克思主义文学理论等知识话语为背景参照，以其学术思想逻辑理路的形成、发展和变化为线索，对其学术思想的整体构形展开全面系统的阐述，以深入把握其重要的理论概念、思想观点和学术实践，评析贝内特学术思想和实践的突出贡献、重要地位和不足之处。

　　贝内特一生学术研究涉猎广泛，学术思想和实践涉足马克思主义文学理论、文化研究、博物馆研究和社会学，在这些领域均享有世界性声誉，其理论观点和学术实践具有自己的独创性和价值。笔者认为，贝内特学术思想的问题意识、形成、发展和变化主要基于他在后现代语境下对自己身处的两大知识传统——西方马克思主义文艺美学和当代文化研究中所存在的唯心主义进行的两次大的批判性修正，贝内特力图在两者内重新注入历史唯物主义活力，将对文学艺术、文化实践的历史性分析重新语境化。

　　在文学领域，贝内特以马克思主义学者的身份发起形式主义与阿尔都塞学派间的对话关系，批判西方马克思主义文艺审美理论方面的唯心主义和形而上学倾向，历史地、唯物主义地重新审视"什么是文学"这一根本性命题。同时，贝内特为规避教条马克思主义的经济决定论，从对文本的社会性使用和功能效果的强调出发，将对文学的历史性思考从文学生产条件位移于阅读消费领域，在深层的学理角度，重构马克思主义文学理论，创立不同于经典马克思主义文学生产论的、以阅读消费领域为主的、另一种新形态的马克思主义文学社会学。

贝内特借鉴阿尔都塞的意识形态国家机器概念和葛兰西的文化霸权理论，分析文学在阅读消费领域的历史性问题，提出"阅读形构／互—文性"（Reading Formation ／ Inter-textuality）概念。借助这一概念，贝内特对文本在阅读消费领域中的社会性使用、功能效果的具体机制进行理论化说明，历史地分析文本社会性使用和功能变化的可能性条件，认为这些可能性条件是多元社会历史力量，力图挖掘社会各构成层面对"文本使用"的多元决定力。这一概念把"文学"视为文学文本与其他文本、社会语境、文化意识形态等交融的互文动态网络，不但深化了对"文学"这一基本概念的认识，还实现了对文学阅读理论、互文性理论与英国文化研究受众研究方面的双重超越。随后，贝内特用"文学制度"概念进一步阐明制约文本社会性使用、功能效果变化的权力机制，尤其强调文学制度的机构实体这一物质层面所凝结的权力机制。在文学政治方面，贝内特从文本使用的功能、效果的角度出发，提出介入式文学批评政治和制度政治等颇具实用价值的文化政治理念。

20 世纪 80 年代中叶，贝内特移居澳大利亚，他的学术兴趣也从文学研究转向文化研究。受澳大利亚文化研究实用主义学风的影响，同时也由于对当代文化研究基于语言符号学的文本唯心主义的不满，贝内特将自己以前对"文学制度"的思考进一步拓展到文化研究领域，率先提出"文化政策研究"（cultural policy study），敦促文化研究从仅关注意指实践范畴的唯心主义转向历史唯物主义。文化政策研究主要关注文化实践的制度性背景和政策、制度机制的运作方式而非文化形式的意指实践，它的理论基础是福柯的"治理性"概念（governmentality），从更为积极的角度看待权力的能动性和生产性。贝内特把"治理性"引入文化研究领域，视文化、文学艺术、审美为自我技术，不但为文化研究的权力分析提供了不同于葛兰西霸权理论的新理论范式，还开拓了与文化研究批判性传统不同的实用主义方向。

贝内特对文化研究理论范式的革新势必会引起文化研究某些理论范畴和基本架构的结构性转换，他从治理性角度对文化研究的整体范畴进行了理论重构：包括从治理性视角对"文化"概念的重新界定、重构文化与社会交往（the social）间的关系、指认文化知识分子为文化技术工、提出文化政治抵抗是治理性权力的策略性逆转，等等。这些重构除以福柯的治理性为理论基础外，还吸收了法国学者布鲁诺·拉图尔的行动者网络理论，提出"聚合中的文化"（Assembling Culture）这一概念，视"文化""社会交往"为话语与非话语、人类与非人类等异质因素相聚合而形成的动态网络和过程，从生成过程而非结果，重构"文化""社会交往"的概念和彼此间的相互关系，把握文化实践、知识和权力三者间的复杂关联性。贝内特的上述努力可看做他从历史和唯物主义角度，针对当代文化研究存在的文本唯心主义征候提出的疗治方案，用贝内特自己的话说就是使文化转向后的文化研究重回物质方向。

由于对文化政策、制度等权力机制运作的物质层面——机构实体的强调，贝内特十分关注凝结在机构实体上的权力和其运作方式，这一点借鉴了福柯的"权力装置"概念。贝内特对内在于机构实体的权力实践、知识的考察主要集中在博物馆这一经验分析领域。贝内特的博物馆研究最显著的特征是，他不是从葛兰西意义上的市民社会概念与霸权理论角度把握博物馆这一文化机构的，而是视现代博物馆为治理装置，指出它是现代市民的自我技术：由于博物馆内的各种知识实践具有某种动力效应，促使个体在身体践行和思想感情诸方面进行自我改变和塑形，进而改变社会关系，达到社会性治理的需求和目的。从这个意义而言，现代博物馆也是改造市民的"市民实验室"（civic laboratories）。

贝内特的学术研究不但重视学理性和理论性，还注重操作层面的经验分析与个案研究，广采社会学、人类学、社会统计学等实证性方法来研究通俗文化与西方马克思主义意义上的审美问题，分析文化政策、文化资本与文化区隔的关系等。

总之，贝内特从考察文学文本的社会性使用和功能变化入手，在回答"什么是文学"这一根本性命题上，将对文学的历史性思考置于阅读消费领域，提出阅读形构／互—文性概念，以说明文学文本功能效果变化的社会历史动因，随后他进一步将这一社会历史动因归结为权力机制：文学制度。在福柯的治理性启发下，贝内特把文学（文化）制度的权力形式指认为治理性，并以之为理论基础，重构了文化研究的整体范畴。贝内特的博物馆研究，则是他将文化治理性的理论观点用于经验性分析的有益尝试。

贝内特在继承英国文化研究传统的经验主义的同时，在对文化与社会、文化与意识形态机制等关系的复杂性的揭示上，显示出自己的独特思考和理论价值，其学术思想中鲜明的理论开拓性、实践参照性、政治实用性，对我们具有重要的启示意义。

第一章

绪　论

第一节　问题性阐述

托尼·贝内特［Tony Bennett，又译为"托尼·本尼特"，全名弗雷德里克·安东尼·贝内特（Frederick Anthony Bennett）］，是继雷蒙德·威廉斯、斯图亚特·霍尔之后，第二代英国文化研究最重要的代表人物之一。贝内特也是澳大利亚文化研究的领军人物，对澳大利亚文化研究产生世界范围的影响作出了卓越的贡献。贝内特的学术思想在文化研究、文学理论、博物馆研究等领域都具有开拓性创新：在文学研究领域，贝内特为重新探讨马克思主义意义上的、作为意识形态的文艺美学提供了新的思考视角；在文化研究领域，贝内特开创了新的理论范式——文化治理性；在博物馆研究上，贝内特打破文化批判传统视博物馆为市民社会一部分的思路，从治理权力装置角度出发，历史性地理解博物馆与权力、博物馆与主体、与社会行为间的复杂互动关系，在实践和理论两方面，奠基了当代博物馆研究以治理性为参照依据的新研究路径。可以说，贝内特在上述三个领域均有卓越的建树，他的学术思想具有重要的理论价值和实践意义。

贝内特 1947 年出生于英国曼彻斯特市，在牛津大学学习政治学、哲学和经济学，后在苏塞克斯大学（Sussex University）社会学系攻读博士学位，研究兴趣集中在艺术和文学社会学上，尤其对卢卡奇的马克思主义文艺美学思想十分关注，这为他以后从马克思主义文艺美学角度切入文化研究的相关问题域提供了坚实的学理基础。20 世纪 70 年代初，贝内特在布里斯托尔大学（University of Bristol）工作，与雷蒙德·威廉斯、爱德华·汤普森等人结识，开始了自己的文化研究学术生涯。1976—1983 年担任开放大学社会学助教、跨文化研究课程讲师，出版了第一部成名之作《形式主义与马克思主义》（1979）。本书围绕"什么是文学"这一基础性话题，对阿尔都塞学派的本质主义予以擘肌分理的分析和批判。凭借此书，贝内特在西方马克思文艺美学界赢得了世界性声誉。

1983 年，贝内特移居澳大利亚，在澳大利亚格里菲思大学（Griffith University）先后讲授社会学课程和文化研究课程，后荣任格里菲思大学人文学院院长和澳大利亚"文化与媒介政策中心"主任。受澳大利亚实用主义学风的影响和澳大利亚工党的政策性支持，在澳期间，贝内特学术思想的理论支撑也从葛兰西的霸权范式转向福柯的治理性，研究重心由文学审美研究领域逐渐深入文化研究领域，尤其侧重博物馆研究和文化政策研究，先后发表了一系列重要的专著和极具影响力的学术论文。如《邦德及其超越》（1987，与珍妮·沃考特合著）、《文学之外》（1990）、《博物馆的诞生：历史、理论、政治》（1995）、《文化：一门改革者的科学》（1998）、《文本、读者、阅读形构》（1983）、《将政策置于文化研究中》（1992）等。1998 年后，贝内特返回英国，在开放大学接任斯图亚特·霍尔退休后的社会学教授一职，同时担任开放大学"社会文化变迁研究中心"主任。2009 年至今，贝内特任澳大利亚人文科学院研究员、澳大利亚西悉尼大学文化研究中心教授、墨尔本大学客座研究员。

自 20 世纪 90 年代始，贝内特的学术兴趣逐渐转向文化研究，尤其侧重文化政策研究。他先后承担英国政府、澳大利亚政府、联合国教科文组织、欧洲理事会等组织的多个重要研究项目，如他所领导的社会与文化变迁研究中心（RESRC）是联合国经济社会委员会资助的大型国际性研究；文化多元性与文化政策研究是欧洲理事会资助的国际项目。重要研究成果有《差异多元性：文化政策和文化多元性跨越研究》（2001）、《澳大利亚的文化：政策、公众、规划》（2001）、《超越记忆的过去：进化、博物馆、殖民主义》（2004）、《文化的轨迹：文化、社会、知识分子》（2007）、《文化、阶级、区隔》（2009）。此外还有编辑、与人合作的著作22 部，以及大量学术论文。其中影响深远的著作有《解释趣味：澳大利亚日常生活文化》（1999，与人合作）、《当代文化和日常生活》（2004，贝内特主编）、《物质的权力：文化、历史与物质转向》（2010，编辑并参与写作）等。重要学术论文主要有《作用于社会交往：艺术、文化和治理》（2000）、《制作文化，改变社会："文化研究"的视角》（2007）、

《审美、治理、文化》《聚合中的文化》（2009）、《考古学解剖：具体化的时间和文化管理》（2002）、《公民实验室：博物馆、文化实物和管理社会交往》（2005）、《文化的工作》（2007），等等。

贝内特兼收并蓄各家之言，以敏锐的洞察力和深邃的思想，紧紧围绕文化（文学）与社会间的关系，在众声喧哗的"后学"思潮这一新历史语境下，始终探索一条如何历史性地重新认识文化（文学）现象的学术之路，先后提出了"阅读形构/互—文性""制度化的'文学'概念""文化治理性""文化政策研究""聚合中的文化"等重要观点，其学术思想已成为当代文化研究的另一个重要范式，正产生着世界性影响力。但迄今为止，贝内特仍是一个广为人知却鲜为人解的学术大家，人们对他的评价也是毁誉参半，各执一词，难有定论。

在当代西方风起云涌的多元学术思潮中，贝内特总是能与各阶段的主流思潮保持着清醒的距离，彰显出卓尔不群的独立思想品格：他以最激进的姿态彻底击碎西方马克思文学传统中的总体性、普遍性、审美自律性等幻觉，追求文化（文学）的历史化和境遇化；他从社会学功能主义立场理解文化和文学现象，消解文本中心主义，转而强调文本的社会使用效果和功能价值，体现出一定程度的实用主义倾向；在权力观上，他立足于福柯的治理性概念，彻底拒斥当代文化研究的新葛兰西主义霸权范式，揭示现代治理制度与文化实践、现代知识分子间的复杂关系。

贝内特的特立独行自然遭到人们的争论和非议，即使与贝内特同样具有马克思主义学术背景的伊格尔顿和詹姆逊对贝内特也颇有微词。伊格尔顿曾在接受美国记者采访时，含蓄地讥讽贝内特是典型的"左翼极端境遇主义"；詹姆逊则直言不讳地斥责贝内特，认为贝内特的思想"属于他体思想，他忙于以传统的阿尔都塞式的气势汹汹的恐吓方式，追踪和遣责所有这些左派方面的敌人的意识形态错误"①。在文化研究领域，对贝内特提出的文化政策更是议论纷纷，质疑者普遍认为治理性视角下的文化研究丧失了文化研究最重要的价值诉求和真理批判维度。

笔者认为，由于各人的理论旨趣和立场观点之差异，对贝内特的批评指责难免有偏执一隅之嫌，在既未全面理解贝内特的整体思想框架，又无视其取得的巨大成就的情况下，对贝内特这种断章取义式的指责是不公平

---

① Fredric Jameson, "On 'Cultural Studies'," *Social Text*, No. 34（1993），p. 29.

的。事实上，贝内特的学术研究一向成就斐然：20 世纪 70 年代末，贝内特
就以《形式主义与马克思主义》这本不足两百页的著作，敲响了西方马克
思主义美学研究的厚重大门，在马克思主义美学内部展开了与形式主义的
有效对话，轰动西方英语国度马克思主义文艺美学界。80 年代初，贝内特
在开放大学发起"通俗文化"课程，首次站在读者立场，以葛兰西霸权概
念对英国文化研究范式中的文化主义和结构主义的二元对立予以调解，在
英国文化研究中"这具有决定的、不同寻常的意义"①。90 年代左右，贝内
特作为澳大利亚文化研究的主要引领者之一，在澳大利亚率先发起席卷全
球性质的文化政策研究这一学术运动，开拓了当代文化研究的实用主义方
向，为促成澳大利亚文化研究取得世界性的影响作出了功不可没的贡献。
90 年代至今，贝内特在转向福柯之后，用自己建构的"文化治理性"理论
范式着手关于博物馆的经验研究，在理论与实践上为当代博物馆研究奠基
了新的视野和思路。同时，文化研究中当下十分热门的文化公民权研究也
与贝内特引领的文化治理性范式不无关系。可以说，贝内特的文化、文学
研究，无论在理论建构还是经验现象的实践分析上，均功绩卓著，他的理
论观点和学术实践，以独树一帜的实践性、实用性、经验性，"成为当代文
化研究中一种重要的理论范式"②，他也继霍加特、霍尔、威廉斯等第一代
文化研究奠基人之后成为享誉世界的新一代文化研究大家。

　　据贝内特目前任职的澳大利亚西悉尼大学的资料，其著述已传播至德
国、西班牙、法国、意大利、印度、希腊、日本、中国等地，并正产生着
重要的影响。仅 Google 学术网和 JSTOR 学术论文网两个网站搜索的数
目显示，目前引用、引证贝内特观点和理论的相关著述，不下千部。贝内
特不仅对文化研究具有独特贡献，他的文学思想"对马克思主义关于文
学、艺术等文化的社会作用，对真正意义上的马克思主义美学的发展都作
出了很有价值的研究和贡献"③，为我们从社会功能角度思考文学审美和
文化现象提供了重要的参照性视角。但目前国内外还没有关于贝内特学术

---

① ［英］约翰·斯托里：《英国的文化研究》，陶东风、周宪主编：《文化研究》第 7 辑，广
西师范大学出版社 2007 年版，第 227 页。
② 段吉方：《理论与经验：托尼·本尼特与 20 世纪英国文化研究》，《马克思主义美学研究》
2002 年第 2 期。
③ 王杰：《才·本尼特：文化与社会·中译文序》，广西师范大学出版社 2007 年版，第 1
页。

思想全面、系统的专题性研究，贝内特仍是一个广为人知却鲜为人解的学术大家，对他思想观点的误读误释比比皆是，断章取义地妄加赞誉或指责的现象也随处可见。

鉴于此，能对贝内特整体学术思想做一个全面、深入的系统研究和评述，填补目前这一学术空白，具有重要的理论意义和前沿性的学术价值。贝内特的学术思想融合了社会学、人类学、文化研究、文学理论以及博物馆学，如能以跨学科视角深度解析贝内特的整体学术思想，对文学理论、文化研究、博物馆学、教育学、社会学等领域的研究具有一定的启示意义。就国内语境而言，全面系统地研究贝内特的学术思想，在深度理解对方的基础上，与西方当代文化研究最新理论资源展开对话交流，积极借鉴、吸收对方的有益经验和资源，以问题式切入西方当代文化研究学术资源，对促进我国文化、文学研究工作进一步"生产性"地发展不无现实意义。

第二节　国内外研究综述

一　国外研究概况

国外虽引证、引述贝内特观点的论文、著作不下千部，但由于贝内特研究范围十分广泛，涉及文学、文化、政治、社会学、博物馆学、传媒研究等诸多领域，有关他的评论大多只是针对某一相关领域的散论和专评性论文，且寥寥可数，引论和散论居多，国外目前对贝内特的研究还未走向全面、系统。

就目前所收集到的评论资料看，从范围来说，主要集中在文学和文化研究领域；从评论倾向看，各评论观点意见完全冲突，赞同与批驳各掺半，即使针对贝内特的同一种思想观念，各评论观点也相互抵牾、意见相左。从书写形式来看，持赞同意见的文章虽居多数，但均为散论和引证，没有专评；持批评意见的均是专评，但为数不多。

具体而言，就评论内容看，批评者对贝内特的指责主要集中在"阅读形构"概念和"治理性"理论依据上，认为贝内特往往以偏概全，有将仅具一定适用限度的理论观点泛化的极端倾向。此类代表性评论文章主要有《马克思主义的艺术理论》① 《伊格尔顿采访录》《符号学唯心主义》

《官僚性》《在"文化的"社会中的公民权：一条国际主义路径》等。也有批评者指出，贝内特过于追求政治效果和达到效果的手段，存在一定的功能主义倾向，忽视了主体的意识情感和缺乏对伦理价值标准的设定。这一意见的代表性文章主要有《沃洛希诺夫、贝内特和政治书写》《马克思主义和历史知识：托尼·贝内特和话语转向》《扩大的实践：审美、色情和文化研究》《普遍主义和乌托邦》《文化政策研究》等。

持赞同意见的基本都是散论，他们在肯定贝内特突出的理论贡献的同时，以具体的文本批评实践阐发贝内特的话语历史观、阅读形构、文类观、文化治理性等理论观点的适用性和合理性。此类代表文章主要有《评论：批评和社会行动》（Review Essay Criticism and Social Action，by James W Davidson）、《当代诗歌中的文学历史和反面实践问题》（Literary History and the Problem of Oppositional Practice in Contemporary Poetry，by David Kellogg）、《上帝的游戏和治理性：〈文明2〉和超媒介知识》（God Games and Governmentality Civilization II and Hypermediated Knowledge，by Shawn Miklaucic）、《阅读形构的政治：以尼采在德帝国为例（1870—1919）》（The Politics of Reading Formations：The Case of Nietzsche in Imperial Germany（1870-1919），by Geoff Waite）。

从评论范围看，文学方面（主要集中在20世纪80年代到90年代初）最具代表性的专评是在贝内特的《形式主义和马克思主义》（1979）发表两年后，由安妮·蕾莉（Anne Reilly）和普鲁斯佩·罗塞兹（Prospero Saiz）共同撰写的30多页的专评《沃洛希诺夫、贝内特和政治书写》（Volosinov，Bennett，and The Politics of Writing）。文章主要批评以贝内特为代表的英国左派文学研究在挪用俄国形式主义时，以自己的理论和政治立场先入为主地误读了俄国形式主义，致使俄国形式主义成为达到左派政治目的的材料和工具，却根本无视形式主义本来的真实面目和理论观点。文章用大量篇幅分析沃洛希诺夫①的言语互动理论和贝内特对沃洛希诺夫的误读。作者指责贝内特移用沃洛希诺夫的目的只是使之更接近于阿尔都塞式的马克思主义，同时指出贝内特为达到对文本的政治再书写目的，"忽视了对话语的思想和意识形态立场的理解"，这是功能主义和"历史主

---

① 学界基本上公认署名为"沃洛希诺夫"的著作就是巴赫金的作品。

目的论"的行为。① 笔者认为，安妮·蕾莉和普鲁斯佩·罗塞兹对贝内特
存在的功能主义和目的论倾向的认识可谓一针见血，因为这的确是贝内特
长达 30 年学术研究最主要的特点。可是，评者并未理解贝内特的移用和
误读本身就是有意为之的后结构主义立场：文本的再书写重于文本的所
指。可以说安妮·蕾莉和普鲁斯佩·罗塞兹与贝内特立场的抵牾，体现了
80 年代后结构主义与现实主义在"表征"和"现实"问题上的分歧。

同样的指责还见于基斯·詹金斯（Keith Jenkins）的《马克思主义和
历史知识：托尼·贝内特和话语转向》（Marxism and Historical Knowledge：
Tony Bennett and the Discursive Turn）一文。文章主要质疑贝内特《文学
之外》（1990）一书的后结构主义立场。论者站在传统历史学家的角度，
批评以贝内特为代表的后马克思主义者的历史观中解构主义相对论倾向，
认为贝内特完全忽视了历史事实和真实世界，一味追求表征和语言的差异
性，"丧失了意义的确定性，打破了符号与现实的必要联系"②。结果使贝
内特自己主张的马克思主义政治陷入了相对主义的泥沼，由于丧失了历史
的真实性和确定性，贝内特主张的政治理想的合理性依据也势必荡然
无存。

如果说上述两篇评论集中体现了 80 年代学界关于"表征"与"现
实"、"话语"和"世界"的争论，是现实主义传统对以贝内特为代表的
后结构主义立场的责难的话，那么对贝内特 80 年代中后期建构的"阅读
形构"的指责，则是文学内部研究视角的"文学自主论"与文化研究外
部视角的文化多元决定论、境遇主义间的分歧。迪特·弗罗英德利布
（Dieter Freundlieb）的《符号学唯心主义》和伊格尔顿《伊格尔顿访谈
录》集中代表了这种意见。两位论者都指出贝内特过于强调历史情境主
义的文本消费和文本使用效果，具有忽视文学生产论和文本审美价值的极
端化倾向。

文化研究方面的专评（90 年代之后至今），主要对贝内特提议的文化
治理性范式和文化政策研究仅以福柯哲学为理论基础提出质疑，认为文化
治理性、文化政策研究仅依靠这一条理论路径，不但忽视了对主体能动性

---

① Anne Reilly and Prospero Saiz, "Volosinov, Bennett, and The Politics of Writing," *Contempo-
rary Literature*（Autumn 1981），Vol. 22，No. 4，p. 543.

② Keith Jenkins, "Marxism and Historical Knowledge：Tony Bennett and the Discursive Turn,"
Literature and History, ser. 3：3：1（Spring 1994），pp. 16–28.

的关注，而且其明显的工具主义和实用主义倾向，因缺失伦理价值标准的设定，极易沦为权力的帮凶。最典型的批评文章是乔纳森·斯特恩（Jonathan Sterne）的《官僚性》（Bureamentality）和吉姆·麦克盖根（Jim McGuigan）的《文化政策研究》。乔纳森·斯特恩肯定以贝内特为代表的文化政策研究的确开辟了文化研究新的方向，但指出，文化政策研究仅以福柯的治理性为理论基础远远不够，还须补充文化研究的批判性传统。作者通过分析贝内特的文化研究政策和文化治理性所依赖的理论依据存在的内在矛盾，即福柯治理性哲学中的人道主义和反人道主义间所存在的张力，尖锐地指出，福柯哲学自身存在的张力势必造成文化政策研究所追求的政治目标与其理论基础的矛盾，即政治改良的自由人道主义目标与反人文主义的权力哲学具有不可调和的张力，后者暗中颠覆了文化政策研究实践所指向的政治目的，结果造成理论和实践的分离，这种分离给文化政策研究留下了自身无法解决的伦理政治问题。

贝内特的文化治理性和文化政策研究由于悬置伦理判断和价值标准，也同样遭到吉姆·麦克盖根的质疑。在《文化政策研究》一文中，虽然吉姆·麦克盖根的主要目的是对以贝内特为代表的文化政策研究予以修正而不是抛弃，但文章还是指出了以贝内特为代表的右翼倾向的文化政策研究所存在的种种弊端。文章认为，以贝内特为代表的文化政策研究缺失对伦理价值标准的适当设定，没有在"实用真理"和"批评真理"间保持适当平衡①，只一味偏重前者，批判性这一伦理价值维度却明显萎缩，使文化政策研究成为官僚权力的同谋，结果是，文化政策研究的政治实践以公民身份权这一社会民主改良修辞取代了文化研究传统的革命修辞。文章最后提出，要"自由地运用福柯和哈贝马斯洞见中的合适部分以阐释文化政策的特定问题"②，建议用多视角的理论资源充实文化政策研究的上述缺憾。

二　国内研究概况

国内对贝内特的认识已从翻译介绍发展到研究性批评，但目前还没有

①　［英］吉姆·麦克盖根：《文化政策研究》，陶东风主编：《文化研究精粹读本》，中国人民大学出版社 2006 年版，第 190 页。

②　同上书，第 197 页。

全面、系统的研究专著问世。

最早译介贝内特著述的是《辽宁大学学报》1994年第4期刊登的寿静心译的《科学、文学与意识形态——路易·阿尔都塞文学观念》一文，该文译自托尼·贝内特1982年伦敦版的《形式主义和马克思主义》第6章。此后，随着国内文化研究热的兴起和蔓延，贝内特的文化研究著述相继被译介引进。陶东风在1999年《文艺研究》第1期发表了《托尼·贝内特谈文化研究与知识分子》一文。随后国内相继出现诸多译文。① 2007年，由南京大学文学院王杰、强东红等人以论文集的形式翻译出版了《本尼特：文化与社会》一书，该书选译了贝内特每个时期和每个研究领域最具代表性的一些著述，这是目前国内第一部也是唯一一部较系统译介贝内特著述的论文集。迄今，国内还没有关于贝内特专著的译作。

国内评论性论文的出现与2005年、2009年贝内特先后两次来华访问不无直接关系。2005年，贝内特应邀到北京语言大学访问和演讲，随后该校硕士生罗昔明于2006年写了《托尼·贝内特及其政治文化观念》硕士论文。这是国内首次关于贝内特的学术研究，也是迄今所有评论文章中较全面地介绍贝内特主要思想观点的论文。该文以贝内特对文化与权力关系的揭示为主线，介绍式地简述了贝内特的一些主要观点。本文仅就观点说观点，没有将贝内特的学术思想、学术实践与其所依托的思想资源、知识背景和现实语境联系起来，也未能把握其各观点间的内在逻辑联系，对贝内特主要观点的理解显得粗疏，甚至有个别的误读现象。

2009年，贝内特应以王杰为代表的南京大学官方的邀请来华，推动了国内学界对贝内特马克思主义美学思想的关注和研究热潮，王杰及其博士生先后发表了9篇论文，为国内贝内特的研究奠定了良好的基础。除此以外，有上海师范大学刘云茹、孙鹏程合作的《西方马克思主义文论的本质主义困境及解构策略——以托尼·本尼特的反本质主义文论为视角》和罗昔明的《托尼·贝内特：从美学批判到后马克思主义》《文化、政策与管制——托尼·贝内特的文化批评观念剖析》《托尼·贝内特文学批评观念剖析》等6篇论文，罗昔明的这些论文与其硕士论文内容基本雷同。

除了罗昔明这6篇论文外，目前国内研究贝内特的论文共计10篇，

---

① 1999—2006年的具体译文名单介绍可参见北京语言大学罗昔明2006年硕士毕业论文《托尼·贝内特及其政治文化观念》。

这些论文主要涉及贝内特文化与文学两个研究领域，内容多属介绍与阐述性质，系统深入的研究较少。具体来看，文学研究类有 7 篇，主要从马克思主义美学角度评析贝内特的文学观。其中，简介性质的论文有张玉琴的《托尼·本尼特马克思主义美学研究的基本视野》、王杰的《托尼·本尼特的马克思主义美学研究》、强东红的《理论与实践：托尼·本尼特的马克思主义文论研究》；阐述性质的论文有周海玲的 3 篇论文：《审美历史化和政府治理性——试论托尼·本尼特文化研究中的关键因素》《历史中的文本——托尼·本尼特对大众文化文本的马克思主义研究》《读者的主体幻象与阅读构形——读者反映批评与马克思主义读者研究的对话与发展》。周海玲的研究重心集中在马克思主义美学的问题域上，评述了贝内特关于美学自律和他律关系的思想，及其阅读形构观点在马克思主义美学接受理论史上的地位。相比而言，周海玲的论文是目前看到的较有深度和新意的文章。同时刘云茹和孙鹏程合作的《西方马克思主义文论的本质主义困境及解构策略——以托尼·本尼特的反本质主义文论为视角》一文，也是阐述性质的评论。论文分析了贝内特对马克思主义美学本质主义的批评和以其为代表的后马克思主义的文学解构策略，介绍了贝内特《形式主义与马克思主义》的主要观点和阅读形构的概念，但未能走向深度分析。张良从的《大众阅读与解释的操控——试论托尼·本尼特的阅读理论》一文主要介绍贝内特的阅读理论，但论者似乎未能真正理解贝内特阅读理论的核心是阅读形构概念，没从学理深度对其阅读理论作出令人信服的解释。

文化研究方面的论文共计 3 篇。段吉方的《理论与经验：托尼·本尼特与 20 世纪英国文化研究》，从英国文化研究学术传统背景凸显贝内特文化研究的主要特征，概述了他的治理性观点。曹成竹的《知识分子：一个从批判到实践的社会群体——兼论托尼·本尼特的知识分子观》和郑从荣的《一种"自下而上"的位移——论本尼特实现左派知识分子文化目标的现实途径》，主要介绍和简析了贝内特的知识分子观。

通观国内贝内特的研究，多以译介和概要评析为主，即使有几篇深入的文章，也是在马克思主义美学框架下的阐发和片段性研究，未能走向全面性的系统研究，也没有辩证地看待贝内特主要观点的得失利弊。更为重要的是，目前几乎没有涉及贝内特的博物馆研究，也没有关注近年来贝内特以治理性为理论基础对文化研究的整体理论范畴做出的结构性重构。

综上所述，国外学者对贝内特的认识仅限于对他某个领域内的某个观点的分析，没有走向全面、系统和深入的研究，难免因论者立场不同而对贝内特的成败得失作出漫画式的处理。国内对贝内特的研究还处于起步阶段：第一，大多为译介和概要式评析性质的研究，系统深入的全面研究处于空白；第二，即使有个别稍有水准的研究，也拘泥在贝内特的马克思主义文学理论领域上，忽视其对文化研究理论结构性重构的开拓性贡献和重要意义，对其博物馆领域的研究也完全处于空白。

第三节　本书主要研究思路

本书针对贝内特研究所存在的上述不足，力图填补国内外这一学术空白，对贝内特学术思想作出系统性的全面研究。本书在结合贝内特的学科背景、现实语境、思想资源等方面的同时，以贝内特学术思想逻辑理路的发展变化为线索，勾勒其学术思想的整体构形，深入把握其重要的理论概念和思想观点，评析它们所蕴含的理论价值、实践意义和不足之处。

本书在展开对贝内特各阶段、各领域不同思想观念的详细分析之前，先依据其思想观念的内在逻辑关联，简要勾勒其学术思想的总体风貌和主要思想资源，以求对贝内特学术思想有个提纲挈领式的宏观认识。这也是本书的主要研究思路，全书将以此为基础展开详细分析论证。

一　贝内特学术思想的总体风貌和主要思想资源

（一）

贝内特涉猎广泛，其学术思想涉及文学理论、文化研究、博物馆学、人类学和社会学，纵观其 30 年的学术思想，在当代西方社会政治风云变化、各种"后学"思潮蔚然勃兴的历史语境下，为规避经济决定论，历史性地重新审视文化（文学）与社会的关系问题是贝内特一以贯之的主题，用贝内特自己的话说就是"我把我的工作看作是对文化和社会之间的关系进行的长期探索"[①]。在这条漫长而艰辛的学术探索之途中，贝内特始终立足于当代文化研究所关涉的问题域、理论和实践范畴，以之作为

---

① 托尼·本尼特：《本尼特·文化与社会》，王杰等译，广西师范大学出版社 2007 年版，第 30 页。"托尼·本尼特"又译为"托尼·贝内特"

自己学术思想的重要参照系和学术增长点，并依托当代西方诸多思想资源，博采众家之言，融会贯通为一套具鲜明个人风格的学术思想和独特方法论：在后现代思潮的影响下，贝内特为规避经济决定论，从社会学功能主义角度出发，以文本的社会性使用而非文本本身为考察对象，历史性地重新阐释文化（文学）现象，强调文化（文学）的复杂性、文化（文学）与社会的多元互动关系，关注文学（文化）的他律性问题，尤其侧重蕴含在文学（文化）他律性内的权力关系及其复杂的运行机制。这一思路在他提出的"文化治理性"观中臻于成熟和完善。可以说，"文化治理性"是贝内特对文化（文学）与社会的关系、文学（文化）他律性的运行机制等问题思考成熟后的理论概括，也是他后来据以分析具体的文化（文学）现象、博物馆等经验研究的重要理论依据。在方法论倾向上，贝内特注重社会学功能主义视角，兼采人类学、社会统计学、社会学等实证研究方法，注重实证性、可操作性，批判性地超越了文化研究中的利维斯主义文本批评模式，其主要方法论具有一定的工具主义和实用主义特征，为此，其学术风格相应地呈现出鲜明的实用性、经验性、实践性等品格。

作为当代文化研究领域的杰出学者和积极倡导者，贝内特总是以文化研究的理论旨趣、问题域、方法论为自己学术思想的重要参照。正因此，为历史性地探索文学（文化）现象，就其研究阶段和理论建树来看，贝内特对自己身处的学术知识传统进行了两次大的反叛性修正：20 世纪 70—90年代，贝内特用文化研究的"多元决定论"并从意识形态国家机器视角，修正了西方马克思主义文学传统的"审美自律性"和"文本本位主义"，引入文本的社会性使用、功能、效果说，并首次用葛兰西的霸权理论，从通俗文学的读者立场调停文化研究领域中文化主义与结构主义两种范式间的对立，提出"阅读形构/互—文性""文学制度""审美为自我技术"等观点，揭示铭刻在文化（文学）中的历史规定性和权力关系，赋予文学现象以历史化和境遇化的维度。从 90 年代至今，贝内特从事文化研究和博物馆研究，他对文化研究中的新葛兰西霸权理论这一主流范式"采用越来越丰富的文本主义和推论性（从表意实践和'现实'比喻的具体化到人类学的文本化）"① 而日趋显出疏离历史性、趋于唯心主义的作法极为不满，他以福柯的治理性概念为新的理论范式解决文化的历史性问题，敦促文化研

---

① 谢少波、王逢振编：《文化研究访谈录》，中国社会科学出版社 2003 年版，第 52 页。

究范式的治理性转向，试图以之作为当代文化研究从文本唯心主义转向唯物主义的有效途径。

贝内特学术思想鲜明的个人风格和对文化研究理论范式的反叛性修正绝不意味着他脱离了文化研究的学术传统。相反，他的反叛是对日益制度化、模式化的文化研究的修正，进一步证明和推动了文化研究的内在活力。因为英国当代文化研究中心自成立伊始，其学科定位和方法论选择主要以实践性、策略性和自我反思与语境取向性为主。用格罗斯伯格的话说，就是文化研究并非建立在文化特定性理论之上，它的要旨在于"审视特定实践如何置于、以及它们的生产性如何决定于社会权力结构和日常生活现实体验之间的关系"①。为此，格罗斯伯格认为，文化研究的开放性和实践性使文化研究史从来就并蓄着多个主张和立场，它不停地在变化的学术和政治立场版图上反复谈判自己的同一性。②贝内特的学术思想便体现了文化研究这种"同一性的差异性"。同一性在于，无论他的主张和概念持有与文化研究主流理论范式如何相左，其关注文化实践中的文化与权力的关系这一持久性命题没有变，差异性主要指贝内特鲜明的个人学术品格、独特的问题意识和观念范畴。

尽管贝内特始终在文化研究传统内部对文化（文学）的历史性、文化与社会的关系等予以别开生面、独树一帜的思考，但他也是一位兼容并蓄、博采众长、学识渊博的学者，他总能依据现实语境和学术背景的变化，从问题意识出发，及时吸纳诸多有益的思想资源，以之为自己的理论参照，逐渐形成了其独特的思想观念。

（二）

托尼·贝内特最初的学术生涯起步于社会学领域，在英国苏塞克斯大学社会学系攻读博士学位时，其兴趣集中在艺术和文学社会学上，对卢卡奇的西方马克思主义美学有过深入研究，由此对后康德美学和西方马克思主义美学传统有了充分的了解。在这一过程中，贝内特逐渐对西方马克思主义哲学美学传统中的唯心主义产生了不满，他惊异地发现人们总是在马克思主义理论基础上发展出一种哲学美学，"把审美当作一种与科学和意

---

① ［英］劳伦斯·格罗斯伯格：《文化研究的流通》，罗钢等主编：《文化研究读本》，中国社会科学出版社 2000 年版，第 70 页。

② 同上。

识形态区分开来的、精神与现实间关系不变模式来论述"①。贝内特斥责这是用前马克思主义哲学立场甚至早期资产阶级的哲学立场,置换了马克思主义的历史主义、唯物主义,它与马克思主义历史论证立场完全背离,是一种失败的唯物主义。

20世纪70年代初期,贝内特受到英国文化研究的影响并成为文化研究著名学者。与霍尔等人从媒体、亚文化等文化现象入手不同,贝内特主要从文化研究视角在文学领域尤其是马克思主义文艺美学领域辛苦耕耘,重新审视马克思主义文艺美学的某些关键范畴,试图克服其中的诸多问题和唯心主义弊端,在文学与社会的关系问题上赋予新的历史性思考维度。

众所周知,英国文化研究的学术规划是克服马克思主义思想在文化和文学分析领域的弱点,集中探讨文化与社会不同层面如何相互作用。其学术传统有三个主要特点:(1)对文化政治十分重视。(2)对机械马克思主义经济化约论的批判,人们意识到"社会经济结构是对历史结局的根本的——不是唯一的——影响"②。(3)承认文化是社会过程本身的一部分,它与经济、政治一样,都是社会过程的构成因素,其中没有任何决定因素居于首要位置,用劳伦斯·格罗斯伯格的话说就是:"文化存在于和社会构成中的其他实践形式的复杂关系之中,这些关系决定、促进并约束文化实践的可能性。"③为更好地理解文化实践和现象,以及文化与社会各构成因素间的关系,文化研究充分利用一切可用的思想理论资源来解释文化现象。在60年代末70年代中期,伯明翰学派分别引入巴赫金/沃洛希诺夫的唯物主义语言学、阿尔都塞的意识形态观、社会多元决定论和意识形态国家机器等作为英国文化研究的主要思想资源。

英国文化研究的上述传统学术特征、理论旨趣和思想资源深深影响着贝内特的文学研究思想。在《形式主义与马克思主义》一书里,贝内特站在英国文化研究反经济化约论的立场,通过追问"什么是文学"这一基础性话题,以巴赫金/沃洛希诺夫的唯物主义语言符号为学理依据,反

---

① 托尼·本尼特:《本尼特:文化与社会》,王杰等译,广西师范大学出版社2007年版,第13页。

② [英]丹尼斯·德沃金:《文化马克思主义在战后英国》,李凤丹译,人民出版社2008年版,第40页。

③ [英]劳伦斯·格罗斯伯格:《文化研究的流通》,罗钢等主编:《文化研究读本》,中国社会科学出版社2000年版,第69页。

思性地批判西方马克思主义哲学美学的形而上缺陷，确立了从文本的社会性使用及其功能变化角度，历史性地阐发了文学与社会间复杂关系的研究方向。

巴赫金/沃洛希诺夫将符号的能指和所指间的对应关系引向社会、现实、意识形态等效力的竞争关系，这一唯物主义立场启发了贝内特从语言学能指层面的社会性功能变化角度理解"文学"概念和审美自律性的社会历史条件。贝内特指出，文学并无本质之说，只有从文本的社会性使用及其产生的社会效果（包括政治效果）中才能历史而具体地回答文学是什么的问题，"没有独立存在的作品和文本，它们必须置入具体的使用中才能显示自身，这是文学批评所要分析的重点"①。贝内特由此打破了以阿尔都塞学派为代表的马克思主义文学本质论与自律性幻觉，力图恢复"文学性"的唯物化、历史化方向。

贝内特将对文学的历史性思考放在文本接受过程的社会功能变化而非文本审美因素或生产条件上，这在一定程度上体现出其文学思想基于社会学功能主义立场而具有的实用主义倾向。这一理论旨趣告别了以卢卡奇、戈德曼等为代表的、从社会生产条件解释文学现象的传统马克思主义文学社会学，也与詹姆逊、伊格尔顿、马歇雷等通过文本内容和意指实践勘察社会历史因素的学者们拉开了距离。这也意味着贝内特试图立足于文学消费接受领域，考察文本因特定社会化组构而体现出的特定功能变化，建构他称之为的"新型的马克思主义文学社会学"。新型文学社会学以文本的社会性组构和功能变化为文学本体空间，在反对经济决定论的基础上，重新解释文学与社会其他构成因素如政治、经济、文化等的复杂关系。为解决上述问题，贝内特先后借鉴了阿尔都塞的社会多元决定论、意识形态国家机器概念和葛兰西的霸权理论、福柯的历史观、知识—权力论等，开拓性地提出"阅读形构/互—文性"概念、文学制度、文化（文学）治理性等观点。

阿尔都塞的社会多元决定论把社会视为社会各个层面相对自治又交互影响的多元复杂结构，其征候式的阅读方法力图透视现象背后的各种可能性条件，从文本断裂处洞察社会多元历史力量；意识形态国家机器概念强调各种机构尤其学校教育机构是意识形态实践的物质载体和依托，突出其

---

① Tony Bennett, *Formalism and Marxism* (London and New York: Methuen, 1978), p. 167.

再生产社会关系、合法化象征秩序的重要功能。阿尔都塞的上述观点启发了贝内特在思考"文本社会性使用及其功能变化"的问题上，把特定"文本的社会性使用及其功能"（文本消费及其产生的功能）视为某种社会征候现象，从中穿刺和窥视形成文本社会性使用和功能变化的可能性条件，认为这些可能性条件是多元社会历史力量，挖掘社会各构成层面对"文本使用"的多元决定力。文学被视为社会过程本身的实践力量，在与其他的社会构成层面相互作用中形成的一个互文动态的场域，它实质性地影响着文化、政治、经济各层面，并建构特定的社会主体身份。

贝内特的文学研究不但有学理层面的理论阐发，还有对经验现象的社会学分析。《邦德及其超越：一个大众英雄的政治生涯》一书用社会学和统计学等实证研究，分析了英国家喻户晓的大众文学英雄"007 邦德"形象是如何被社会的、文化的、意识形态的、机构的、政治的等各种社会构成因素互文性地建构出来的，有力地证明了文学包括通俗文学在内绝非既定的和先在的，它自身便是社会行为使然的结果，也是社会构成的实质性因素，对社会其他层面有建构作用。

同时，阿尔都塞的意识形态国家机器概念强调机构实体是政治无意识所依附的物质基础，这一认识持续性地影响了贝内特以后学术生涯中对学校、教育机构（如博物馆）物质维度的格外关注。可以说，正是意识形态国家机器概念的影响，才有了贝内特学术思想以"机构、制度"为重要关注点的独特一面。从上述角度而言，贝内特也是后期阿尔都塞学派的一员。

20 世纪 70 年代中期，英国文化研究积极引进葛兰西的文化霸权理论，并引发了文化研究理论范式的"葛兰西转向"。贝内特是这一过程的积极倡导者，在 80 年代早中期，他先后发表了《在历史中的文本：决定阅读和文本的力量》《阅读形构》《邦德及其超越：一个大众英雄的政治生涯》等一系列著述，提出"阅读形构"概念，即以读者为节点所形成的文学文本之间、文化文本之间和社会其他构成因素、主体建构间的动态互文场域。"阅读形构"一方面融合阿尔都塞的多元决定论、意识形态国家机器和征候式阅读；另一方面借鉴葛兰西的霸权理论，突出个体的能动性和文化霸权斗争的动态性。在理论和实践上阐明了"文本社会性使用和功能效果"的机制，在文学研究领域积极呼应了英国文化研究的"葛兰西转向"。更为重要的是，"阅读形构"概念也是英国文化研究首次站在读者立场，用葛兰西的霸权概念调节文化研究内部的文化主义和结构主义间的对立，以之说明在文化和意识形态领域统治阶层与从属集团间的妥协、斗争、协商等动态斗争的关系。

在文学政治方面，贝内特倡导一种介入式文学批评理念，他吸收福柯与后马克思主义者墨菲和拉克劳等人的话语理论，解构传统马克思主义的真理认识论，倡导一种更为积极主动的介入式的马克思主义政治实践。福柯和墨菲等人都坚持真理是话语建构的结果，认为真理是话语效果。贝内特据此提出，马克思主义文学批评观必须重新审视对"真理"的认识论问题，须明白真理是话语建构的效果而非一劳永逸的客观存在，如此，建构真理效果比认识真理本身更为重要，马克思主义文学批评的政治任务便是，文学知识分子应充分利用自己手头的资源，制定相应的政治策略，在与资产阶级霸权的斗争中，积极建构文学真理话语的效果，组构历史行动者的意识和实践，赢得意识形态领导权。

贝内特倚重"后学"思潮尤其是福柯思想的倾向在 90 年代越发明显，这与他身处的现实环境的变化有直接关系。80 年代中后期，贝内特移居澳大利亚。澳大利亚独特的学术传统和政治语境不同于英国社会。英国社会的主要矛盾集中在社会下属各阶层与支配阶层间，英国文化研究的政治规划主要以为下属阶层在文化领域争夺意识形态霸权为己任。澳大利亚的种族冲突和多元族裔问题较为突出，政府在政策上鼓励、支持文化研究积极介入各种现实问题，澳大利亚文化研究围绕多元文化问题，民族、文化和历史间的关系，土著与白人的文化问题而展开，为解决国内现实政治问题提供相应的文化资源和方法途径，具有一定的实用主义色彩。同时，澳大利亚的联邦政治体制的分散性特征也与英国高度集中的政治体制不同，这在现实上不但"使得葛兰西提出的以政府为中心的权力集团概念似乎永远都不能产生"①，而且，在理论资源上，相比葛兰西的霸权理论，福柯的理论在澳大利亚更具优先地位。

结合澳大利亚的现实语境和学术传统，贝内特深化思考自己一直关注的问题域：从文本社会性使用、功能形成的各种可能性条件即社会多元历史力量，透视文学（文化）与社会的复杂关系，历史地解析文化文学现

① 托尼·本尼特：《本尼特：文化与社会》，王杰等译，广西师范大学出版社 2007 年版，第 24 页。

象。这就要解决以下两个问题：（1）清理马克思主义建构的旧"文学"理论空间，在理论上重新确立文学本体空间，认为"文学"是为特定的社会历史所组织、部署的文本使用及其功能变化的特定动态互文场域；（2）从学理上回答使某种特定的文本使用和功能得以形成的背后的社会性制约、控制力量。

对前者的解决，贝内特借鉴了后马克思主义者墨菲、拉克劳和后现代思想家福柯等人的视角，全面消解而非局部修正西方马克思主义文艺美学传统的最基础性话语：经济决定论、真理认识论、总体化社会观、宏大历史观、文学与历史的关系、文学与社会其他构成因素的关系，并分别代之以拉克劳等人意义上的话语建构的社会关系概念和福柯的真理效果说及断裂的、偶然性的非线性史观。

在对后者的解决上，贝内特用"文学制度"概念表明形成文本使用和功能变化的可能性条件是权力机制，并确认这一权力的具体形式是治理性。文学的使用和功能、效果与社会管理机制息息相关，文学作为文化资源，为特定的辖治（government，又译为"治理""管理""政府"）规划所裁定，并产生相应的效果，使个体自主地改变其身体践行，建构相应的社会身份。同时，贝内特在论述"文学"制度时，特别强调对文学的制度语境的分析要从具体的经验层面和物质机构入手，而非从抽象的艺术理念推导得出。文学制度的权力机制被归结为"治理性"，并格外突出其中的机构物质层面的权力运作和具体方式，这使贝内特与比格尔、布迪厄等人的文学制度观区别开来。在"治理性"中，贝内特的文本功能说、使用说和效果说三者完美结合：文学（文化）既是治理的工具（技术），又是治理的目的。

相应地，文学的本体空间被界定为"文学这个术语，可用于指称特定社会组构的表征空间，其独特处在于选定文本被付诸使用和运用的制度话语的调节形式，至于那些文本的实际身份的经验问题被视为一种并不影响定义的偶然性"①。换言之，文学是文本社会性的使用中为制度所组织的表征空间，它是一个动态的场域。正是文本的使用形成一个文本与个体、文学文本与非文学文本、文学与其他社会实践相互交叠和互渗的动态

---

① 托尼·本尼特：《本尼特：文化与社会》，王杰等译，广西师范大学出版社2007年版，第141页。

场域，它们以合力的形式直接改变着人们的行为和身份，因此，文学是社会的现实构成因素和实践手段而非附属。这样定义的文学空间"能把文学作为一种特定的社会历史的组构和维系的、文本在其中使用和发挥作用的场域来进行分析"①，凸显文学的偶然性、境遇性、具体性和断裂性历史。从这个定义也可看出，贝内特从对"文本的社会性使用"的多元意识形态变化的考察转向了对制约、调停"文本的社会性使用和功能"的权力（制度）即文学治理性的追问，而后者显然已超越了意识形态理论的阐释范围，趋于社会权力范畴。

"治理性"（governmentality）是贝内特对福柯晚年著作中权力观的借鉴。此概念是福柯针对人口问题在国家宏观政治范围谈论的一种生命权力形式，"它以生命为对象，对人口进行积极的调节，干预和管理"②，围绕着与人口生命相关的一切生存空间展开：健康、出生、疾病、生活方式、衣食起居等。这是一种生产性的、积极的权力形式，其目的在于更好地肯定和维持生命，关注人口的健康、福祉、寿命、生活方式。它采用跳出国家主权和法律范围之外的谋略、计量、反思等形式，作用于他人种种可能性的行为领域，是一个与制度、程序、反思、计量有关的复杂权力实践。福柯认为"治理性"是现代社会最主要的权力形式，它是微观权力和宏观权力的有机结合，一如德勒兹所说"福柯所描述的规训是我们渐渐放弃的历史，而我们目前的现实采用的是公开的连续的布控形式"③。

当贝内特视文学为由制度历史性地组构的特定表征空间，一个在文本使用和功能变化中与其他社会领域互动交叉的动态性网络场域时，表明他的视角已经超越了文学领域，而他对"文学制度"和文学治理性的深度思索，也需在"文学之外"及文化研究领域才能得到真正落实。由此，贝内特在文化研究领域提出了文化治理性和文化政策研究，使文化研究的理论范式从葛兰西霸权理论转向治理性理论。文化研究的治理性视角化体现了贝内特对文化研究学术传统的文本唯心主义的批判、诊疗及修正。

20世纪90年代，文化研究学术传统因文化民粹主义泛滥而引发了自身的范式危机。由于规避经济的决定性力量和过高估计了语言符号的社会建

---

① 王杰：《本尼特：文化与社会·中译文库》，广西师范大学出版社2007年版，第6页。
② 汪民安：《福柯的界限》，中国社会科学出版社2002年版，第139页。
③ ［法］吉尔·德勒兹：《吉尔·德勒兹论福柯》，http://www.douban.com/group/topic/1038791/，2012－3－2。

构效用，文化研究越来越依赖意指实践和语言推论性，呈现出文本主义的唯心倾向。在政治上，越来越强调微观的文化政治和身份政治，文本和美学功能受到重视，却忽视了文化接受背后的体制性因素和宏观的社会政治。

针对文化研究的新葛兰西主义基于语言推论为模式的理论范式所引发的范式危机，贝内特开出的疗治方案是以福柯的治理性概念取代葛兰西的霸权理论，在文化研究领域，他首次将治理性概念引入其内，对文化研究的整体理论范畴进行了结构性重构，开拓了以治理性为理论范式的新方向。文化治理性强调文化现象背后的体制性因素，考察铭刻在文化活动中的政策、制度和管理等制度性条件，"文化可看做特定历史上的一套内在于制度的管理关系"①，文化的概念超越了人类学意义，彻底被治理性视角化了：文化既是治理工具又是治理目标。它内在于一套制度化的治理关系中，即文化是社会管理机制中重要的治理技术和资源，它是谋略、计量、程序和手段，又是需要治理的对象。换言之，文化治理性指以文化作为社会管理资源，为特定的辖治规划和目的服务并试图产生相应的效果，进而影响个体的自我行为和身份建构，最终作用于社会层面。

贝内特坚持认为，在当代西方政治语境下，福柯的治理性概念更能准确地捕捉当代社会权力的变化形态，"事实上，治理术的问题和治理技术已成为唯一的政治问题，已成为政治斗争和政治竞争的唯一空间"②。文化治理性和政策研究凸显文化活动背后的制度性治理和管理背景，认为它们是特定的文化实践、文化现象得以形成的多元决定力量。贝内特开启的文化治理性视角的重要意义，正如吉姆·麦奎根所指出的，它开拓了文化分析的一个新维度，文化分析在生产、表征、消费、身份四个维度上再追加了管理调控。亦如凯尔纳所言："文化环线模式以消费为起点，而不是以生产为起点，这难免使人生疑，但它将身份和调控问题插入这个模式，成功地把文化分析和文化政策研究联系起来。"③

文化研究范式的治理性转换要求对文化研究的整体理论范畴予以全面

---

① 托尼·贝内特：《置政策于文化研究之中》，罗钢、刘象愚编译：《文化研究读本》，中国社会科学出版社 2000 年版，第 99 页。

② Graham Burchell, Colin Gordon and Peter Miller, eds., *The Foucault Effect: Studies in Governmentality: With Two Lectures and Interview with Michel Foucault* (Chicago: The University of Chicago Press), p. 103.

③ ［英］吉姆·麦奎根：《重新思考文化政策》，何道宽译，中国人民大学出版社 2010 年版，第 18 页。

修正，包括文化研究的理论依据、文化政治取向、文化的概念、权力与抵抗的关系、知识分子的功能等。贝内特对文化研究的整体理论范畴的重构主要体现在以下几个方面：（1）在文化研究内部发起了一场席卷整个英语世界的文化政策研究热潮，文化研究的权力观从微观的文化、意识形态层面的表征霸权转向宏观的社会政治上的霸权形式——治理性。（2）知识分子角色由有机知识分子转变为在体制内进行改革的文化技术工。这种认识显然也源自福柯的知识分子观。（3）抵抗是自由治理自身矛盾分化的结果，它自身就是治理技术和策略，为特定的治理目标服务。（4）治理性视角化的文化研究挑战了以往文化研究对文化、社会、社会交往之间关系的想象。贝内特在吸收布鲁诺·拉图尔"行动者网络理论"的基础上，从文化生产过程重新界定文化和社会交往（the social）① 的概念及其相互关系，赋予"文化""社会交往"以深厚的物质性维度，扭转了文化研究中的文本中心主义的非历史化倾向，使文化研究趋于"物质转向"，体现出历史论证原则。

布鲁诺·拉图尔"行动者网络理论"的核心要旨在于，它不承认任何先在的自然与社会实体间的二分模式，而是从知识生产的过程理解社会的建构，认为社会是在以各种人类与非人类等异质因素为能动者相聚合、协商、转译的网络中建构的结果。这个观点从生产过程而非结果上认识社会，打破了人类与非人类、自然与社会之间的二元对立，同时强调了知识生产的能动作用和具体生产过程。

行动者网络直接启发了贝内特从知识生产的历史性过程而非结果来认识文化和社会交往的概念。贝内特认为，各种社会—物质世界的碎片，在各种能动者的作用下（如知识、制度、操作程序、配置、建筑形式、话语等），彼此联系而聚合为一系列人与物的网络，聚合到一定时间足可以生产出"社会交往""文化"的持续性效果。两者的差别仅源自各自聚合的方法、地域的差异，而非本体上的区别。"它们的区别不是本体的而是公共的：它们作为不同的公共组构的事物、文本和人等而彼此相区别，其差异是历史形成的。"②

---

① 本书将"the social"译为"社会交往"，借用了王杰等人编译的《本尼特：文化与社会》中对这一词的译法。

② Tony Bennett, "The Work of Culture," *Journal of Cultural Sociology*, Vol. 1, No. 1, 2007, p. 5.

由于贝内特始终强调文化制度的物质性层面的权力运作形式，认为后者不能用意识形态理论得以充分说明，他通常把对制度权力的物质性运作方式的考察落实在特定的文化机构实体（如博物馆）内的知识—权力上，在这一点上，贝内特借鉴了福柯的权力装置概念。但福柯的权力装置概念并未阐明知识是如何转化为特定的权力技术和手法的，其治理性概念虽然试图把微观权力与宏观权力融合起来，然而福柯并未在理论上真正说明微观权力如何与宏观权力相结合这一问题。

在解决上述问题时，贝内特受到行动者网络所强调的知识实践行为生产新实体过程的启发。行动者网络理论主要考察知识的生产过程，阐明知识实践如何建构"社会"和各种新的实体。同时，行动者网络理论还着力凸显机构实体（如实验室）的巨大能动作用，认为在知识生产实体的过程中，实验室是行动者网络中的必经之点，它能聚合世界上所有积极能动者和资源，重新调配各能动者的关系，协商和转译它们的利益，建构出新的实体。正是实验室的筹算运作和建构的新实体，参与了直接影响、改变社会关系和各阶层利益的过程，在这个意义上而言，实验室是整个现代社会的必经之点。①

贝内特用行动者网络理论关于知识生产过程的相关论述，来说明作为治理装置的知识如何转变为特定的权力技术和建构新的权力对象，并且，贝内特对治理装置的考察具体落实在对博物馆的经验分析上。贝内特将现代博物馆视为"公民实验室"，详细剖析了博物馆的知识实践是如何转换为各种权力技术的，阐明了博物馆如同实验室一样工作着，它作为知识生产新实体过程的行动者网络之必经之点，如何将博物馆机构内的微观权力转换为宏观的社会交往层面的治理权力。可见，贝内特并非简单地把福柯的治理性概念运用到对文学、文化现象的分析上，而是有自己的独特创新和深度思考的。

贝内特不但在抽象的理论层面建构了自己的文学社会学和文化政策研究，还用社会学、统计学等实证分析方法，对通俗文本、博物馆等经验现象进行个案研究，用数据调查法、统计学等量化方法研究英国和澳大利亚的日常生活文化趣味，思考文化资本与文化政策间的关系。正是在实践与

---

① 郭俊立：《巴黎学派的行动者网络理论及其哲学意蕴评析》，《自然辩证法研究》2007 年第 2 期。

理论间的互动策应关系中，贝内特发展和丰富了自己的学术思想。

近年来，贝内特又折回到自己最初的起点——文学、美学问题的研究上，用探索多年、日益完善的文化治理性、文化与社会交往等思想重审审美、自由和治理的关系，在立足于大量的文化、文学现象的基础上，将社会统计学、抽样调查与理论分析结合起来，试图研究：自由作为一种治理技术如何与文化、审美结合，与三者相关的知识、专业在社会空间如何分布？文化和审美实践如何为特定治理规划所裁定？又如何生成自由，如何影响人们的社会行为和自我行为？这是一个庞大而艰巨的规划，贝内特的学术之路，从审美出发又回归到审美，也许对贝内特而言，这意味着继续探索的另一个新起点。他的求索是否会取得更丰硕的成果，我们拭目以待。

（三）

通观贝内特30多年来的学术思想，他以文化（文学）的自律与他律问题为起点，在反经济化约论和反文化唯心主义的双重语境下，探索如何重新历史地、社会地把握文学审美与文化现象，深化思考和揭示铭刻在文化（文学）中的历史规定性，其学术思想在世界范围产生了重要的影响力。他早期对西方马克思主义哲学美学的批判，至今已被证明完全是正确的；他的文化治理性和文化政策研究为文化研究提供了新的范式，使文化研究视角为"部分地偏移了对文本及其意义的重视，以开启关于文化状况的研究"① 敞开了空间，也为文化的政治经济学视角的介入提供了可能。这对文化研究而言，不啻是一个革命性的改革契机，使文化研究理论和实践更富于活力和动力。

贝内特的学术思想和研究卓有成效地促进了关于文学、文化等意识形态现象的研究，对文化的复杂性与权力机制的理解得以深入和学科化，开拓了新的学术视野的空间。他总是能从现实的具体问题出发，多方吸收可解决现实问题的各种思想资源，并有所创新地形成自己独特的思想观念，使之语境化地解决具体现实问题。贝内特的理论观点和实践经验对当代中国文化（文学）研究的理论建构和具体实践，无疑具有重要的借鉴价值和意义。而如何立足于中国当代现实语境，以问题式切入这些西方理论资源，建构我们自己的原创性理论，深入分析当代复杂变化的社会文化现

---

① ［英］吉姆·麦克盖根：《文化政策研究》，陶东风主编：《文化研究精粹读本》，中国人民大学出版社2006年版，第198页。

象，则是我们最值得思索和实践的关键所在和努力方向。

二　本书结构

本书主要研究托尼·贝内特学术思想的整体形构，以其学术思想的内在逻辑理路的形成、发展和变化为线索展开论述。据此，全书共分为六章。

第一章"绪论"。概述选题缘由及意义、国内外研究状况、本书的核心思路、结构与研究方法。

第二章"什么是文学：文本的使用和功能"。本章提出贝内特是后期阿尔都塞学派一员的观点，从这个角度分析贝内特在俄国形式主义与阿尔都塞学派间建立起对话关系的目的、提出的观点和理论意义。本书认为贝内特通过重审"什么是文学"这一根本性命题，批判性地修正了西方马克思主义文学理论中的唯心主义倾向，试图历史唯物主义地重构文学的本体空间，将后者位移于阅读消费领域，提出"阅读形构／互—文性"概念和介入式文学批评政治观点。这一切都是贝内特在阿尔都塞学派内部进行的理论修正。

第三章"文学社会学的新维度：制度化的互—文动态场域"。本章在追述贝内特所借鉴的多元思想资源——福柯的反历史主义的历史观、真理效果说、权力—知识说和后马克思主义者拉克劳、墨菲的话语理论等基础上，着力阐述贝内特从文学的一些根本性命题入手，彻底厘清西方马克思主义文学理论中的唯心主义缺陷，指出贝内特试图以文学文本的社会性使用的功能、效果为基点，建构从"文学制度"角度认识文学的社会功能、文学政治的新型马克思主义文学社会学。

第四章"文化研究：治理性视角化"。这一章主要以现实语境的变化和当代文化研究所面临的范式危机等为背景，剖析贝内特文化研究思想的核心观点——文化治理性，以及对文化研究的整体理论范畴的结构性重构。本章在对葛兰西霸权理论与福柯治理性的对比分析中，阐述贝内特文化治理性的理论基础和思想内涵。这主要集中于贝内特对文化研究的一些基本概念的理论重构上：文化政策的提出，文化概念的重新界定，文化与社会交往的关系，知识分子为文化技术工等，以凸显贝内特为反驳当代文化研究文本中心论的唯心主义而对文化研究所作的唯物主义努力。

第五章"博物馆研究：作为治理技术的博物馆"。本章以当代新博物馆运动和文化研究维度下的博物馆研究为背景，在追随贝内特对现代博物馆进行的谱系学考察的基础上，解析贝内特的博物馆政治思想和理论资源。从总体上看，贝内特对博物馆等文化机构实体所蕴含的权力关系的认识不同于葛兰西意义上的市民社会和霸权理论，他主要吸纳了福柯的权力装置概念，视现代博物馆为治理装置，是塑造现代市民身份的自我治理技术。与此同时，为把博物馆内运作的微观权力与社会层面的宏观权力有效结合在一起，贝内特还吸纳了法国学者拉图尔等人的行动者网络理论，在知识生产、权力、主体、博物馆机构和社会交往间建立关联性，重新说明博物馆的社会功能，提出了现代博物馆是"市民实验室"的著名论断。

第六章"结语"。简介贝内特以社会学的实证方法所进行的一些个案研究，总结贝内特学术思想的独特价值、不足之处和对中国文学与文化理论建设的启示意义。

第四节　研究方法与创新点

本书是国内外第一次系统阐述贝内特学术思想的全面性研究，以填补国内外这方面的学术空白。相比国内对贝内特的认识仍处于译介和概要式评析性质的状况，缺失对其各阶段思想观点间的内在逻辑的深入把握，忽视其以治理性范式对文化研究整体范畴的重构及其理论价值，更没有涉及其博物馆领域的研究等不足之处。鉴于此，本书内容有如下创新之处。

1. 立足于贝内特所依托的思想资源、现实语境与知识传统，在对其所涉及的西方马克思主义文学理论、当代文化研究和博物馆研究等领域的全面研究中，揭示贝内特各思想观点间的内在逻辑联系，把握其学术思想的整体构形。

2. 本书提出，贝内特为规避经济决定论，力图在"后学"思潮影响下，探索一种新的历史和唯物主义方法，历史地分析文化、文学现象的复杂机制。基于此，贝内特对上述三个领域存在的唯心主义予以历史论证的修正和积极重构。在这一过程中，相比其他学者，贝内特的独特性在于，其历史化方法主要从文学、文化现象的社会性功能变化及其具体权力机制的角度切入，并据此建构了"阅读形构"概念、"文学制度"论、"文化政策研究"、"聚合中的文化"和"博物馆为治理技术"等重要观点。

3. 本书正是以上述为研究线索展开深度阐述的，在国内首次提炼出贝内特学术思想的理论独创性：在文学领域，贝内特以后期阿尔都塞学派一员的身份介入西方马克思主义文学理论，建构了不同于马克思主义文学生产理论的、以阅读消费领域为文学本体空间的、以"文学制度"为考察对象的另一种新形态的马克思主义文学社会学；在文化领域，率先引入福柯的"治理性"概念为理论范式，重构了文化研究的整体框架和理论范畴；为当代博物馆研究提供了从治理装置角度认识博物馆政治的新研究向度。

4. 本书第一次全面系统地呈现了贝内特以治理性为理论范式对文化研究理论整体范畴的结构性重构，分析其对当代文化研究的物质转向的重要贡献。

5. 本书也是国内首次关注并系统分析贝内特的博物馆思想的学术成果，阐述在当代新博物馆学运动中，其以"治理装置"概念理解博物馆机构的独特视角和价值意义。

贝内特著述广博，除个别论文被翻译为中文外，绝大多数都是英语原始文献；他的著述博采众长，融会各家之言，大量吸收了当代多元思想资源；他有着西方马克思主义文艺美学和当代文化研究的知识背景，以及身处英国与澳大利亚现实语境，等等。这就要求实实在在地阅读、理解贝内特的英文原著和与之相关的其他英文原始文献，以其所身处的现实语境、学术传统和思考问题的背景来阅读和理解其思想和学术实践。只有这样，才能把握其学术思想的内涵和精神实质。为此，本书首先采用文本细读与文本阐释相结合的方法，对贝内特的重要著述展开系统研读，体会其学术思想、实践与他所依托的现实语境和知识背景之间的内在关系，展开对贝内特学术思想的系统评述，深入发掘其每个历史阶段的思想观点所力图解决的问题，探究其各个思想观念形成的思想依据、现实语境动因，把握其思想概念间的内在关联性，辩证地认识其各种思想观念的理论价值、贡献与不足。

其次由于贝内特学术研究涉及社会学、马克思主义文学、文化研究、博物馆研究等多个学科，本书采取微观分析法与跨学科宏观研究相结合的方法，融合以多向层次的比较观照，以其身处的知识传统、学科背景、现实语境以及吸收的多元思想资源和其著述所涉及的他人观点等为分析背景和潜在比较参照对象，揭示贝内特在各阶段、各领域思想变化的内在逻辑理路，准确解读他重要的理论概念内涵，力求对贝内特的思想、学术实践的独创性、价值意义、重要地位、不足之处作出客观、中肯的评析。

第二章

什么是文学：文本的使用和功能

西方马克思主义对文学艺术所进行的理论化努力主要是将文学艺术当做一种社会现象来关心，从文学艺术与社会结构的复杂关系，历史地分析文学艺术现象及其社会功能，希冀以文学艺术作为批判资本主义的有力武器，揭示日常生活对人的意识蒙蔽和扭曲，达到主体意识解放的政治效果。可以说，文学艺术的认识功能和政治实践效果是西方马克思主义文学艺术理论的核心目的，并由此产生、汇集了众多理论家的丰富劳动成果，如卢卡奇融合了马克思主义的学说和黑格尔的精神现象学，建构出现实主义文艺理论思想；再如法兰克福的批判理论美学观，以萨特为代表的存在主义马克思主义美学，以阿尔都塞为首的结构主义马克思文艺思想等不一而足。

这些内部存在着各种分歧的西方马克思主义文艺美学思想，在对"文学"超验地位的推崇和肯定这一点上都有着趋同的理论吁求，在它们的思想范畴中，"文学"似乎坐落在天国之上，它崇高而不可侵犯，俯览着形而下的各种具体文学事件。这些自诩为马克思主义历史唯物主义的美学家们在建构各自精深复杂的文艺美学理论体系时，在"文学"概念问题上都走入了唯心主义误区，似乎忘记了"文学"概念本身也是特定历史的文化产物和语言事件。如果不能在理论前提上，从历史角度认识和界定"文学"，去除"文学"概念中超历史性的先验地位，那么西方马克思主义所建构的种种文学理论体系包孕的概念范畴、逻辑预设和相关方法论必然不完全具有历史唯物主义的合法性和有效性。

更重要的是，就政治实践而言，认为真正的"文学"具有永恒的审美价值这一先验理念继承了资产阶级美学的本质主义，因资产阶级的意识形态正是在"审美自律"这一貌似中立客观的外衣的掩饰下,暗中再生产着资本主义生产关系,维系着资本主义抽象统治秩序的。很难想象,这样的理念会真正实现马克思主义以文艺审美为手段,达到揭露颠覆现存资本主义社会现实的政治目的。可以说,西方马克思主义文艺美学对"文学"概念非历史性的先验地位的推崇,造成了自身理论上的逻辑失误与政治实践无能的双重后果。就此而言,"马克思主义(文学)批评构成了马克思主义理论中最缺乏马克思主义的部分,仍然接受资产阶级问题框架的强大的万有引力,与马克思主义的经济或政治理论形成很大反差"①。

托尼·贝内特作为一名西方马克思主义学者,对文学领域的最初关注,便是从"什么是文学"这一基础命题入手的,试图从根本上厘清西方马克思主义在"文学"概念问题上的本质主义误区以及由此引发的理论逻辑、政治实践上的种种错误,重新将"文学"概念置于历史的锚定地。贝内特认为,"文学"实质上是一种历史书写现象,它是文本在不同历史时期,随特定使用语境的变化而不断发生变化的差异性功能的体现,是历史性的某种效应和结果,而非先验既在。事实上,当贝内特历史地回应"什么是文学"并将之界定为文本的社会使用和功能时,从西方马克思主义文艺美学角度而言,"文学"的本体空间便从文学生产条件位移到文学消费阅读上。贝内特在20世纪70年代末对"文学"本体空间的这一转移,对当时居主流地位的阿尔都塞学派产生了三个方面的冲击和重心转换转移:在理论学理层面,意味着从文本生产理论向文学阅读接受论的偏转;就对象而言,从封闭的文本中心向开放的阅读接受等文化社会活动领域的转移;就文学政治而言,标志着从文学真理认识论向介入式文学政治的转移。贝内特不但批判了西方马克思主义在文学概念上的本质主义和唯心主义,而且也给出自己明确的思考答案,在此基础上,建构了以"阅读形构/互—文性"为核心概念的阅读接受观,提出介入式文学批评政治。

贝内特的这些举措,不但清理了长久以来隐含在西方马克思主义文艺理论无意识深层结构中的唯心主义文学本质论,而且建构出了以"阅读形构/互—文性"为核心概念的阅读理论,敦促阿尔都塞学派从片面的

①　托尼·贝内特:《马克思主义与通俗小说》,[英]弗朗西斯·马尔赫恩编选:《当代马克思主义文学批评》,刘象愚等译,北京大学出版社2002年版,第206页。

文本生产论转向对阅读消费领域的关注，由此拓展、丰富和完善了阿尔都塞学派文学生产理论，使之成为兼具生产和消费环节的完整意义上的文学实践论，诚如伊格尔顿所言"一件产品只有经过消费才能充分地成为产品"①。在文学政治上，贝内特更具实用色彩的介入式文学批评也是对阿尔都塞学派真理认识论的政治实践的矫正和有力补充。

第一节　对阿尔都塞学派文学本质主义的批判

20 世纪 90 年代末期，中国学者王杰在《阿尔都塞学派文学批评的视野和局限》一文中分析了以阿尔都塞、马歇雷、詹姆逊为代表的阿尔都塞学派的理论基础和方法论上的得失成就，中肯地指出阿尔都塞学派存在以下几个重要缺陷：（1）该学派依托结构主义理论，通过艺术与意识形态的差异关系来界定两者关系，这"在理论上并不彻底，因为艺术与意识形态关系的物质基础还没有得到说明"②。就是说，艺术和意识形态的关系并非仅是结构层面上的差异关系，其差异关系的社会历史规定性没有被解决。（2）突出意识形态对主体的建构和结构性压力，忽视个体丰富复杂的能动性，难以说明审美意识形态在扩大再生产中的作用。（3）由于用结构悬置了历史维度，将文学批评的重心移至文本分析，无视作为文本基础的社会关系。王杰对阿尔都塞学派的批判矛头直指其结构主义理论基础，认为阿尔都塞学派对艺术和意识形态关系问题的处理是非历史性的和静止的，造成其理论视野和方法论的局限性。王杰的批评传达了当时国内外学界对阿尔都塞学派理论缺陷的共识。

王杰在该文中将阿尔都塞学派文学批评看作深受阿尔都塞思想的影响，外延上极为松散的学派，它"作为一个学派的统一性主要是理论基础和方法的一致性"③，主要批评家有法国的马歇雷、克里斯托娃、让—路易·博德里等人，英美代表人物主要是伊格尔顿、詹姆逊。王杰对这一学派的界定基本上以这些文学批评家受阿尔都塞前期意识形态思想的影响为基准。

---

① ［英］伊格尔顿：《马克思主义与文学批评》，文宝译，人民出版社 1980 年版，第 76 页。
② 王杰：《阿尔都塞学派文学批评的视野和局限》，《广西师范大学学报》1996 年第 3 期。
③ 同上。

　　笔者认为,王杰对"阿尔都塞学派"的这一界定不够完善和准确。因为那些深受阿尔都塞后期思想尤其是意识形态国家机器理论影响的文学批评家也应归为阿尔都塞学派。阿尔都塞本人的理论观点在前后期有一定的差异。据研究阿尔都塞的著名日本学者今村仁司的认识,20世纪60年代前半期阿尔都塞从科学与意识形态的关系上论述意识形态,70年代初从政治与国家的关系上认识意识形态概念,"他以意识形态国家机器为媒介来考察经济的再生产与国家关系"①。在国内,以王杰为代表的学者对阿尔都塞学派的界定基本上成为共识并延续至今,人们对阿尔都塞学派文学批评的认识普遍局限在以科学、意识形态、文学三者关系为理论基础的文本生产理论上,迄今还没有认识到这一学派在20世纪70年代末期,基于阿尔都塞后期的意识形态国家机器思想发展起来的、以托尼·贝内特为代表的文学阅读消费理论。

　　托尼·贝内特早期的文学批评深受阿尔都塞后期思想的影响。在英语世界里,学界也通常将贝内特看做除伊格尔顿之外又一位颇负盛名的阿尔都塞学派文学批评家。吉姆·H. 卡瓦纳(James H. Kavanagh)在《马克思主义的阿尔都塞:走向一种文学理论的政治》一文中,将贝内特与阿尔都塞、伊格尔顿、马歇雷等人都归为阿尔都塞学派的代表人物,认为他们对文学的理解都立足于阿尔都塞意义上的科学与意识形态之间的关系这一问题域内。但贝内特与伊格尔顿、阿尔都塞、马歇雷等人之间存在很大分歧,这种分歧体现了阿尔都塞学派内部在文学理论建构与文学批评实践上所存在的张力。②

　　英国学者弗兰西斯·姆恩在《英国文学研究中的阿尔都塞》中也指出,整个70年代英国文学研究都以阿尔都塞思想为精神参照,伊格尔顿和马歇雷确定了文学批评的走向,贝内特则力图肃清马克思主义本质主义文学概念,"尽管这思路与伊格尔顿和马歇雷的分析有明显分歧并批判他们,然而在精神上分明继承了阿尔都塞的思想"③。据弗兰西斯·姆恩的

---

　　① 　[日]今村仁司:《阿尔都塞认识论的断裂》,朱建科译,河北教育出版社2001年版,第24页。

　　② 　James H. Kavanagh, "Marxism' Althusser: Toward a Politics of Literature Theory," *Diacritics*, Vol. 12, No. 1 (Spring 1982), pp. 25 –45.

　　③ 　[英]弗兰西斯·姆恩:《英国文学中的阿尔都塞》,孟登迎译,《外国文学》2002年第2期。

意思，贝内特与英国 70 年代所有的文学批评家一样，在理论精神上以阿尔都塞的思想为依据建构自己的文学观。为此，我们认为，贝内特当属阿尔都塞后期学派的核心成员，主要受到阿尔都塞意识形态国家机器这一后期思想的影响。

但贝内特显然与伊格尔顿、马歇雷不同，后者将文学作为生产实践，从文本生产角度分析文学与意识形态间的复杂关系，建构了宏大精深的文本生产论，其理论基础是阿尔都塞早期的意识形态理论，具有阿尔都塞早期结构主义印记和形式主义缺陷。贝内特则敏锐地洞察到前期阿尔都塞学派文学生产理论的诸种局限，这些基于结构主义的理论缺陷在王杰文中都一一罗列出来。贝内特在批评前期阿尔都塞学派存在的问题的同时也试图克服这些缺陷，他从阅读领域出发，分析了文学通过制度化的意识形态物质载体即意识形态国家机器，再生产社会关系的社会功能，强调阅读个体在抵抗权力的结构性压力上的积极能动性，从文本的阅读消费角度弥补和完善了阿尔都塞学派的文学生产理论。

要真正解决阿尔都塞学派的上述问题，须历史地阐明文学与意识形态的关系，打破早期阿尔都塞学派结构主义的静止封闭性和文学本质主义。贝内特正是在阿尔都塞学派内部率先发起对这一学派的批评和反思的，因为这是消解阿尔都塞前期学派的文学本质论，建构自己文学本体空间的前提。

早期阿尔都塞学派的核心人物及主要著作，主要包括阿尔都塞本人的一些文学艺术论文和马歇雷的《文学生产理论》、伊格尔顿的《批评与意识形态》，其理论来源主要是阿尔都塞 60 年代前半期的意识形态理论。20 世纪 60 年代，阿尔都塞因发表《保卫马克思》和《阅读〈资本论〉》引起了法国思想界的关注，成为结构主义马克思主义的代表人物，对欧美学界产生了重大影响，形成一股以去主体中心的结构论取代存在主义马克思主义唯意志论的潮流。在这两部著作中，阿尔都塞对马克思进行了独特的哲学思考，逐渐形成自己的理论思想，提出社会多元决定论、问题结构概念，并重构了意识形态概念。阿尔都塞最大的贡献是对意识形态概念重新作了革命性的阐释，意识形态被纳入社会结构中加以理解，他深刻地揭示出意识形态运作的独特规律、社会功能以及它与个体间的相互关系等。

阿尔都塞认为，意识形态首先是与经济实践、政治实践、理论实践一样的实践行为,主要通过一定的人力劳动将一定的原料即意识观念加工为特定的产品(新的意识观念)。意识形态实践不仅表现为宗教、政治、伦理、艺术等观念体系,它们"也都在加工自己的对象,即人的意识"①。它既是社会的基本实践之一,又具有结构性力量,是先于个体而存在的文化客体、社会结构、思想无意识,"具有独特逻辑和独特结构的表象(形象、神话、观念或概念)体系,它在特定社会历史地存在,并作为历史存在"②。意识形态不反映人们同生存条件的真实关系,而是人们对现实世界真实关系的体验关系和想象关系,人类对世界的关系必须通过意识形态这种体验和想象关系来实现。它作为被感知的文化客体,通过人们浑然不觉的方式作用于个体,它在想象关系中加强或改变人们对于其生存条件的依附关系。③ 因此,意识形态作为一个动力体系具有改造社会个体的可能性,隐含着一定的阶级性。

意识形态实践作为上层建筑的主要部分,在与社会结构其他部分相互作用的同时,有着相对独立的逻辑和自主性,它反作用于经济基础并最终为经济基础所决定。如果说上层建筑各部分在互相作用的同时,又保持着相对的自主性,那么马克思主义理论思考的重点就是要说明上层建筑各部分间相互区别的独特性和最终为经济基础所决定的复杂机制。由此,阿尔都塞在意识形态与作为观念形态的科学的对比中界定彼此,揭示意识形态的特征。

阿尔都塞视马克思早期的思维方式为意识形态,在创立辩证唯物主义之后,马克思的思维方式与早期发生了认识论断裂,逐渐形成科学理论,而意识形态与科学恰好是对立的。阿尔都塞以"问题结构"概念描述意识形态与科学间的根本差异。问题结构是科学认识的条件,是问题的提出和可能性答案范围的结构。作为一种潜在结构,它决定所提问题的可能内容、提问方式,在思想深处不自觉地引导思想家思考的方向。所有的意识形态都处在固定的问题结构中却无法意识到自身,它生产"误识效果",通过主体对自身镜像的想象性投射,让主体安于"既定生活",处于社会现实的"自然化"建构中。科学意味着理论生产关系,它打破了似乎自

---

① [法]路易·阿尔都塞:《保卫马克思》,顾良译,商务印书馆1984年版,第139页。
② 同上书,第201页。
③ 同上书,第202—203页。

明的现实效果，生产新的知识。科学诞生于意识形态问题结构内并与之断裂，从而生产科学性的新问题结构并批判、反思旧问题结构的意识形态。科学在理解其自身之后才能理解自身以外的思想和包摄其间的社会历史。为此，科学是关于某种意识形态的科学，它用知识对象关系取代意识形态似乎自明的现实对象关系，生产知识效果。对阿尔都塞而言，问题结构是理解世界和自我的核心，围绕问题结构，科学与意识形态各自生产不同的效果进而彼此区别开来，两者及其差异性关系是认识论意义上的。

依据意识形态与科学的关系，阿尔都塞认为艺术效果来自意识形态与科学的结构性关系，并以此为基础思考艺术与意识形态的差异关系及其相互转化机制，说明主体通过艺术审美的启蒙获得改造自身和社会条件的诸种可能性。但阿尔都塞对艺术与意识形态的区分仅停留在形式层面，没有在社会历史条件基础上思考两者的差异。

对阿尔都塞来说，科学、艺术、意识形态在社会总体结构中具有永恒不变的相应效果，科学具有认识效果，艺术产生审美效果，意识形态则产生误识效果。阿尔都塞强调艺术不是意识形态，它用感知、觉察的方式暗指意识形态从而与之保持距离，产生审美效果。艺术与意识形态间的距离使之具有了准科学的地位，但艺术与科学的对象范围和方式不同，前者面对的领域是"意识形态在其现实事物的特定关系中自发产生的'体验'"①，采用"看到""感觉到""觉察到"的感性形式；后者的领域是抽象的结构领域，以概念认识为形式。艺术和科学的关系是"艺术实际上给我们提供科学以外的别的一些东西，在它们之间没有对立，而只是差别"②。可以说，相比意识形态，艺术具有准科学的地位。

艺术与意识形态间的距离在文本中体现为离心结构，离心结构事实上是问题结构概念在艺术中的体现，它也是阿尔都塞学派文本分析的重点所在。阿尔都塞在欧仁·苏的戏剧《我们的米兰》中，发现文本存在着两种截然不同的时空结构，它是意识形态与真实环境矛盾戏剧化的离心结构。离心结构让观众与文本保持一定的距离，看到并打破宗教、道德等一切冠冕堂皇的意识形态神话这一自发意识，回复与社会条件的真实关系，

---

① ［法］路易·阿尔都塞：《一封论艺术的信——答安德烈·达斯普尔》，陆梅林选编：《西方马克思主义美学文选》，漓江出版社 1988 年版，第 521 页。

② 同上书，第 524 页。

意识形态神话"是一个时代或社会为了认出自己而去照的那面镜子,而它如果要认识自己,那就必须把那个神话打破"①。而剧本作为艺术形式的批判力量内在于离心结构。显然,在阿尔都塞看来,艺术不同于意识形态并与之保持距离的原因在于艺术审美形式的离心结构,正是艺术性造成了艺术与意识形态的差异,并内在地批判意识形态。阿尔都塞用艺术性作为最终指涉区分艺术与意识形态,不但无力把握造成两者差异的物质基础,而且将艺术性神秘化,这就背离了他所坚持的历史唯物主义立场。

马歇雷率先将阿尔都塞前期意识形态理论引入文学批评理论,主要围绕科学、文学、意识形态的三者关系认识文本,其文学批评方法通过分析文学与意识形态的复杂关系,系统阐明了文学的艺术形式所造成的文学与意识形态间差异关系的具体机制,但马歇雷没有将这种差异关系与社会历史条件有机地联系起来,因此马歇雷对文学的认识仍然是一种静态的、非历史的形式主义。

马歇雷把文学看做生产实践活动的产品而非凭借神秘魔术力量创作出的创造品,作为生产者的作者以其所具有的虚幻性的意识形态为原料,将之加工为以虚构形式呈现的文本,如此,文本便与意识形态保持了一定的内在距离,形成离心结构,暴露出意识形态的内在局限性。在文学生产过程中,文学虚构这一艺术形式起着核心作用,它将作为原材料的意识形态(日常语言)扭曲变形、改弦更张,使其扭转到一个新的方向,从而将文本与意识形态区别开来。可以说,这种断裂和离心结构的形成源于文学特定的虚构手段即文学性,"文本从开始就与日常语言断裂,将自身与所有的意识形态表达区别开,这种断裂不是艺术和生活的区别,也不是意识形态和理论知识的差异,它特定的差别性由使用表征手段的特性界定。也就是说,文本的自治性不是源自认识论的断裂,它以自己的方式建立(文学与意识形态的)差别"②。日常语言这一意识形态被文学性赋予了一定的形式,正是在这个结晶化的形式界限上,暴露了自称完美同一的意识形态的局限性,显现出历史的真实。文本—意识形态的离心结构使我们有可能洞察意识形态的神秘领域。

---

① 〔法〕路易·阿尔都塞:《保卫马克思》,顾良译,商务印书馆1984年版,第120页。

② Pierre Macherey, *A Theory of Literary Production*, trans. Geoffrey Wall (London: Routledge & Kegan Paul, 1978), p. 52.

马歇雷和阿尔都塞一样，都在文本的形式中寻找历史真实的影子，尽管他们承认文学不是镜像反映而是表意活动的反映，是破碎、不连贯的，是在沉默中更富表现力的反映，但它依然是一面曲折折射历史真实的镜子。并且，他们将揭示意识形态自发同一性幻觉的任务寄托在文学的审美形式中，却又无法看到文学审美形式自身就是被神秘化了的非历史超验存在。如此一来，马歇雷和阿尔都塞对文学的社会历史基础解释仍然停留在形式主义层面，不能从根本上真正历史地说明文学与意识形态相区别的原因。伊格尔顿一针见血地指出，马歇雷文学生产理论的形式主义缺陷在于"马歇雷早期的作品，完全是从生产而不是消费的角度来探讨问题的，他全然看不到文学作品的现实，把它当作历史上易变的一种实践，只在同特定读者联系的过程中才'存在'"①。

伊格尔顿为矫正阿尔都塞与马歇雷在文学与意识形态关系问题上的形式主义倾向，将文学生产纳入社会生产方式这一经济基础框架中考虑，试图对文学生产作出辩证唯物主义的阐释。在说明文学受制于意识形态又与之保持距离这一原则上，伊格尔顿承续了阿尔都塞和马歇雷的思路。

伊格尔顿受本雅明关于将艺术看做商品生产，艺术生产力影响艺术生产方式思想的启发，指出文学生产首先是社会生产活动的一部分，文学生产包括生产、分配、交换、消费四个环节，"艺术可以如恩格斯所说，是与经济基础最为'间接'的社会生产，但是从另一意义上也是经济基础的一部分，它像别的东西一样，是一种经济方面的实践，一类商品生产"②。文学艺术在资本主义社会中已被产业化，作家是雇佣者和劳动者，作品则是产业商品。其中，文学生产方式决定着文学的社会生产关系，后者反过来也对文学生产方式产生一定的影响。如印刷技术的出现和广泛运用，直接改变了文学的社会属性，使其从相对自律地位的口传、手抄形式转为更多地依赖经济市场调节的产业部门，进而改变了作家、读者、文学作品的社会性质和相互关系，甚至改变了文学的技巧、程式、话语、风格等形式。不同历史阶段存在着不同的文学生产方式，即使相同历史时期也并存着不同的文学生产方式。

---

① [英] 特里·伊格尔顿：《马歇雷与马克思主义文学理论》，戴侃译，《国外社会科学》1983 年第 1 期。

② [英] 特里·伊格尔顿：《马克思主义与文学批评》，文宝译，人民出版社 1980 年版，第66 页。

伊格尔顿在强调文学生产作为社会生产是经济基础的一部分的同时,也凸显了意识形态意义上的文学生产之独特性和这两类生产间的关系。伊格尔顿承认文学生产是对意识形态原料的生产制作,文学作品受制于意识形态又与之保持一定的距离,在这点上,他继承了阿尔都塞和马歇雷的思想。但伊格尔顿将之推进了一步,试图从历史唯物主义角度把握文学意识形态生产与社会生产间的关系,即如何有效地阐明作为经济基础的文学生产属性与文学的意识形态属性间的联系,以及文学被意识形态制约又与之保持距离的特殊性。他认为这才是关键性的问题。"如何说明艺术中的'基础'与'上层建筑'的关系,即作为生产的艺术与作为意识形态的艺术之间的关系,依我看来,是马克思主义批评面临的最重要的问题之一。"①

伊格尔顿认为文学的一般社会生产影响文学意识形态的加工和产生,并内化为文本中的因素。伊格尔顿提出文学生产的六个范畴:一般生产方式、文学生产方式、一般意识形态、审美意识形态、作者意识形态、文本。文本是前五个范畴相互作用的结果,它们在文本生产过程中相互影响、彼此渗透,这种互动交融的复杂形态能够揭示意识形态的缺陷,从而泄露历史的真相,文学文本不复为对一般意识形态的简单复述,也就是说,文学文本与一般意识形态的区别在于文学文本生产过程的复杂性。历史以双重缺席的形式进入文本:作为原材料的意识形态是对历史现实的意指,文学形式又是对意识形态的意指,在这两者中,历史都不在场。历史在这一双重缺席的状况下,以倒置的方式可能出现在意识形态间矛盾关系的缝隙中,从而文本在客观上具有批判意识形态的性质,与意识形态拉开了距离。

伊格尔顿从辩证唯物主义出发,通过在文学的意识形态生产和文学的物质生产间建立联系来说明文学与意识形态的关系,这在一定程度上弥补了阿尔都塞与马歇雷的形式主义缺憾,具有一定的理论创新价值。但是由于伊格尔顿的理论依据仍以阿尔都塞的结构主义为基础,阿尔都塞在共时层面强调社会结构各领域的相对自主性,无视历时性的差异性和异质性因素,如将文学艺术、科学和意识形态放在一个永不变化的结构关系中,没

---

① [英]特里·伊格尔顿:《马克思主义与文学批评》,文宝译,人民出版社1980年版,第80页。

有意识到历时性对这一结构关系的解构和打破的可能性。伊格尔顿的文学
生产论没有走出阿尔都塞结构主义的束缚，他对文学形式相对自主性的强
调暗示了共时基础上的同质性前提，伊格尔顿的共时结构势必会损害他对
历时性的解释，他无法阐释两种一般生产模式在转换中所引起的问题，比
如不能分析文类变化的真正历史原因。

　　除此之外，伊格尔顿的文学本质主义也削弱了他对文学生产的唯物主
义解释力度。伊格尔顿一方面在言及"文学生产模式"时，文学指涉所
有的想象文本形式，包括口头文学等；另一方面在他实际处理"文学"
时，将之作为与意识形态具有距离的书写形式，可见伊格尔顿并未真正摆
脱阿尔都塞文学、意识形态、科学这一超结构的影响。文学本质论还妨碍
了伊格尔顿对文学价值的合理解释。一方面伊格尔顿否定文学具有内在价
值，提出文学价值是关系性的交换价值；另一方面，在具体论述时，他将
价值归为文本最初的生产环境，以证明"伟大的文学"具有毋庸置疑的
审美价值。贝内特据此指出"伊格尔顿的《批评与意识形态》并不是一
部易懂的著作，其中充满着唯心主义与唯物主义间的张力"①。伊格尔顿
的根本问题在于，他追随阿尔都塞与马歇雷，在文学、意识形态、科学这
一不变的超结构意义上界定"文学"。正如弗兰西斯·姆恩对伊格尔顿早
期文学观所作的本质主义评价："《批评与意识形态》……一边给文学指
派了特殊的权力，另一边又将这些权力留给了（相当严厉的）读者，而
且从未放弃过这种信念——在阿尔都塞和马歇雷那里也觉得很可靠，即存
在一个被称之为'文学'（或'形式'）的、需要认识的稳定的实体，存
在一个等待充分的概念来表述的真正客体。"②

　　阿尔都塞学派的本质主义遭到贝内特的尖锐批评，他指出阿尔都塞学
派文学本质论的根源在于其理论基础中永恒不变的文学、意识形态、科学
三元关系结构。这种客观唯心主义使变化的文本永远承担着不变的某种理
想模式，用审美而非历史揭示意识形态并与之保持距离，文学效果无论是
审美的还是政治的，似乎是某种先在的、永恒的文学形式属性的必然产
物。阿尔都塞学派的文学概念也是极端脆弱的，因为文学在这个超结构中

---

① Tony Bennett, *Formalism and Marxism* (London and New York: Methuen, 1978), p. 149.
② [英] 弗兰西斯·姆恩：《英国文学中的阿尔都塞》，孟登迎译，《外国文学》2002 年第 2
期。

的位置和稳定性依赖于意识形态和科学间的关系，一旦质疑其中任何一个概念，文学定义也就站不住脚了。事实上，很多人都质疑阿尔都塞对科学与意识形态的划分方法，认为阿尔都塞在二元对立基础上建构了它们，将之视为真理与虚假的固定镜像关系，无视特定的意识形态和科学是依据具体的历史语境而发生变化的，抹去了其异质性和差异性因素。

阿尔都塞学派对文学本质的预设和超历史的意识形态、科学、文学艺术三元关系结构，使其框架、方法论难以真正对文学现象作出合理有效的历史唯物主义解释，严重阻碍其历史唯物主义立场。更为重要的是，西方马克思主义这种文学本质论继承了资产阶级唯心主义美学遗产，后者将特定阶段的书写形式永恒化、普遍化、抽象化。其政治后果是以不变的文学审美属性这一意识形态维系资产阶级的象征统治，再生产资产阶级的社会关系，这与马克思主义文学批评的政治抱负完全背道而驰。

为此，贝内特呼吁，必须认识到文学是一个历史概念而非审美范畴，意识形态是政治概念而非认识论概念，而要在马克思主义内部完成对文学概念的历史化理论建构，需要将俄国形式主义与巴赫金意义上的动态功能文学观引入阿尔都塞学派内部，在两者间建立积极对话，以消解后者的文学本质主义，重新历史唯物主义地思考"文学"。由此，贝内特通过对俄国形式主义文学观和巴赫金对话理论的阐释，建构了自己的文学本体空间。

第二节　文学本体空间的转移

托尼·贝内特文学思想的起点始于20世纪70年代末期对阿尔都塞学派的批判。他通过质疑阿尔都塞学派的文学本质论，翻寻出"什么是文学"这个老生常谈的话题，将历来被马克思主义斥责为异端的俄国形式主义引入对这个话题的探讨中，试图借助俄国形式主义对文学性的消解，解构以阿尔都塞学派为代表的西方马克思主义文学理论中根深蒂固的文学本质论，从文本接受角度重新审视文学、意识形态与社会历史的关系，力求马克思主义文学批评能彻底摆脱资产阶级唯心主义美学的束缚，真正释放其历史唯物主义的活力。

前期阿尔都塞学派侧重从文学生产角度说明文学受制于意识形态又与之保持一定距离的原则，并以文本的意指内容为核心，论述文学、意识形态、历史（社会生活）三者微妙复杂的关系。虽然他们一致反对庸俗唯物主义的文学反映论，将文学看做表意方式的一种而非对社会生活的简单复制，使两者关系从经济基础与文学的简单对应中摆脱出来，对文学与历史关系的分析更为辩证合理，但他们仍然以文本意指内容为依托来认识历史，以呼应马克思主义经济基础与上层建筑关系这一基本范畴。前期阿尔都塞学派的这种思路并未真正摆脱传统文学反映论的阴影，未能对文学与经济基础关系作出真正历史性的有效阐释，而其失败的根源在于他们始终执守文学本质论，坚信优秀伟大的文学作品具有揭示意识形态、暗示历史真相的审美效果和政治功能。

那么马克思主义需要文学本质论吗？马克思主义文学批评该如何对待所谓的"文学性"文本？依照这种文学本质论发展起来的美学真的有助于唯物主义地解释意识形态吗？贝内特正是以对这些基础性问题的重新思考，建构自己的文学本体论空间和新形态的马克思主义文学理论框架的。

"什么是文学"是个历久弥新的话题，它关涉文学的本体范畴，回答文学有哪些本质属性，处理具有普遍意义的抽象观念。历史地看，对文学性内涵的理解中外古今并不一致。《尚书·尧典》有"诗言志，歌咏言"之说，强调诗歌对个体心志的表现性；《毛诗·序》认为文学诗歌为"情动于中而形于言"，将情感与心志并重；陆机《文赋》的"诗缘情而绮靡"凸显诗歌的情感性与审美性。亚里士多德在《诗学》中对诗歌本质作过探讨，认为好的作品应该注重结构的有机整体性；西方浪漫主义流派格外强调主观情感性，鼓吹"一切好的诗歌都是情感的自然流露"；到了象征主义那里，认为形象才是文学性的核心……可见，文学性的内涵变动不居的，而每个内涵都无法成为一个放之四海而皆准的标准囊括文学的所有本质特征。而且，文学的外延即文学所指涉的对象也发生着不断的变化。西方现代意义上的"文学"迄今不到 200 年历史，"文学"（literature）一词在 14 世纪最初出现在英文中，意为"通过阅读所得到的高雅知识"①，即今天的学问、文献之意。1900 年，"文学"一词才获得现代文学概念，指涉具有想象性、审美性的文本，文学复杂的现代内涵的出现"标示出社会、文化史的一项重大变化"②。在中国，"文学"最早泛指文化典籍，两汉时指涉史学、学术

---

① ［英］雷蒙·威廉斯：《关键词：文化与社会的词汇》，刘建基译，三联书店 2005 年版，第268 页。

② 同上书，第272 页。

著作,以"文章""文辞"指文学作品。由此看来,"文学"外延和内涵始终处于剧烈的变动中,"文学"是具体的、历史的、特定的书写实践形式,很难对之下个明确的定义。伊格尔顿在论及文学概念的不确定性时指出,"文学"这个术语的作用颇有些像"杂草"这个词,它依据园丁想或不想要而被确定去留,因此"'文学'和'杂草'是功能论的而不是本体论的术语"①。伊格尔顿可谓一语中的。因为认为文学不是本质而是功能的认识,正是贝内特以文学功能论消解阿尔都塞学派的文学本质论的关键武器,而伊格尔顿在90年代才意识到这一点,比贝内特晚了十几年。且贝内特对这一问题的探讨是从学理理论角度切入的,与伊格尔顿和威廉斯以文学作品为案例的经验性分析的途径迥然有别。

贝内特从文学批评话语内部入手,以"文学性"为问题核心,在俄国形式主义与阿尔都塞学派文学批评间建立对话关系,提出"文学"是特定的书写实践,铭刻着生产它的意识形态、物质、历史等条件②,并据此将"文学"位移于读者接受的社会语境,思考文学与意识形态的关系。贝内特对"文学性"及其相关问题的具体思考包括以下几个方面:

首先,贝内特提出"文学"是文学批评话语历史性地建构起来的产物,正是文学批评将特定文本对象化为文学文本,"文学"可谓一种话语性事件。贝内特借用索绪尔的语言学成果,指出"文学"文本和任何文化现象一样是语言建构的产物,它自身不但是语言意指方式的一种,也是被语言和文化系统所意指和建构的对象,而有权建构文学概念的是文学批评话语。据索绪尔的语言学核心观点,人们对现实世界的理解必须经过语言符号系统的中间调停,与其说人们见到和言说的是现实世界,不如说是经过语言建构的世界。语言将某种特定的语言概念强加于现实,语言不是对现实的反映而是意指现实,语言指涉的所指不是真正的实在对象,而是关于这个对象的观念,能指、所指的意义源自它们各自在所处的系统中与其他能指、所指的差异关系。并且,能指、所指的关系是任意性的、约定俗成的。

贝内特认为,"文学"同样是某类语言符号对某些文本的意指,或者说关于某类文本的观念,文本与"文学"观念间的联系是任意的,而非

---

① [英]特里·伊格尔顿:《现象学,阐释学,接受理论——当代西方文艺理论》,王逢振译,江苏教育出版社2006年版,第9页。

② Tony Bennett, *Formalism and Marxism* (London and New York: Methuen, 1978), p. 15.

先验和固定的。而对某类文本予以分类和命名的编码行为是拥有一定权力的文学批评行为，后者对文本进行了一系列对象化的操作和处理，它将某类文本从诸多文献中分离出来，使其以客观实体形式出现，赋予其"文学"的意指，"文学批评阐明和解释那些特定的'文学'属性，将选择出来的一系列文本从想象性文本中区别出来，并将某些规则如审美属性合法化，以此作为文学文本与非文学文本的区分标准"①。在这个意义上，文学是某种观念的产物，是文学批评操纵和组织的结果。因此，重新审视文学批评话语所建构的"文学性"，消解当前在当时西方马克思主义文学批评界居主流地位的阿尔都塞学派中根深蒂固的文学本质论是十分必要而迫切的。而最早提出"文学性"概念的是俄国形式主义，那么对俄国形式主义的"文学性"及其理论基础、方法论、学术背景等进行刨根究底的考察，是贝内特阐明"文学"概念的必要前提。

其次，贝内特对俄国形式主义"文学性"概念进行抽丝剥茧的独特阐释，从抽象的理论角度论证"文学"的属性，指出所谓"文学性"是动态的关系功能而非永恒普遍的本质，它也是形式主义批评话语建构的结果，故"文学性"是具体的、历史的文化现象。俄国形式主义活跃于20世纪初期的俄国文坛，由于强调文本的形式和审美属性，被反对者冠名以"形式主义"的称谓。因形式主义将文学看做一个不受社会、历史侵蚀的封闭自足体，历来遭到马克思主义者的贬斥。贝内特在马克思主义文学批评内部反其道而行之，辩证地指出，形式主义在吸收索绪尔的语言学方法论过程中，将语言学上的系统差异性功能关系引入对文学性的理解，客观上打破了从文本内在属性界定文学性的本质论。就这点而言，俄国形式主义要比对文学内在本质属性顶礼膜拜的马克思主义文学批评更具历史唯物主义维度。

形式主义十分强调文学的自足性和独立性，将文学性看做文学文本区别于其他文本的特质，以之为文学研究的特定对象。贝内特指出，"文学性"概念的提出，在一定程度上出于形式主义理论自身选择的需要，它实则是形式主义批评话语建构的结果。形式主义为反对当时文学研究对社会学、心理学、历史等学科的依附而未能确立自己明确的研究对象的现状，极力强调文学研究的科学性和自足性，认为文学研究应确立自己的研

---

① Tony Bennett, *Formalism and Marxism* (London and New York：Methuen, 1978), p. 7.

究方法和对象。在索绪尔关于科学研究的对象是其观念的对象之观点的启发下，形式主义提出，文学批评面对的对象不是已然给定的外在文本，而是"自己观念的产物，即一种看待所谓'文学'文本的视角，它体现着特定的理论选择"①。也就是说，同样的文本，它是不是文学文本取决于研究者的观念和理论抉择。那么，对文学文本与其他文本进行区分，强调文学性为文学研究对象，对形式主义而言至关重要，"文学研究的主题不是总体的文学，而是文学性"，亦即使特定的作品成为文学作品的东西"②。可以说，"文学性"实际上是形式主义出于自己的理论需要而选择设定的研究对象，它作为研究对象并非是某种具体的文本，而是文学文本与非文学文本间抽象的差异性关系，即一个文本是不是文学文本仰仗它所履行的功能，可以说"文学性"是一个功能性概念。

　　形式主义认为，文学性的获得依赖陌生化，陌生化是用文学技巧对日常话语和对以往文学语言进行变形和背离，从而创造一种打破惯常感知方式的特殊符号经验。贝内特指出，形式主义意义上的"陌生化"是一个动态功能性概念，人们通常所认为的形式主义盲目崇拜文学技巧实在是对其的最大误解，因为一个文本是否体现陌生化依赖的不是文本内在属性而是它与别的文本的关系，某种技巧能否体现陌生化效果，取决于该技巧被使用的具体语境，同样的技巧在不同的使用中会产生不同的功能。可见，正是对技巧的使用本身，最终决定了陌生化效果的实现。

　　正是在这里，贝内特敏锐地洞察到形式主义意义上的"文学"概念所蕴含的历史性因素。形式主义借助语言学的方法论基础，突破了语言学和结构主义静止自明的结构，它认识到陌生化效果的获得不仅通过文本技巧间的关系性功能，而且最终取决于动态历时的技巧的使用，是技巧的"使用"使其履行着某种功能，呈现出陌生化的效果，或者说，使文本具有文学性。由此可知，文学性是一个动态的功能性概念，"陌生化过程实际上是形式间的游戏，一个在某个历史阶段被认为是文学文本的作品可能在另一个历史阶段并非如此。换言之，文本的陌生化是一个变动的领域，一个文本是否被认为是文学文本依赖人们看待它的视角"③。同样，"文

---

①　Tony Bennett, *Formalism and Marxism* (London and New York: Methuen, 1978), p. 49.

②　[英]特伦斯·霍克斯:《结构主义和符号学》，翟铁鹏译，上海译文出版社1987年版，第60页。

③　Tony Bennett, *Formalism and Marxism* (London and New York: Methuen, 1978), p. 56.

学"这个概念是关系性功能概念，它不指涉某类具普遍永恒属性即"文学性"的文本，而指涉特定的文本关系，是文本在不同历史时期，因接受的社会语境而履行的不同功能的体现，同时，文本变化的功能和效果也铭刻着意识形态母体的痕迹。从符号学角度而言，文学性概念作为意指对象，其能指和所指关系是任意的，是历史过程的偶然结果，文本呈现出的文学性功能是特定社会偶然的，因此也是历史的和变化的，由与其他文化文本的形式间的关系所决定。①

形式主义虽意识到文学性是个变化的动态功能概念，但它过于强调文学的自我指涉性和自主性，拒斥从社会历史角度解释文学文本功能变化的动力，仅将变化动力解释为"文体和风格的自我生成和自我封闭的序列的逐步发展，其动力则是内在的需求"②。形式主义不能从唯物角度说明文学功能变化的社会原因和变化机制，它的"文学性"最终沦为超结构的客观唯心主义，似乎不论在任何时代和语境下，总有一个叫文学性的概念等待不同的文本去填充。继承形式主义的洞见，又能对文学功能变化作出历史唯物主义解释的是以巴赫金为代表的后形式主义。

再次，贝内特通过对巴赫金对话理论的发挥性阐释，指出文学是社会性话语实践，属于物质实践的一种，深深嵌入在社会交际语境中，故应从文本接受的广阔社会历史语境中把握文学、意识形态与社会历史的关系。"话语"是巴赫金提出的著名语言哲学概念，指涉具体生活场景中实际运用的活生生的个体语言，用以修正索绪尔将语言与社会实践分离开的客观唯心主义作法。巴赫金认为，任何语言的现实存在只能在生动的言语活动中，与抽象的语言规则没有关系。在个体使用话语的具体语境中，语言—话语才密切结合。话语的意义随具体的使用而不断发生变化，在言说者与倾听者间的对话关系和语境中，话语的意义不断得到修正和补充进而发生变化，最终也改变着语法规则，所以语言只存在于活生生的话语实践中。

巴赫金指出，话语从来不是中性和客观的，"话语是一种 par excellence（独特的）意识形态现象，话语的整个现象完全消融于它的符号功能中"③。话语是意识形态最重要的现实物质符号，意识的发展就在于具

---

①　Tony Bennett, *Formalism and Marxism* (London and New York: Methuen, 1978), p. 61.

②　［英］特伦斯·霍克斯：《结构主义与符号学》，瞿铁鹏译，上海译文出版社1987年版，第71页。

③　［苏］巴赫金：《巴赫金全集》第2卷，钱中文译，河北教育出版社2009年版，第354页。

有了作为灵活的和现实的物质材料的话语。因为意识形态只有在现实物质性的符号中才会体现自身，而符号的存在就是符号的社会交际的物质化。换言之，意识形态存在于物质性的话语符号中，话语折射着作为经济基础的社会关系内容并被后者所决定，"意识形态现象的现实是社会符号的客观现实。这一现实的规律就是符号交际的规律，该规律由总的各种社会经济规律所决定"①。作为意识形态符号的话语，其社会交往性质必然表明了作为社会个体的言说者和受者之间的社会生产关系以及彼此间意识形态的关系。也就是说，符号在特定的、历史的具体使用中，功能不断发生变化，推动这种变化的社会机制是符号插入社会交际过程中的社会关系间的意识形态斗争。

同样，对贝内特而言，作为语言符号的文本，它是否履行文学文本之功能，最终取决于它在使用中即阅读流通过程中社会关系间的意识形态斗争。从这个角度而言，文学是充满意识形态权力斗争的社会话语实践，是一种社会性活动。

贝内特以巴赫金对狂欢化文学的解释为例，指出文学作为一个动态的功能概念受到一定的社会历史条件的制约。巴赫金认为，中世纪狂欢文学的出现是将民间幽默这一文学技巧的功能转变为对官方意识形态的颠覆和戏仿，以宣扬文艺复兴时期新兴市民阶层的意识形态。这种新兴的写作形式是历史生成的社会关系的文化产品，也是两种迥然不同的意识形态相斗争的产物，民间幽默是在特定的、历史地使用中形成新的书写类型，凝集着具体的社会、政治、意识形态等规定性。同样，在贝内特看来，作为一种功能而外现的"文学"概念，依据文本使用的社会语境而不断变化，后者铭刻着意识形态权力斗争的痕迹。

最后，贝内特强调文学文本随特定的社会使用语境而履行着特定的功能，产生某种效果。这说明并不存在大写的"文学"，文本背后也没有一劳永逸的最后真理等待批评家揭示，文本总是处于不断变化的具体历史中，受到各种力量的制约，如经济基础与上层建筑、意识形态、文本社会使用模式、文本制度化环境等，它们限定文本被挪用的历史。② 在贝内特

---

① ［苏］巴赫金：《巴赫金全集》第 2 卷，钱中文译，河北教育出版社 2009 年版，第 354 页。

② Tony Bennett, *Formalism and Marxism* (London and New York: Methuen, 1978), p. 148.

看来，"文学"便是铭刻着各种权力和意识形态文本的使用结果，它是特定功能的外现，以达到特定的意识形态效果。而文学研究的重点在于历史地阐明文本使用的社会语境、决定文本特定功能的社会历史条件，以及产生的各种具体效果。

贝内特引用马歇雷后期和巴利巴尔共同提出的观点进一步佐证自己的认识。马歇雷在 20 世纪 70 年代中后期修正了自己早年在《文学生产理论》（1966 年）中的文学本质论，认为普遍文学观念的存在是个幻觉，① 相反，"文学"是具体的、历史的物质实践，它是变化的功能呈现。贝内特称赞马歇雷打破了文本的形而上学传统，他所提出的重要观点十分值得重视，由此贝内特进一步阐释道："文本不能独立于它使用的功能而存在，这才是分析的重点所在，不能抽象地研究文本，而要在文本所处的历史中，洞察对文本进行再利用的决定性力量，这些力量使文本获得不同的、具体的、历史的效果，改变着文本接受的条件。"②

随之，贝内特分析了巴利巴尔等人关于法国文学文本在作为意识形态国家机器的教育体制中的功能、效应变化的论述，指出决定文本功能变化的社会历史条件是特定阶段的资本主义经济基础插入教育机制的结果，后者使文本获得并巩固了"文学"概念的合法性地位，而文学文本具有把现实中分裂的、不可调和的矛盾在想象中加以解决的意识形态效果，并再生产着社会关系。

我们可以看到，贝内特的"文学"观始终围绕着文本使用的功能和发挥的效果而展开，认为决定文本功能和效果的动力是各种权力、意识形态等偶然性的历史条件，文学是一个偶然性而非必然性的动态功能概念，"必须用具体的、变化的特定功能和效果取代文本概念，它们由决定文本挪用的各种力量所产生"③。贝内特借鉴俄国形式主义视"文学性"为动态的功能范畴来瓦解文学本质论，又吸收了巴赫金的话语理论在文学动态功能上的历史唯物主义解释。随之，在对巴利巴尔等后阿尔都塞学派理论的发挥性阐释中，正面提出了文学是文本的社会性使用的功能和效果的观

---

① 参见艾蒂·巴利巴尔和皮埃尔·马歇雷《论作为一种观念形式的文学》一文中的注释 8，［英］弗朗西斯·马尔赫恩编：《当代马克思主义文学批评》，刘象愚等译，北京大学出版社 2002 年版，第 61 页。

② Tony Bennett, *Formalism and Marxism* (London and New York: Methuen, 1978), p. 158.

③ Ibid., p. 148.

点。贝内特提请人们关注,在对文学文本功能变化的考虑上,不但要看它在"文学体系"内部所占据的位置和相应的变化,也要注意文本与社会历史条件如政治与意识形态的连接,还要考察文学批评等知识话语对文本的操控编码。① 这就将对文学概念的关注视线,从先验的审美属性拉入具体偶然的历史坐标上。文学与意识形态的阵地从文本意指内容位移到文本阅读接受的具体社会语境,从中洞察铭刻在其中的权力、意识形态与社会关系,有力地弥补了前期阿尔都塞学派的文本生产论对阅读消费的忽视。

同时,贝内特在西方马克思主义文学批评内部,大胆借鉴俄国形式主义的资源,通过对形式主义的"文学性"概念的独特阐释,消解了西方马克思主义的文学本质论传统。贝内特富有洞见地挖掘出形式主义在"文学性""陌生化"概念中所蕴含的历史性潜质,并予以真正社会化、历史化地合理推进,从关系功能和文本使用语境角度把握"文学",把文学看作历史的、具体的社会文化现象和话语实践而非抽象的、超历史的形而上范畴。对西方马克思主义文学批评而言,这就站在了历史唯物主义的立场,在学理层面重新阐释了"文学"。事实证明,贝内特的文学观无疑是正确而深刻的。就 70 年代末期马克思主义文学批评而言,这一观点是超前而大胆的,因为当时以阿尔都塞学派为主流的马克思主义批评依然没有放弃文学本质论的形而上理念。贝内特对文学本体论的唯物主义界定解构了马克思主义文学批评中对超验的文学本质论的崇拜,无疑具有理论上的突破性。

但贝内特过于偏重因文学的社会性使用所产生的功能、效果,将"文学"本体位置从文本生产完全转移到文学阅读消费上,这一作法难免有一定程度的偏激。首先,贝内特意义上的文学概念基于索绪尔语言学模式,后者强调意义源自系统内部语言单位的功能和效果而非语言单位本身,这种认识挪用到文学上,有利于从文学接受的广泛社会历史语境审视文化、政治等外部因素对文学概念的决定作用,开拓了文学研究的疆域。但贝内特却在这一过程中,完全悬置了对文本意指内容和形式的分析,或者说放弃了文本的内在性。抛弃了作为文学的物质存在的文本本身,也就意味着从文学领域内部排除了文学的自我身份,最终扼杀的是文学本身。

其次,贝内特认为"文学"概念是"动态性"功能,它是偶然的社

____

① 托尼·本尼特:《本尼特:文化与社会》,王杰等译,广西师范大学出版社 2007 年版,第 20 页。

会历史条件所致，"文学"也成为一个偶然性范畴。这就把"文学"看做一个完全相对的范畴，片面夸大了文本功能的运动变化，否认文本功能的相对静止，从而取消了文本间的界限，客观上也否定了"文学"的存在，终结了文学。

最后，贝内特把文学本体论空间完全移位于文本使用的功能、效果，即移位于文本阅读消费领域，这种作法固然回应了以巴特为代表的后现代主义"作者之死"的论调，却无视文学作为社会生产实践是生产、消费、分配、交换四环节的辩证统一体，贝内特的文学概念对文学生产环节与阅读消费间的关系，只字未提。贝内特文学观的局限和偏激是后学思潮去中心化的缺陷所致，也是文学内部研究与外部研究二难选择的典型征候，而如何站在马克思主义历史唯物主义立场辩证地解决这些问题，依然是当前文学理论研究所面临的重大难题。

贝内特视文学为文本社会性使用的历史动态功能和效果，文学本体空间从文本审美属性和意指内容等内部领域转向决定文学功能和效果的外部社会文化语境。这既体现了贝内特作为英国激进左派的政治意图和策略，也在理论上呼应了文化研究侧重社会文化语境的理论旨趣。如果文学是文本的社会性使用和动态功能，那么文学本体空间便立足于读者阅读消费及其偶然性社会语境上。而如何阐明文本社会性使用的功能、效果等具体机制，以及如何界定文本使用和功能、效果的社会历史规定性，这些都需要作进一步深入探讨。贝内特由此提出"阅读形构/互一文性"概念，以阐明文本社会性使用的功能、效果的具体机制与历史规定性等问题。

第三节　阅读形构／互—文性

在"什么是文学"的问题上，贝内特通过对西方马克思主义文学传统中"文学自足论"的批判，试图以文本社会性阅读消费为主要领域，重新考量文本与历史之间的关系。贝内特提出的"文本使用和效果说"意在表明，根本不存在完全意义上的"自在文本"，文本的生产力是无穷尽的，文本意义在无限的意指实践过程和互文性中不断被激活和重新改写，同时也总是在特定的具体语境中才可能得以实现和有效界定。为此，"文本实践是内在于历史的，它居住在历史中……语言实践是话语、定位与激发的言语表述，组织于文化的特定关系中"①。这表明，文学与历史的关系应当在文本与具体社会语境、文本与读者、文学文本与文化关系等互文动态网络中考量，文学语言实践如阅读、写作与社会语境一样，都是社会层面的实践性构成要素而非"背景"与"前景"的关系。贝内特将上述文学与历史间关系的思考理论化为"阅读形构／互—文性"（Reading Formation / Inter-textuality）概念，从文学消费角度凸显作为一种具有物质实践力量的文学文本的互文动态性。贝内特 20 世纪 80 年代初提出的这一概念，也是英国文化研究史上首次以通俗文学为实践领域，在读者立场上用葛兰西霸权概念对文化主义和结构主义进行的调停。

　　总体来看，贝内特的"阅读形构／互—文性"概念将文学理解为受权力和意识形态等制约的文本与主体、文学文本之间、文学文本与其他文本、文学领域与社会其他活动领域等相互交叠融合的复杂动态场域，使文学从单一静止的内部领域拓展到动态多元的社会领域，揭示出文学丰富鲜明的历史规定性和复杂性。"阅读形构／互—文性"既有对英国文化研究从受众角度分析通俗文化意识形态的方法论的呼应和超越，也有对文学阅读理论和互文性理论的继承与超越。

一

　　与法兰克福学派对大众文化持批判的态度不同，英国文化研究学派一直力主大众文化的积极能动性，尤其关注大众文化意识形态分析，对受众、读者的研究成为它们切入这一立场的主要领域之一。但以往的英国受众研究在方法上侧重受众个体在经验性解码上的能动性，对接受过程的社会历史语境关注相对不足，且在研究对象上有忽视对通俗文学受众研究的倾向。贝内特正是从英国文化研究的这些盲区入手，他从通俗文学的阅读接受这一现象入手，分析通俗文学（文化）的阅读接受与意识形态间的复杂矛盾关系，指出必须从阅读接受的文本间性场域理解通俗文学（文化）的多元意识形态效果，并将自己这种阅读接受分析方法予以理论化为"阅读形构／互—文性"概念。可以说，解决通俗文学与意识形态的关系问题，是贝内特提出"阅读形构／互—文性"这一阅读理论的出发点和

---

① ［英］弗朗西斯·马尔赫恩：《当代马克思主义文学批评·引言》，刘象愚等译，北京大学出版社 2002 年版，第 22 页。

逻辑前提。要理解"阅读形构/互—文性",必须先阐明贝内特对通俗文学与意识形态关系的认识。

贝内特站在解构主义立场审视通俗文学,认为西方马克思主义文论传统依照资产阶级文学标准划分"文学"与"通俗文学"等级序列,使马克思主义对文学"价值"过于牵挂,一方面将"文学"看做与意识形态有别的自治领域,另一方面无视通俗文学意识形态的复杂性、多变性和相对自治性,将通俗文学简化为主导意识形态(虚假意识),沦为大众工业生产和传播主流意识形态的容器。其结果使马克思主义批评沦为一种扭曲的唯物主义,阻碍了通俗文学成为霸权斗争政治运筹的可能性。

为反对马克思主义传统将通俗文学等同于主导意识形态的简化作法,贝内特提出,认识通俗文学及其意识形态,不能采取以往文本形而上的观点,而要从文本间性,即从阅读接受①的互文性关系联结中透视文本意识形态、政治的效果,因为文本正是通过文本间性系统的关系联结产生了相应的社会效果,他说:"关系联结仍然是构成文本得以发挥作用的惟一可能的政治'场所'。"② 文本间性就是不断变化的文本—意识形态关系,这种互文关系效果(政治、意识形态、权力)铭刻在文本接受阅读上,影响文本的接受状况。这意味着文本在多元的接受语境下,成为一个漂浮的能指,被刻上不同的文化、意识形态、社会制度、物质形态等符码。文本的意识形态效果也不是从文本的意指内容中体现,而是在多元动态的阅读接受过程中呈现其复杂性和矛盾性。为此,考察通俗文学的意识形态效果,需从文本的阅读接受入手。

同时,在阐释具体的阅读接受时,贝内特借助了阿尔都塞的意识形态质询机制,将文本意识形态与具体、差异的阅读个体联结起来,认为并不存在某种先在的主体性,个体总是"受到各种不同甚至有时矛盾的意识形态构成中对某一特定主体立场质询的个体"③。主体立场随差异性社会位置的变化而变化,这种动态的主体立场,插入变化的文本间性关系联结,阅读个体便在一系列意识形态坐标轴上移动,最终造成文本极为复

---

① 依照贝内特的认识,"阅读接受"不仅仅限于狭义的读者阅读文本,还包括作者的创作过程,因后者在宽泛意义上也是以阅读接受为基础的。

② 托尼·贝内特:《马克思主义与通俗小说》,[英]弗朗西斯·马尔赫恩编选:《当代马克思主义文学批评》,刘象愚等译,北京大学出版社2002年版,第221页。

③ 同上。

杂、含混、重叠的多重意识形态和政治效果，形成一个或斗争、或反抗、或妥协的意识形态场域。可以说，文本不但由于阅读接受敞开了文本的历史，也因接受阅读成为多元矛盾的意识形态效果场域。

通俗文学文本与读者究竟如何发生作用？阅读接受中文本间性的动态意识形态效果场域的变化机制如何运作？阅读接受的条件又是怎样的？贝内特用"阅读形构/互—文性"解决这些问题，令人信服地阐明阅读和文本受到铭刻于其间的一系列文化和意识形态的互文调停和制约，从而建构自己的阅读接受理论。

二

"阅读形构/互—文性"（阅读形构只在阅读引起的互—文联结中得以体现，故本书将这两个概念置于一起）的内涵极为丰富，它以阅读接受和文学互文性等理论为基础，挪用了阿尔都塞的意识形态质询说，福柯的话语形构观，拉克劳、墨菲的话语联结论，葛兰西的霸权概念等，勾勒出铭刻在阅读接受中的多元社会历史力量及其与文本、读者间的复杂关系，也体现了贝内特鲜明的政治旨归和文化唯物主义立场。

"阅读形构"，用贝内特自己的话表述是指"一套话语和互文力量，它们组构和激活阅读实践，将文本和读者联结为特定的关系：读者是具体的阅读主体，文本是以具体方式阅读的文本"①。这种界定显得十分抽象而模糊，但通过贝内特在不同著作中多次对"阅读形构"的特点、功用、性质等的描述可发现，阅读形构实则是一种熔铸于文本和读者间的阐释框架或阅读框架，类似于海德格尔—伽达默尔阐释学意义上的、具本体范畴的"前有""前结构""前理解"。但相比阐释学和接受理论的前理解对个体心理经验性的强调，贝内特更重视阅读形构这一阅读框架的文化、意识形态等社会历史规定性，他用佩奇尤克斯的话语形构类比自己的阅读形构在这方面的特征。

佩奇尤克斯认为，话语形构根植于特定的意识形态母体，个人的言语行为不是个人主观运用的语言产品，而是受制于具有意识形态倾向的话语形构的制约，语言在实践、操作、建构中受到不同的话语形构相斗争的对

---

① Tony Bennett, "Text in History: The Determinations of Readings and Their Texts," *The Journal of the Midwest Modern Language Association*, Vol. 18, No. 1 (Spring 1985), p. 7.

抗，即使相同的词语也趋向不同的意义，意义是能指之间不停运动关系的结果，而非仅仅是所指，词语、语句、命题从它们所属的话语形构中得到它们的意义。同样，阅读形构也为一定的意识形态所规定，从而决定了文本的意义获得。

仅从字面来看，首先，阅读形构是铭刻着各种物质、社会、意识形态等历史力量的一套交叉话语。它是文本在阅读消费过程中受众一极的认识框架，是认识论意义上的，不具阐释学意义上作为通达"在世之在"的"前见"所蕴含的本体论性质。其次，它是在阅读实践过程中形成的文本间的互—文联结，并以"互—文性"方式运作，体现了阅读中文本和文本，话语和话语，文本与主体，文本、主体与社会的间性特征。"阅读形构指特定的力量形塑、构成、铭刻于文本和读者中，即指涉特定语境中占主导地位的互—文关系。在其中，文本和阅读为彼此而存在，且文本总是已经被文化激活的对象，读者总是被文化激活的主体。"① 再次，阅读形构又类似于福柯的话语形构，是一套暗中为知识、权力和意识形态等编码的规则，更确切地说，它是个体阅读实践所遵循的一套制度性话语。最后，其运作方式有物质的、制度的支持，并内化于阅读过程和文本中，随不断变化的具体历史和境遇而变化。

从内涵而言，"阅读形构/互—文性"比文学互文性理论和阅读接受理论的意蕴更为丰富。众所周知，互文性指两个或两个以上文本间发生的互文关系，强调各文本之间以及文本与文本之外因素的复杂联系，文本意义的交互性、流动性和差异性。克里斯蒂娃最早提出"互文性"这一术语，认为"任何文本都是引语的镶嵌品构成的，任何文本都是对另一文本的吸收和改编"②。依乔纳森·卡勒的认识，对互文性的理解聚焦在两个方面：一是文本与前文本间的有机联系；二是文本与文化表意实践空间的多方面联系。就文本与文化意指实践的种种可能性关系而言，"互文性强调可理解性、强调意义而言，它导致我们把先前的文本考虑为对一种代码的贡献，这种代码使意指作用（signification）有各种不同的效果。这样互文性与其说是指一部作品与特定前文本的关系，不如说是指一部作品在

① Tony Bennett and Janet Woollacott, *Bond and Beyond: The Political Career of a Popular Hero* (London: Macmillan Education, 1987), p. 64.

② 王瑾：《互文性》，广西师范大学出版社 2005 年版，第 1 页。

一种文化的话语空间之中的参与，一个文本与各种语言或一种文化的表意实践之间的关系，以及这个文本与为它表达出那种文化的种种可能性的那些文本之间的关系"①。由于互文性是任何文本的必然特征，文本在互文性的基础上有所建构，并依据它扩展、补充、改造，并得以理解。因此，互文性不但对于文学的表意作用是一个中心的问题②，而且使文学与社会文化联系起来，承载着丰富的内涵。互文性概念由于其丰富的内涵和普遍性，人们从不同视角对这一概念加以生发、阐释，在适应自己理论观点的基础上，丰富、拓展了互文性的内涵和指涉范围。

贝内特的"阅读形构/互—文性"便是对互文性研究拓展深化的理论成果之一。它从阅读接受角度深化互文性，将读者前见或者说阐释框架作为文本相互联系的必然中介，使读者的前理解文本、话语与现存文本之间发生一定的关联，从而产生文本间性特征。

最早从阅读角度认识互文性并给予理论阐发的是罗兰·巴特。巴特继承和修正了克里斯蒂娃从作者立场划分文本的观点，转向从读者角度划分文本，表现了互文理论研究从文本生产理论向接受阅读的转换。他将文本划分为可读文本和可写文本，强调读者参与文本生产、活动的积极性、能动性，读者在可写文本中通过发现文本意义新的组合方式，重写、再生产、再创造文本，使意义在无限差异中被扩散。巴特反复强调单个主体在（重）写文本活动中的重要作用，认为文本的阐释取决于主体汇集各种互文本并将它们同给定文本相联系的能力。巴特从阅读接受的积极能动性角度分析文本互文性生成的机制，无疑具有开创意义。

贝内特的阅读理论借鉴、深化了巴特的这一观点。贝内特和巴特一样，将读者受众作为文本相互联系的汇集点，认为文本正是通过阅读才得以关联形成互文关系的，阅读是形成互文性的必要条件，他将这种因阅读而相互关联的文本现象称之为"互—文性"。他通过与克里斯蒂娃互文性的对比来阐明自己的"互—文性"概念：

> 使用连字符是为了避免与克里斯蒂娃的互文性相混淆。克里斯蒂娃的互文性概念指：可在一个特定的单独文本内在构成中辨认出来

---

① 乔纳森·卡勒语，转引自程锡麟《互文性理论概述》，《外国文学》1990 年第 1 期。
② 程锡麟：《互文性理论概述》，《外国文学》1990 年第 1 期。

的、其他文本的指涉体系。而我们的互—文性概念指在特定阅读条件中，文本之间的社会组构关系。互文性指一系列意指关系，它们共同体现在一个文本中，是文本所展现的变化的产物。而互—文性则是文本被社会性地组构于阅读形构客观性方面的关系方式。互文性是社会性组构的互—文性的特定产物，后者在为阅读实践提供客观力量的同时，也为互文指涉的生产和运作提供了框架。①

相比克里斯蒂娃仅在文本内部洞察互文性的认识，贝内特的"互—文性"意在表明文本是通过阅读实践取得彼此间的互文关系的，"互—文性"在阅读中发生且存在于阅读实践中。或者说，它是通过读者的阅读形构机制将前文本和后文本联系起来的，且这种联系是社会历史促成的，而非个体经验原因。克里斯蒂娃的互文性是狭义的互文观念，它仅限于单个文本内部或者说语言符号系统内部各个文本的指涉关系，这与贝内特从阅读角度看待文本与文化意指实践及其考察社会历史规定性的广义互文观不同。贝内特和巴特都从阅读接受的意指实践维度认识互文性，都强调阅读接受对文本意义生产的能动性、生成性，如贝内特一再强调文本关系是"生产性地激活"，阅读主体在文本意义生成上具有创造性和能动性，以取代阐释学意义上的主体被动"解释"的概念。

但是巴特描述了各个文本因受众个体的阅读而构成互文性文本的现象，没有进一步阐明阅读个体与互文性文本间的联系机制。而且巴特仅看到经验个体读者对文本意义生成的能动性，却忽视了读者的社会历史规定性在意义生产上的重要作用。巴特止步之处正是贝内特开拓之地，贝内特用"阅读形构"强调了巴特所忽视的阅读主体与互文性文本相联系的机制，突出了意义生产的社会历史规定性、主体与文本间性等特征。

贝内特的"互—文性"是一个动态互文概念，指涉文学文本之间、文学文本与非文学文本、文本与主体、文学领域与其他社会活动领域间的相互联系，以及由此构成的多元动态的意指实践效果场域和充满差异性的文化空间，具有极为丰富的内涵和政治意味。具体包括以下几种：（1）如前文所述，阅读形构是熔铸于文本与读者间的阅读理解框架，类似于

---

① Tony Bennett and Janet Woollacott, *Bond and Beyond: The Political Career of a Popular Hero* (London: Macmillan Education, 1987), pp. 44–86.

"前理解""前见",它是接受个体与当前文本产生对话的前提。它聚集着主体积累的互文知识、经验、审美情趣、心理动因,并和内化于主体经验中的时代、社会、文化、意识形态等因素一起影响文本的生产意义,意即主体在阅读接受活动中已先行被话语所塑并将之带入接受活动中,文本再为主体所形塑。这一过程体现了主体阅读接受的积极能动性,主体依据自己的、具体的、境遇性的阐释框架阅读文本,赋予其意义,用贝内特的话说就是:"文本是为读者的文本。文本总是被组构好的文本。"

(2)"阅读形构是一套交叉的话语。"既然是话语,就意味着在这套互文话语中充满着各种意识形态的缝隙,它们在相互角逐、争斗、协商中被联结(articulation)、增补。这套互文话语是意义争斗的场所和意识形态角逐的领地。比如在马克思主义文学批评这个特定的阅读关系中,马克思主义阅读形构这一符码使文本生产性地被激活,文本依照马克思主义意识形态立场呈现相应的意义,在与其他阅读形构的竞争中,建构形成马克思主义政治干预的空间和权威。

(3)"主体是为文本的主体。"在这套意义争斗和意识形态角逐的互文话语中,暂时胜出的主控性话语和意识形态将个体质询于某个特定的主体位置上,使其成为具有某一社会主体身份的"这个人"。鉴于不存在抽象的意识形态,只存在具体的个体在具体境遇里被质询为具体的主体,贝内特说"读者是具体的主体"。主体在阅读中身份不断被瓦解、重构,成为某一具体意识形态质询下的具体社会主体,并进而修正原有的阅读形构。

(4)阅读形构类似于福柯的话语形构。也就是说,它是为权力、知识、意识形态等编码的符码和规则,它根植于为意识形态和权力并受它们的规定。文本的真正意义和效果不是文本所指内容,文本作为能指,依据不同阅读形构的意识形态和权力符码会产生不同的意义和效果,"阅读效果不是预先存在于阅读形构中,因为它是在阅读形构中产生的……意义通过文本在不同的阅读形构中",以"生产性地激活方式"出现。① 例如,邦德系列通俗小说随阅读接受中变化的社会文化和意识形态压力而不断重组,最终构成一个集电影、广告、杂志、玩具、评论、演员等各种文本为

---

① 托尼·本尼特:《本尼特:文化与社会》,王杰、强东红等译,广西师范大学出版社2007年版,第81页。

一体的网络场域。而作为通俗文学的邦德小说因在流通和接受过程中不断变化而衍生出各种互文本，成为英国日益突现的大众文化现象。其流行和经久不衰的原因在于，它能依据不同的阅读所形构的意识形态和文化指涉符码的变化而发生变化，通俗文学（文化）的意识形态复杂性、矛盾性不在文本本身，而在通过"阅读形构/互—文性"体现出的变化的意识形态上。

（5）阅读形构在其历史过程中，总是内在地、不断地被重新书写进多重物质的、社会的、制度的、意识形态符码，或改变或再生产一定的社会关系。为此"文本总是已经被文化激活的对象，读者总是被文化激活的主体"。比如教育机构在特定的历史条件下对阅读形构具有塑造作用，建构特定的主体身份，进而再生产社会关系，维系社会抽象的统治秩序。

（6）由于阅读形构是一套斗争和协商的话语联结场域，它可以被各种权力和意识形态予以编码和介入，生产出相应的政治意义，故马克思主义文学批评话语要积极地介入阅读形构，为霸权斗争生产相应的知识话语。这点充分表明了贝内特在阅读形构概念中所隐含的文学政治旨归。

贝内特以"阅读形构"为中介，将系列文本、阅读主体、意识形态等联系起来。阅读形构在一系列文本之间、文本与社会、文本与主体间建立起意义互联体，它的存在样态是因个体阅读接受实践而产生的互—文性，互—文性间的意义关联也只有通过阅读形构才得以实现，因此文本最终在阅读接受中成为一个多价动态的效果场域。同时，阅读形构总是在受到的各种变化着的意识形态的压力下，将个体质询为多重变化的社会主体系列，就此而言，阅读形构是意识形态在文学阅读接受活动中的具体体现。

更为重要的是，"阅读形构/互—文性"的意识形态压力并非以抽象观念的形式具体运作，它有一系列物质的、制度的支持，如学校、教育体制、文学批评和理论话语、文学教育等文化制度实践都为培养特定的阅读形构，树立某种意识形态的合法性地位发挥着关键作用，维系或再生产一定的社会关系。文本通过微观层面的个体阅读形构，受到宏观互文系列的文化意识形态之调停和介入。

三

贝内特以通俗文学和意识形态关系这一问题域为起点，通过阅读意指实践反驳马克思主义文学批评传统将通俗文学简化为主导意识形态的作法，就此而言，他承袭了英国文化研究重视受众的思路。但贝内特又与霍尔、莫利等人的经验式受众研究的思路不同，他更强调文学接受过程中的社会文化等历史规定性，突出铭刻于文本和读者中的意识形态、权力斗争等动态互文关系，从变化的文本效果场域看待通俗文学（文化）与意识形态关系间的复杂关系，形成"阅读形构/互—文性"这一阅读理论成果。这种思路启发了文化研究的受众研究，英国第三代受众研究将贝内特这种以意识形态和文化调停文本与读者关系的思路进一步细化、深化，重新考量微观（文本—语境）和宏观（社会结构）层面间的关系，试图从文本中见出社会文化结构，此后，话语和文本本身的社会性再生产过程而非个体的经验性接受成为第三代受众研究的重心所在，如机构/学术写作与读者关系等。①

　　就文学研究而言，贝内特将媒介社会学的文本效果说引入对通俗文学的接受研究中，通过文本接受彰显文本随社会历史语境变化而变化的多元意识形态效果，突出了文学尤其是通俗文学意识形态的复杂性、矛盾性。同时，在方法论上，他强调从互—文性角度理解阅读，并为"前理解"注入丰富的社会文化内涵，弥补了以往文学阅读接受理论经验式分析和文学互文性理论对阅读主体的社会历史条件重视不够的缺憾。用贝内特的话来说就是："注重效果的传统很少受媒体社会学好评，但它确实对观众问题给予了认真思考，近年来输入的关于'解码'过程的符号学观点已对影视研究产生影响，比文学批评界更重视形式所能产生的效果。简言之，现在还没有真正的读者研究（从效果角度思考文本接受）。"② 贝内特以"阅读形构/互—文性"为核心概念构筑的阅读接受理论，实现了对文化研究、受众研究和文学读者接受理论的双重超越。

第四节　介入式文学批评政治

　　西方马克思主义是一种激进的革命政治，它在经历了革命的失败和苏

---

　　①　Thomas Rosteck，"Readers and a Cultural Rhetorical Studies," in *Rhetoric Review*，Vol. 20，No. 1/2（Spring, 2001），pp. 51–56.

　　②　托尼·贝内特：《马克思主义与通俗小说》，［英］弗朗西斯·马尔赫恩编选：《当代马克思主义文学批评》，刘象愚等译，北京大学出版社 2002 年版，第 221 页。

联对自由的镇压之后，革命手段从武装斗争转向主体性的文化批判，希冀通过对资本主义社会的文化、政治、伦理、审美、道德等全方位的批判，达到颠覆资本主义的政治权威和经济基础，获得全面的人性解放和社会的自由与平等的革命目的，其中文学和审美批判被视为达到革命目的的有力武器之一，文学和政治的关系问题成为西方马克思主义贯穿始终的主题之一。

　　西方马克思主义文学理论内部在如何认识文学与政治的关系上可谓仁者见仁，智者见智，但一般都关注文本意义系统的政治意蕴及其革命解放力量，而把文学理论和批评看做中立、客观的科学知识，鲜见对自身的政治意识形态属性有理论上的自觉反思。事实上，文学批评作为社会活动必然有着鲜明的意识形态印记和政治属性，文学批评的程序、标准方法和对文学文本的分类无不被特定时代的思想意识和权力所浸淫。伊格尔顿《文学理论导论》一书的主题即"一切文学批评都是政治的批评"[1]，他说："对于按照某些与政治信仰和行为相关的价值来阅读文学文本的'政治批评'，我并不准备进行辩护；所有的批评都如此。"[2] 文学批评具有政治意识形态的属性已成为当代的共识。

　　在肯定文学批评蕴含着政治属性这一认识上，贝内特与伊格尔顿立场完全一致，但是贝内特是较早对文学批评的政治属性及其功能作出理论阐发的马克思主义学者。贝内特20世纪70年代末期《形式主义与马克思主义》的主题之一，便是申明文学批评的政治属性。他通过分析俄国形式主义在特定社会历史语境里对"文学"概念的建构，批判性地修正了前期阿尔都塞学派文学批评将自身定位为科学知识的作法事实上阻碍了其政治视野和抱负，贝内特明确提出："文学批评绝非中立的纯科学，它是政治实践，更是一种积极的政治介入。马克思主义文学批评应当对文本予以占领而非研究。"[3]

　　在如何理解和实现文学批评政治属性的问题上，贝内特有着不同于伊

---

　　① 王逢振：《〈现象学，阐释学，接受理论——当代西方文学理论〉·译者前言》，江苏教育出版社2006年版，第2页。

　　② ［英］特里·伊格尔顿：《现象学，阐释学，接受理论——当代西方文学理论》，王逢振译，江苏教育出版社2006年版，第204页。

　　③ Tony Bennett, *Formalism and Marxism* (London and New York: Methuen, 1978), pp. 139 - 141.

格尔顿和其他当代文论家的鲜明思路,他的介入式文学批评政治提倡从文本使用的动态功能认识文学的政治效果,即关键问题不是文本意指系统表征什么样的政治,而是如何形成文本的政治效果的问题。文学批评要考察的是文本在使用中如何被编入政治符码,而非研究文本的政治意指内容。对文本使用的功能和效果而非文学对象本身的关注,说明贝内特关注的重心一开始便是形成"文学""文学政治"等的可能性条件而非对象本身。也就是说,贝内特意欲将文学批评从文本意指内容转向更广范围的文化领域,因为当贝内特从文本的社会性使用所产生的文学动态功能和效果定义"文学"时,文学本体空间便从文学文本位移至形成文学的功能、效果的可能性历史前提上,移至阅读接受现象这一广阔的文化实践与社会各层面的联系中。文学本体论场域的转换要求重新界定文学批评的功能、性质、对象等问题。

贝内特从文本使用的动态功能和相应的效果这一角度阐述自己的文学批评理念,强调文学批评智性活动自身的政治意识形态属性。为在新的文学本体空间确立其文学批评政治的理论合法地位,贝内特首先重新审视了西方马克思主义文学批评政治传统的理论缺陷,他在猛烈批评前期阿尔都塞学派的政治运筹的同时,融合葛兰西的霸权理论和以拉克劳等为代表的后马克思主义的话语理论及其激进民主政治观点,对文学批评的功能、性质、对象、标准、政治目的、方法等一一作出重新阐释。

一

前期阿尔都塞学派文学批评将自身标举为客观中立的科学知识,它以意识形态为自身诞生的条件并与意识形态发生认识论的决裂。在文学艺术、意识形态和科学三元鼎立的超结构中,文学批评属于科学认识范畴,它在艺术审美和意识形态的差异关系中确定自身。文学艺术固然以其审美效果与意识形态保持距离,暗示历史现实,但由于文学艺术也是意识形态的特殊形式,它自身无法行使对意识形态的否定功能,唯有借助科学的批评,才能洞察文学艺术对意识形态的否定,发挥揭示历史现实的潜在可能性。为此,文学批评是对那些产生艺术作品审美效果的过程予以科学的认识,而要科学地认识艺术审美效果的生产过程,文学批评要"像任何认识一样,对艺术的认识也必须先同意识形态自发性的语言决裂并且建立一套科学概念来代替它。必须意识到只有这样同意识形态决裂才有可能来着手构筑艺术认识的大厦"①。对阿尔都塞来说，能担任与意识形态决裂的唯一科学知识便是马克思主义，文学批评唯有用马克思主义概念范畴装备自己，才有可能对文学艺术的审美过程作出科学的合理解释，"如果要认识艺术，那就绝对必须从'对马克思主义概念的严密思考'开始：没有别的道路"②。显然，阿尔都塞将文学批评的性质界定为非意识形态的科学知识和真理范畴，而马克思主义则是承担这一科学知识的唯一合法武器。

阿尔都塞学派分析文学艺术审美效果的具体方法是征候阅读。征候阅读是阿尔都塞整个哲学的核心概念，他的哲学是在征候阅读过程中形成的。阿尔都塞借用拉康和弗洛伊德精神学分析方法，后者认为从梦境和日常生活所谈论的一些错误、疏忽和矛盾等症结中可以看到深层次的无意识结构及其复杂性。阿尔都塞指出，任何理论都有自己的问题结构即无意识框架，它是理论的规定性结构条件，决定着何种东西出场何种东西缺席。问题结构把缺席的东西结构化为需要排除的东西，而正是在被排除的缺席中显示了问题结构的固有存在和结构决定，在场本身规定了缺席和排斥的东西。所以，问题结构具有断裂、矛盾、空白等沟壑，从这些断裂和空白、缺席等征候处，可以将潜藏在深处的问题结构挖掘出来。

征候阅读不关注文字的表面意义，认为这种经验主义的阅读方法把文字意义当做直接真理，把部分看作全部，它不对阅读对象提出问题，而是将之当做现成的论述，是阅读的反映神话。反之，征候阅读必须关注问题结构，征候式阅读"就是在同一运动中，把所读的文章本身中被掩盖的东西揭示出来并且使之与另一篇文章发生联系，而这另一篇文章作为必然不出现存在于前一篇文章中……第二篇文章从第一篇文章的'失误'中表现出来"③。可以说，征候阅读就是从文本中的在场之物和其间的各种空白、缺席联系中读出潜藏在深处的无意识问题结构，在对意识形态理论的总问题进行反思的过程中，变换为科学的总问题场地。征候式阅读是科学认识，更是一种生产，在对意识形态原材料予以加工改造的过程中，

---

① [法] 路易·阿尔都塞：《一封论艺术的信——答安德烈·达斯普尔》，陆梅林选编：《西方马克思主义美学文选》，漓江出版社1988年版，第524页。

② 同上。

③ [法] 路易·阿尔都塞、艾蒂安·巴里巴尔：《读资本论》，李其庆、冯文光译，中央编译出版社2008年版，第21页。

与意识形态的无意识结构产生断裂，改换为新的立场阅读原材料，洞察隐含在其间的历史真相。

阿尔都塞虽提出建构科学的文学批评构想，但本人并未建构系统的文学批评理论，完全继承阿尔都塞思想并声称建构一门科学的文学批评理论的是马歇雷，他的"《文学生产论》的基本目的是试图以一种现实主义和唯物主义文学实践的概念来建立一门科学的文学批评"①。马歇雷认为，首先，文学批评是科学知识，是一种科学生产实践，它以科学思维用概念、范畴等方法对文学作品这一原材料进行加工，生产出严谨缜密的关于文学作品的知识。其次，文学批评的对象不是现成的文学作品，而是批评科学思维的建构，"因为任何理性研究的对象都不是现成的，而是思想使之成为存在"②。在具体确定科学批评的对象上，马歇雷可谓煞费苦心。他认为文学也是一种生产实践，是对日常意识形态语言的加工改造，经过加工变形的产物即文学作品，在形态和功能上已与作为原材料的日常意识形态语言完全不同，体现在文本中，作品具有了结构上的未完成性、离心性、意义的多元性、矛盾断裂和空白缺失性等。正是文本的这些空白、边缘以及沉默之处赋予作品以意义，它是言说的真正条件和规定，是作品的无意识结构，这种无意识结构暗示了真实的历史，"我们必须通过对表达效果的研究，显示如何使这种效果的条件成为可见的——对这些条件表达自身是毫无意识的……"③　因此，文学批评的对象便是文本边缘和空白所暗示的无意识结构，批评的任务便是据此揭示文学生产过程、条件，勘察作品与历史的关系。马歇雷提出要在马克思主义指导下揭示文学生产的规律，他的科学文学批评理论完全是对阿尔都塞前期意识形态思想和征候阅读在文学领域的理论阐发。文学生产是对意识形态原材料的生产，关于这一过程的科学生产过程则是文学批评。④

阿尔都塞和马歇雷文学批评思想隐含着强烈的政治意图：文学的生产过程使文学作品与意识形态原材料有所不同，文本内部的矛盾、空白、沉

---

① Robert Paul Resch, *Althusser and the Renewal of Marxist Social Theory* (Berkeley, Los Angeles, Oxford: University of Cali fornia Press, 1992), p. 274.

② Pierre Macherey, *A Theory of Literary Production*, trans. by Geoffery Wall (London, Henley and Boston: Rutledge & Kegan Paul, 1978), p. 5.

③ Ibid. , p. 92.

④ 温恕：《马谢雷论科学的文学批评》，《重庆师范大学学报》（哲学社会科学版）2004 年第 1 期。

默暗示了历史真实，文本获得了摆脱意识形态误识功能的可能性，而要
将这一可能性变为现实，需要通过科学的文学批评即征候阅读才能揭示出
文学、意识形态与历史之间的深刻关系，科学的文学批评的目的是确立这
三者影响下文学生产的机制和条件。① 换言之，阿尔都塞学派文学批评的
标准建立在历史、文学与意识形态三者关系基础上，优秀伟大的文学必然
是那些以其审美效果揭示历史真实、远离意识形态幻觉的文学作品，它们
具有革命的进步意义：拒斥支配性意识形态幻觉，使主体获得自由和
解放。

　　阿尔都塞正是站在这一政治立场上将意大利抽象派画家克勒莫尼尼称
为"伟大的革命思想家、理论家和政治家"，因为在他的绘画中，用在场
的抽象的线条和各种绘画表征标志出不在场的结构——现代人道主义意识
形态，并暗示出历史真实。克勒莫尼尼的画是深刻反人道主义的和唯物主
义的，"我们不能在他的画中（意识形态地）认出自己。正是因为我们不
能在这些画中'认出'自己，我们才能够在其中以艺术（这里是绘画）
所提供的特殊形式认识自己"②。克勒莫尼尼等伟大艺术家和思想家懂得
艺术如何使人们正视现状的条件，通过艺术认识到人受奴役的规律，破除
支配性的抽象关系和意识形态误识，而这一切唯有借助科学的文学批评也
即马克思主义文学批评（征候阅读）才能予以正确揭示，从这个意义上
讲，阿尔都塞意义的马克思主义文学批评及其征候阅读方法才是能够真正
科学地解释文学艺术生产机制及其隐含的革命潜力的唯一合法武器。

　　前期阿尔都塞学派文学批评所存在的问题也是显而易见的：不但将文
学艺术、科学、意识形态三者间的差异关系作为不变的超结构，显示出强
烈的客观唯心主义立场，而且阿尔都塞的唯理性倾向将对文学批评活动的
科学性推向绝对化，忽视了文学批评自身作为一种社会实践活动所具有的
历史性、社会性和意识形态属性等条件。这种唯心主义基础上建立的文学
批评理论及其政治策略和目的，自然也存在不少问题。阿尔都塞学派武断
地指认，科学因其中立客观性从而是文学批评用以批判现实的唯一合法的
武器，这就忽视了科学话语自身的历史性和语境性条件；从文本意指系统

---

① 冯宪光：《西方马克思主义文艺美学思想》，四川大学出版社1988年版，第238页。
② ［法］路易·阿尔都塞：《抽象画家克勒莫尼尼》，陆梅林选编：《西方马克思主义美学
文选》，漓江出版社1988年版，第535—536页。

揭示文本所暗示的历史真实是文学批评的目的。在对历史真实的追求上,阿尔都塞学派并未与自己致力于反对的人道主义马克思主义的经验式文学批评保持多少距离,其文学批评政治仍不出后者窠臼。

二

前期阿尔都塞学派文学批评的唯理性主义及其政治策略遭到贝内特的强烈批判,他反对马克思主义文学批评将自我身份表征为客观中立的"科学",指出任何文学批评实践都具有某种政治意识形态印记,认为文学批评的对象是阅读形构,并由此提出介入式文学批评政治。事实上,贝内特对前期阿尔都塞学派文学批评的批判不是颠覆性的,而是修正批判中的推进和发展。因为贝内特是用阿尔都塞的"结构的因果性"批判方法对阿尔都塞学派的政治意识形态结构进行批判的,或者说,贝内特反思的是阿尔都塞学派文学批评政治得以形成的可能性条件,这本身就是阿尔都塞的征候阅读方法。同时,他提出的"阅读形构"概念和介入式文学批评政治恰恰是对社会总体的症结隐秘再生产多价性意识形态的强调,这便把阿尔都塞学派用于文本内部分析的阅读征候分析推演到社会结构的症候分析上,所有这些都说明贝内特继承了阿尔都塞的思想,属于后期阿尔都塞学派的一员。

在对阿尔都塞学派予以修正和批评时,贝内特显示出自己的独创性:他从文本社会性使用的动态功能和效果角度(阅读消费领域)出发,以后马克思主义者拉克劳、墨菲等人的政治领导权和话语链接为其文学批评政治的理论基础,厘清阿尔都塞学派文学批评政治中的唯心主义,将其理论范畴及其批评实践行为置于历史条件下,使之相对化和历史化,并据此重构文学批评的对象和问题域,设定新的政治目标和文学批评政治策略。

贝内特提出的文学批评政治的核心思路是:作为知识话语的马克思主义文学批评必须参与争取话语主动权的竞争,打断、扭曲支配性话语系列尤其是资本主义文学批评话语,以生产出新的话语链接,用社会主义的意识形态质询新的主体身份,建构社会主义政治联盟。贝内特的文学批评的政治观点显然是拉克劳等后马克思主义激进民主政治的翻版,这也暗合了20世纪80年代英国文化研究兴盛的新葛兰西主义理论热潮。

后马克思主义者拉克劳和墨菲认为在当代全球化和信息化的新形势下,西方马克思主义理论范畴已无法应对新的问题和政治斗争,"全球化问题和信息社会问题在控制马克思主义的话语（首先是黑格尔主义的，其次是自然主义的）之内是不可想象的"①。他们援引后结构主义和后现代主义的理论洞见，以反对经典马克思主义学说本质主义和决定论为由，对经济基础决定上层建筑、社会存在决定社会意识、生产力决定生产关系等基本原理悉数予以消解，同时引入话语理论，阐发独特的对抗策略，在领导权政治逻辑基础上，提出多元激进民主的社会主义规划。② 他们用葛兰西意义上的"领导权"为核心概念阐发自己的政治理念，认为当代资本主义的生产逻辑反而促成了各种反抗商品化、官僚主义和社会生活本身同质化的社会斗争形式，产生了更加复杂的社会关系。为此，具同一性的无产阶级这一主体已不再具适用性，取而代之的是偶然性逻辑基础上的、在不同语境中为话语实践所建构的差异性话语认同的主体身份。社会主体身份的随机性建构和可变化性、差异性，使得政治也是可商榷的和不断重新建构的。各种异质性的政治意识形态在一定语境里通过话语暂时聚合在一起形成一个相对稳定的意识形态整体，这一过程也是某一特定政治意识形态要素暂时性地获取积极主动权和赢得领导权的过程，它遵循偶然性逻辑而非必然因果逻辑，在其中，话语耦合性地链接（articulation）是某一个意识形态要素有效建构霸权（领导权）的方式。

　　拉克劳等人的话语链接是建立在偶然性基础上的话语实践。所谓话语实践指任何事件总是发生在某一特定语境中的事件，被话语领域结构化了，它是主客观的统一，其物质性维度体现在特定的话语背景下，"链接实践，作为差异系统的固定化（fixation）或错位（dislocation），不可能由纯粹的语言现象所构成，但必须通过被结构化的语境形态，来穿透各种不同制度、礼仪和实践的全部的物质浓度"③。不稳定和漂浮的话语链接不依赖政治领域之外的因素如经济利益，它所实现的领导权也是在碎片化的偶然性中被重新建构的，正是领导权的链接创造了它所声称的被代表者的利益。

　　贝内特的文学批评政治借鉴了后马克思主义者拉克劳等人的话语理论

---

① ［英］拉克劳、墨菲：《领导权与社会主义的策略·序言》，黑龙江人民出版社 2003 年版，第 4 页。

② 周凡：《从马克思主义到后马克思主义（中）——拉克劳、莫菲思想演进的全景透视》，《学术月刊》2008 年第 40 卷。

③ E. Laclau & C. Moffe, *Hegemony and Socialist Strategy: Towards a Radical Democratic Politics* (London: Verso Books, 1985), p. 109.

和激进民主政治的宏旨,但贝内特的创新之处在于:他将拉克劳等人的政治领导权和话语理论与自己的文学本体观完美地融合在一起,即他从文本社会性使用和动态功能、效果角度阐发自己对文学批评政治的重新认识,重构了马克思主义文学批评的性质、政治实践策略和目的,以"阅读形构"为批评对象,强调介入式文学批评概念对争取政治优先性和领导权的重要地位。

其一,贝内特将文学政治的视角从文本内部转换到文本在具体历史语境中变化的功能和效果领域中。贝内特认为,阿尔都塞学派的文学生产论并不完整,如同马克思所言的"消费完成了生产",文学文本的内在属性在一定程度上被阅读消费决定了,而文本消费也是一个不断再生产的过程,文学批评便是文学生产性消费的重要部分,因为这种消费不是简单地从文本直接阅读出不同的意义,而是一个不断挪用、操纵文本的社会实践过程,文本内在属性在一定程度上铭刻着文学批评的各种物质化、历史化的操纵痕迹。换言之,文本内在属性是一定历史语境下的文学批评所为,比如前文论述的"文学性"概念,便是俄国形式主义文学批评行为操纵的结果。

文本政治效果的获得同样出自文本在特定历史语境下被文学批评行为生产性地消费、操纵和挪用,而非文学生产中的文本与意识形态的关系。鉴于文本的功能和相应的政治效果总是随不同的时空条件而历史地变化着,将文本政治固定在文本意指内容或文学生产上的作法显然不具任何优越性。后者试图从文本中获取一劳永逸的某种政治效果(如卢卡奇认为现实主义文学具有永恒政治价值观,阿尔都塞等人认为文学具有揭示意识形态误识的政治功能等),这种非历史的抽象化的观点疏忽了文学政治也是文本在移用过程中产生的结果,文学政治效果总是具体的、变化的历史过程。正因此,文学与历史的关系便不应仅仅从文本意指反映或暗示现实历史这一角度去认识,而需随文本使用的具体历史语境变化和引发的功能和效果之变化等角度洞察文学与历史的关系。这就将文学政治的重心转移到文本外部即阅读接受的具体语境上洞察文学政治效果得以形成的各种可能性社会条件和历史规定性,"文学政治效果的真正问题不是其政治效果是什么的问题,而是文学政治效果如何形成的问题"①。例如分析莎士比

---

① Tony Bennett, *Formalism and Marxism* (London and New York: Methuen, 1978), p. 137.

亚文本的政治，要考察不同历史时期的学术研究对莎氏文本的不同使用和由此建构的相应政治效果，它们被挪用的文化语境、剧场功能、意识形态等调停文本的各种物质力量。文本被这些多介性的社会力量隐秘地再生产着多价性的政治效果。

其二，贝内特指出文学批评实践具有一定的政治意识形态属性。文学批评对文学政治效果的生成具有决定性的操纵力量，所以文学批评绝非中立的科学，它是具体的社会行为和话语事件，深深地铭刻着一定的政治意识形态印记，更确切地说，文学批评是对文本的政治介入和挪用。所谓政治介入指任何文学批评都以一定的政治视域占用文本、操控文本，对文本编入符合自己政治意图的符码，扭转文本方向以符合自己的政治目的，其活动成为决定和影响文本生命的真正社会力量。比如阿尔都塞学派的"文学"介于意识形态和关于意识形态科学知识的马克思主义学说之间，认为科学用范畴和概念给出关于意识形态的客观知识，"文学"用感受、感觉等形式揭示意识形态，这种理论构想正是阿尔都塞学派对文本的编码和介入操控使然。在具体的批评实践上，阿尔都塞将布莱希特的戏剧文本置于马克思主义和意识形态中间，肯定布莱希特的间离化效果是对资本主义意识形态的揭示；伊格尔顿把狄更斯、艾略特等人的作品看做体现19世纪英国主流意识形态的产物。对这些文本的解读，实则是阿尔都塞学派批评实践基于自己对意识形态的理解的结果，正是阿尔都塞学派文学批评以科学面目对文本进行了政治介入，才使文本呈现出阿尔都塞学派意义上的"所是"。

其三，贝内特将自诩为"科学"的马克思主义学说消解为"话语"，承认马克思主义学说自身的历史性和相对性，指出马克思主义文学批评自身即为某种意识形态，应当积极介入关于元语言竞争场域，实现其政治革命的宏旨。介入式文学批评政治即是文学批评对文本的政治编码行为，从这个意义上说，文学批评，尤其是马克思主义文学批评，不能再自称为科学和真理并以此谋求自身的合法有效地位，马克思主义文学批评必须认识到自己的话语性和历史相对性，才能更有效地释放出其政治潜能。

长久以来，西方马克思主义总是力图通过对大写的历史、真理、知识等普遍有效性的诉求，博得自身认识论、伦理和实践上的合理保证和标准，以此获得超验性地位。但是，后结构主义如德里达、福柯、拉克劳等人纷纷质疑这些概念的抽象的普遍同一性原则，转而强调异质性的差异原则，反对任何意义上的形而上学和本质主义，将知识、真理、科学、大写历史等概念相对化和历史化。贝内特从后结构主义这一立场出发，批驳马克思主义的本质主义和其话语中的普遍同一性原则，宣称:"并没有任何超验的保证和绝对肯定性或本质真理，尤其近年来马克思主义者试图从 19 世纪神学、历史哲学或意识形态科学残余中解脱出来，这绝不仅纯粹为了理论自我批评的原因，也是为了能产生相应的政治效果的原因。"① 马克思主义无法确保自身与现实的关系是客观科学真理与现实的关系，相反，承认自身的话语性和历史性可能更有利于马克思主义政治实践策略的实现。

贝内特指出，马克思主义只有从自诩为"科学""真理"等界定中解放出来，不必抹去其话语性痕迹，而只有在坦然承认自身话语性的同时，才能更有效地积极参与到各种元语言相互竞争的场域。用自身相对的、历史的、伦理的社会主义政治愿望作为其政治实践的合理性保证，争夺元语言竞争场域中的胜利，组构代理人。"马克思主义积极参与这一斗争场域，它不应绝对确保它用话语建构的真实，和在真实中寻求它对其他话语和文本的架构。相反，它建构的保证和架构均是政治性的，可在斗争中决胜而出，组构意识和历史代理人的实践。"②

如此，贝内特将马克思主义文学批评的政治场域从真理认识论、历史真实、总体化伦理等以超验性为保障的领域移至相对化、历史化的各种元语言斗争中，这种转移对贝内特来说，不但使马克思主义文学批评从本质主义束缚中解脱出来，而且更有效地释放了其参与现实的政治潜能，拓展了马克思主义文学批评的政治场域。

但笔者认为，由于贝内特的后结构主义立场，他用真理话语效果取代真理认识论，文学批评政治以自身的政治愿望为其政治实践的合理性保证，这便否定了普遍合理取向所唤起的任何超验价值，贝内特的文学批评政治难免有沦入虚无主义与相对主义的危险。他自己也说:"如有人责问'这种实践的合理性何在?'答案必然是'没有'，如果试图寻找绝对合理性，那么它必然是认识论的、伦理的和历史的。社会主义只有通过政治愿望作为自身的原因和合理性，才可将自身从认识论和伦理关系主义的母体

---

① Tony Bennett, "Text in History: The Determinations of Readings and Their Texts," *The Journal of the Midwest Modern Language Association*, Vol. 18, No. 1 (Spring 1985), p. 3.

② Ibid., p. 4.

中解脱出来，提供决定政治和理论实践方向的目的的标准。"① 这种文学批评政治究竟能走多远？能取得多大程度的胜利？这些问题值得深思。

其四，贝内特质疑马克思主义文学批评视文本为批评对象，指责这一主客对立模式使得文本成为透明的认识对象的作法。贝内特转而强调多元社会力量对文本不断调停和隐秘重塑的动态过程，提出文学批评的对象是"阅读形构"，将文学政治空间从文本内部转向阅读接受领域。

西方马克思主义文学批评通常把文本视为需要认识的对象。如以卢卡奇为代表的人道主义马克思主义，认为文本是完全透明的客观实在，是外在于研究者的客观对象，他们从文本中抽象出现实的本质，充分肯定文本的自足性、完整性，认为成功的文本就是"认识真理"，是对客观历史规律的镜像反映，"这个文本话语在世界面前展开，透明地给我们真理"②。以阿尔都塞为首的科学马克思主义认为，作为认识客体的文本并不等于作为存在客体的文本，他们承认文本受到深层意识形态结构的制约和文本具有的非自足性，并重在考察文本形成的可能性条件（文本生产过程或深层意识形态结构）。可是这种考察仍限于与社会文化隔绝的纯思辨领域，文本是意识形态的表现，它的断裂、矛盾和非自足性，需要马克思主义用历史唯物主义这一科学手段才能予以揭示，才能最终勘察出其暗示的客观历史意义。卢卡奇和阿尔都塞在如何认识文本以及如何把握文本中的历史等问题上针锋相对，但在把文本看做透明的、不需任何社会性中介力量调停这一认识上则携手并进，正如伊格尔顿所言，历代的西方马克思主义文学批评"经常提出的问题是，作品之所以正确，是因为（它反映了历史），还是在于（它表现了）意识形态"③。

贝内特批判马克思主义文学批评中这种主客对立的模式，斥责以卢卡奇为代表的文学批评为"文本形而上"，阿尔都塞学派则为"起源形而上"，两者对待文本的态度是超验的、非历史的，他们忽视了社会实践各层面对文本的多元决定作用，因为文本总是文化的、特殊的，其效果和功能受制于特定语境中的社会、政治、意识形态包括文学批评实践等介入文

① Tony Bennett, "Text in History: The Determinations of Readings and Their Texts," *The Journal of the Midwest Modern Language Association*, Vol. 18, No. 1 (Spring 1985), p. 4.

② ［英］特里·伊格尔顿：《沃尔特·本雅明或走向革命批评》，郭国良等译，译林出版社2005年版，第113页。

③ 冯宪光：《西方马克思主义文艺美学思想》，四川大学出版社1988年版，第93页。

本的多元决定力的影响。对文本多元决定的社会力量的盲视，造成这两个学派的理论视域在唯物主义方向上受到限制。在政治上，两者把文学批评与文本的关系表征为一劳永逸的科学与知识对象的关系，这便丧失了以文学批评话语介入文本参与和各种意识形态话语竞争的政治实践策略，而实际上，马克思主义文学批评尤其是阿尔都塞的文学生产论自身即是政治意识形态话语对文本的介入力量。"它重写了文本与过去历史的关系，试图重构文本的作用和功能与当下意义。就此而言，马克思主义批评正如拉克劳所说的是一种介入性话语，它打破了资产阶级文学批评影响的文本意识形态生产并与其相竞争，通过组构和激活阅读实践重构互文、意识形态和文化指涉系统，在批判实践上重新规定阅读的话语力量。为此，阅读生产着阅读和自己的文本，同时，在理论上，它将自身表征为生产合法的文本知识。"①

因此，对贝内特来说，文本并非透明的、自足的，它是社会多元决定的结果，总是受到各种社会和历史力量的调停，它就像漂浮的能指，在不同语境下产生着变化的功能和效果，后者是社会总体对文本隐秘生产的征候体现。因此，马克思主义文学批评需要关注的对象不仅仅是文本，更重要的是对社会多元决定力量对文本的调停和中介力量的勘察，即制约文本的深层社会结构或者说形成文本的可能社会历史条件，它们不但重塑着文本，还隐秘地生产文本变化的功能和效果。

在政治实践策略上，马克思主义应该让自身在形塑文本的诸种可能性力量中据主导地位，它要积极介入建构文本效果的话语实践场域，在与各种异质性话语的链接中取得主动权，赢得领导地位，进而将个体质询为相应的社会主义主体，建构社会主义政治联盟。针对阿尔都塞学派基于结构主义理论所具有的封闭性，贝内特明确提出自己的文本观:"我认为对文本在历史中实际和变化的功能的认识，只有将对文本生产起源条件的前提置换为文本遭到随后的各种机构、话语等力量修改这一前提，才可能对文本在历史中的功能加以充分理解，因为机构和话语不断删除、改变或多元决定文本生产的起源条件。"② 对贝内特来说，形成文本的可能性条件不

---

① Tony Bennett, "Text in History: The Determinations of Readings and Their Texts," *The Journal of the Midwest Modern Language Association*, Vol. 18, No. 1 (Spring 1985), p. 11.

② Ibid., p. 8.

是脱离社会实践静态的"意识形态生产",而是文本在变化的社会接受语境里被社会多元决定力不断重塑的动态历史过程。

在文学批评对象问题上,贝内特把文学批评的对象移至阅读接受领域,直言不讳地提出文学批评的对象是阅读形构,"我认为马克思主义文学理论不应研究文本,而应研究阅读形构",希冀以此克服马克思主义文学批评在文本问题上的主客二元对立模式,强调形成文本的结构性社会条件。"所谓阅读形构意指一套组构和激活阅读实践的话语和互文力量,它联结了文本与读者的关系,将两者关系构成为特定的阅读主体和与阅读的文本的关系。这个概念质疑了文本独立于或先于变化的阅读形构而存在的观点,通过变化的阅读形构中,文本的历史变化得以形成,文本在其中构成知识对象。文本总是被组构了的文本,或被某种阅读方式激活的文本,正如读者总是以某种方式激活阅读一样。"①

在这里,贝内特强调了阅读形构的几点特征:(1)它是调停和重塑文本的各种中介性社会话语实践,即它是形成文本特定效果的可能性条件和社会语境;(2)它有着物质和机构的支撑,是话语形式铭刻于文本中的语境和背景,并内在于文本;(3)它重塑文本的多价性意识形态效果,建构特定的社会关系,体现了文本与读者的双向互动关系:使文本成为特定的阅读文本,读者则是特定的文本读者。总之,阅读形构克服了文本与主体对立的态势,它"试图确定在文本和读者间运作的力量,将两者联系起来,提供文本和读者在特定语境中相互作用的机制,这些力量不是外在于读者和文本的力量,而是为文本生产读者和为读者生产文本的互文和话语关系。这就质疑了传统阅读理论中文本、读者、语境三者分离的观点,提出它们的功能变化是在话语系列关系中发生的,不同的阅读形构、生产自己的文本、读者和语境。"②

贝内特力图克服阿尔都塞学派文学批评的封闭性和静态性,从阅读接受而非文本意识形态生产角度,用阅读形构概念说明形塑文本的动态的、历史的可能性条件和社会多元决定力。马克思主义文学批评不再是对文本意识形态生产的征候阅读,而成为积极形塑文本的社会可能性条件和社会

---

① Tony Bennett, "Text in History: The Determinations of Readings and Their Texts," *The Journal of the Midwest Modern Language Association*, Vol. 18, No. 1 (Spring 1985), p. 7.

② Ibid. , p. 9.

多元决定的主动因素之一，是介入阅读形构的主动性话语力量，它有效链接各种异质性话语，积极重构文本，改变文本的功能，隐秘地生产相应的意识形态效果，建构特定读者身份（社会主义主体），最终取得政治领导权。

其五，贝内特要求打破文学分类系统，取消经典文学与通俗文学的划分，为赢得社会主义文化霸权，马克思主义必须将通俗文学纳入争夺霸权的合法性领域内。传统上，西方马克思主义文学批评对通俗文学普遍采取或忽视或贬斥的态度，经典文学与通俗文学间存在着泾渭分明的界限，前者是不受意识形态"玷污"，具审美属性的"文学性"文本，后者则是意识形态的传声筒。如卢卡奇、戈德曼、阿尔都塞等人都认为能够担负马克思主义政治运筹任务的只有伟大的经典作品，通俗文学常被排斥在外。贝内特要反对的正是马克思主义批评这种依据本质主义原则建立的普遍性文学价值标准及其政治后果。

在贝内特看来，这些马克思主义学者无视价值判断活动本身是社会话语实践的一种，它无论在目的、价值标准制定还是价值判断主体方面均是多元性、相对性和历史性的，不具有任何绝对普遍性。所谓"经典文学"与"通俗文学"间的划分，在一定程度上是批评话语实践的产物而非文本固有属性，"文学和意识形态范畴只是被不同理论体系（资产阶级和马克思主义）所使用，它们自始就不是互相谐和的"①。作为批评话语产物之一的文学价值是政治问题而非美学问题。因此，将通俗文学还原为虚假意识形态并大力排斥的作法所造成的政治恶果是："把通俗文学一概看做对主导意识形态的再生产，这就必然会视之为一个斗争的领域并加以抛弃。"② 其唯一的政治运筹就是反对通俗文学的斗争。相反，马克思主义文学批评应对自身的话语实践身份有清醒的意识，它要以理论化的形式从政治策略角度介入通俗文学的阅读和创作，生产有利于社会主义霸权的文本效果，将阅读过程政治化。

贝内特对通俗文学蕴含革命解放力的看法源自葛兰西。在西方马克思主义学说的历史上，在对大众传媒和通俗文化秉持较为中肯意见的为

---

① 托尼·贝内特:《马克思主义与通俗小说》，［英］弗朗西斯·马尔赫恩编选:《当代马克思主义文学批评》，刘象愚等译，北京大学出版社 2002 年版，第 217 页。

② 同上书，第 220 页。

数不多的学者中，要数葛兰西和本雅明的影响较大。如果说，本雅明是站在生产力改变生产关系的角度盛赞大众传媒技术的普及进步所带来的政治解放力的话，那么葛兰西则是从作为上层建筑的文化和意识形态对生产关系这一经济基础的反作用的强调来肯定大众传媒和通俗文化的革命潜力的。葛兰西认为，通俗文化和大众媒介与霸权的生产、再生产和变化有直接的关系，霸权通过市民社会的各种机构覆盖了文化生产和消费的各个领域，通俗文化和大众媒介必须根据霸权概念来理解和解释。根据葛兰西的认识，西方国家以市民社会为主，其暴力性统治方式的作用降低，代之以文化、意识形态舆论控制为主的软性手段。在夺取社会主义武装革命胜利之前，必须先夺取市民社会，在文化霸权旗帜下联合起各对抗集团，夺取文化霸权。

通俗文化和大众媒介在这一斗争中必然发挥着重要作用，它是争夺文化霸权、建立新文化的重要领地，"'通俗文学'的问题，即报刊连载小说（惊险小说、侦探小说、犯罪小说）在电影、报纸的支持下，深受普通公众欢迎的问题。而这却是关于新文学的极其重要的组成部分"①。对葛兰西来说，通俗文学的革命力量不仅仅在文本内容方面，更在于它的普及和受众领域，它是了解时代思想动向的重要标志，表明了某个时代群体的情感和世界观，因此它在赢得民众广泛支持、争取文化霸权方面的作用不言而喻，"唯有从报章连载小说的读者当中，才有可能挑选出为建立新文学的文化基础而必须、足够的公众"②。

葛兰西关于通俗文化与霸权的生产、再生产、变化的关系，以及它建构社会生产关系的观点影响了贝内特。贝内特在其著名的《通俗文化与"葛兰西转向"》一文中对葛兰西的通俗文学与霸权关系作了独特阐释，认为在葛兰西的理论框架中，通俗文学是一个充满张力和矛盾的关系性力场，"它被看作由关系，更确切地说是那些相互冲突的压力和倾向所塑造的力的场"③。通俗文学既非参与操控大众，与统治阶级的意识形态步调一致，也非源自底层的抵抗，它是统治与从属的、对抗的文化与意识形态的混合和"谈判版"，它由争取霸权与反抗霸权的双重力量建构，为此，

---

① ［意］安东尼奥·葛兰西：《论文学》，吕同六译，人民出版社1984年版，第17页。

② 同上。

③ 托尼·贝内特：《通俗文化与"葛兰西转向"》，［英］奥利弗·博伊德—巴雷特等编：《媒介研究的进路：经典文献读本》，汪凯、刘晓红译，新华出版社2004年版，第428页。

必然被深深卷入霸权斗争的动态过程中。从这个意义上说，对马克思主义而言，通俗文学的政治实践是用社会主义的伦理价值链接各种反抗形式，争取文化霸权、建构革命主体。

总体来看，贝内特的介入式文学批评政治是将阿尔都塞学派抽象思辨式的征候阅读批评方法朝向社会历史方向的努力，他继承了后者从结构性条件角度认识事物（文本）的思路，但又对其割裂社会历史，把结构性条件等同于心理学意义上的无意识结构极度不满。贝内特借鉴后马克思主义学者拉克劳等人的话语理论和葛兰西霸权理论，融合自己的文本社会性使用及其功能、效果说，把征候阅读法从文本内部结构推进到对社会多元决定和社会征候的理解上，即通过对文本因社会语境使用所产生的功能和效果之场域来洞察、形塑文本的各种社会力量和权力斗争，将马克思主义文学批评视为积极参与形塑文本的权力斗争的主动政治力量，在肯定其所具有的政治属性的基础上，为其在文学领域争取霸权、建构新的社会关系方面开辟出一席合法领地。这就在理论和政治两个方面推进了阿尔都塞学派的文学批评：在理论上，把征候阅读批评方法从文本无意识结构的可能性条件置换为文本的多元社会决定力这一结构性条件上，提供了一种从具体历史语境出发而非以思辨抽象为基础的方法论；在政治上，明确了马克思主义文学批评对自身政治属性的自我意识，敦促其积极介入霸权斗争场域，将马克思主义文学批评从身处庙堂高宇的理论政治实践扭转为积极参与权力斗争的现实政治实践。

通观贝内特20世纪七八十年代的文学思想，作为后期阿尔都塞学派的一员，贝内特在阿尔都塞学派的总问题框架中，用后结构主义意义上的境遇化历史观和话语实践观对阿尔都塞学派中的抽象主义、非历史的文学本质主义加以修正。这是在后现代思潮语境下以历史的偶然性和多元异质性逻辑对西方马克思主义文学理论的机械决定论的大胆改革，也是对其唯心主义美学残余的清理，它承认超越性的相对性和事实性的经验性，反对以文学的一般抽象性取代其相对经验性。这种后现代式的历史主义文学立场，以及对马克思主义文学本质主义的反拨，推进了西方马克思主义文艺美学在新的历史语境下的有益发展，所提出的方法、思路和答案具有一定的启迪价值，值得肯定和深思。

更重要的是，贝内特通过对前期阿尔都塞学派超历史的文学本质论的批判，从"什么是文学"这一普遍性问题入手，在阅读消费领域重

构了以文学功能、效果为核心的文学本体空间，揭示文学的特殊性和境
遇性等社会历史条件。这样，一方面规避了从经济决定论和文学生产条
件解释文学的历史基础这一简约化作法，另一方面在学理和理论层面开
辟了从"文学消费"视角把握文学的社会历史性的新领域。这是从历
史唯物主义角度，对马克思主义文学生产论传统的有力补充，它以文学
消费为主要领域，开启了另一种新形态的马克思主义文学理论的可能性
空间。

但问题也存在。贝内特完全悬置文本意指内容和文学生产条件，难免
有偏激之处，因为文学的社会历史过程不仅局限在消费一环，还包括生产
过程和文本本体。贝内特过于强调消费过程中的文本功能和效果的历史条
件，未能在文学生产、文本和消费间建立必要的关联。在文学政治上，贝
内特也显示出一定的工具主义局限性，他将文学批评的对象指涉为阅读形
构，从文本变化的社会功能界定文本的政治效果，这种功能主义的问题在
于，它依据事物结果来说明原因，却往往忽视事物独立的历史起源。贝内
特反对文本生产论和悬置文本意指内容的政治意义，事实上将阿尔都塞学
派从文学生产论的极端推向文本消费论的极端。

更有甚者，贝内特由于全然悬置文本本身不论，一味强调文本的政治
功能的作法，而忽视了文学批评须遵循的两个基本准则：美学标准和政治
标准。葛兰西曾明确指出："艺术就是艺术，而不是'预先安排的'和规
定的政治宣传……这一概念以最彻底的方式提出了问题，促使文学批评更
加切实有效，更加生动活泼。"[1] 按照葛兰西的看法，文学的政治效果和
审美特性交织在一起，文学批评的任务是对它们进行辩证统一的分析和理
解，文学毕竟不同于政治，它有独特的审美属性，即便文学的审美特性是
历史的和具体的，但其审美因素是文学的不争的经验性客观事实。贝内特
一味强调文学审美属性的相对性和历史性本身没有错，但问题在于，他就
此完全抹杀和悬置文学的审美价值，只一味强调文本的政治效果，无异于
庸俗唯物主义将文学等同于政治工具的简约化作法。

贝内特的功能主义文学政治思想，具有明显的工具主义色彩，并不利
于文学批评朝真正的历史唯物主义方向发展，尽管这是贝内特一再声称的
目的。还是葛兰西说得好，能辩证地认识文学的政治效果和审美因素的意

---

[1]　［意］安东尼奥·葛兰西：《论文学》，吕同六译，人民出版社 1984 年版，第 13 页。

义在于："揭示不同精神领域之间既有区别，它们的活动又统一的形式原则……有助于把握真实的现实，有助于抨击那些竭力掩盖斗争的手段，或者实际上只因偶然的机缘而执掌了领导权的庸人随心所欲的行径和虚情假意的品行。"①

---

① ［意］安东尼奥·葛兰西：《论文学》，吕同六译，人民出版社1984年版，第15页。

第三章

文学社会学的新维度:制度化的
互—文动态场域

  贝内特以激进的后结构主义视角,从理论学理层面,彻底清除西方马克思主义文学本质论的残余,在解构阿尔都塞学派文本生产论中审美自足性的同时,抛弃了文本的"意义",代之以极富情境主义色彩的,遵循偶然性、具体性逻辑的文本"功能""效果"说,文学本体空间就此位移于文学阅读消费领域,为其建构一种新型的马克思主义文学理论提供了可能性空间。为说明特定历史时期某类文本成为"文学文本"的可能性条件,贝内特吸纳了阿尔都塞的征候阅读方法。贝内特的贡献在于,他将征候阅读从心理学层面的认识论转向社会历史语境,认为生成"文学"效果的可能性条件是由社会多元决定的,文学文本即是某个历史阶段总体社会决定因素的征候,并将这一过程理论化为"阅读形构"概念,"文学"成为以读者为节点的社会话语、文本话语、机构话语等话语实践与非话语实践交织并呈的互—文性多元动态场域。

  如果说,20 世纪七八十年代贝内特意在重构文学本体论空间,用"阅读形构"说明文学形成的可能性条件是社会历史原因的话,那么到 80 年代末,在他最后一部文论专著《文学之外》中,贝内特从福柯的思想里获得灵感,进一步将形成文学的社会化、历史化的可能性条件具体化为"制度"机制,指出要"将'文学'理论化为制度控制的文本使用、功能和效果的一个场域"①,并确定其间的政治可能性。如果用符号学的话语来表述,就是阅读形构致力于说明符码和解码的机制,而"制度"则是

---

  ① Tony Bennett, *Outside Literature* (London and New York: Routledge; New York: Methuen Inc. , 1990), p. 283.

探究背后的社会性编码行为，这关涉到权力问题。如此一来，"文学"概念进一步被深化为由制度调控支配的互—文性动态场域。贝内特此时基本完成了多年来思考的"什么是文学"这一根本命题。从文本的动态功能、效果到互—文动态场域的阅读形构再到文学文本是被制度化部署的多元话语表征空间的认识，贝内特始终思考的是"文学"得以形成的背后的历史性条件和相应的文学政治。

由于一开始贝内特就以反对经济化约论的姿态拒斥徘徊在西方马克思主义文学理论中关于"文学"概念上的先验性幽灵，在《文学之外》中，贝内特更进了一步，他坚信"唯心主义基础上建构的审美话语与马克思唯物主义无法兼容……解决这个问题的重重困难来自马克思主义地形学①：上层建筑与经济基础之认识"，"如果不需要马克思主义认识论，便无需马克思主义美学。我认为这并非坏事"②。贝内特坚称，正是马克思主义地形学及其衍生的认识论造成马克思主义美学中的唯心主义倾向，要彻底清除马克思主义美学中的唯心主义，首先必须消解马克思主义的地形学及其认识论等基本范畴所包含的普遍同一性原则，具体包括社会本体论、物质基础与上层建筑的地形学关系以及历史主义等。在克服马克思主义文学理论所蕴含的上述基本命题存在的唯心主义的同时，贝内特试图发展一种以文学形式、功能和效果为主的、更为历史化和唯物化的新型文学社会学。其中，"文学和文本不再是社会现实的附属现象，而是社会关系组构中的一个直接因素"③。

换言之，贝内特试图颠覆经典马克思主义学说关于物质基础决定上层建筑这一基本命题，以及由这一命题所衍生的各种本质主义倾向，他不再将文学作为经济基础之上的意识形态反映形式，而是认为文学作为话语实践，具有建构社会现实、生产社会主体、改变社会关系和人们的行为的直接物质力量。这样一种新型文学社会学所体现的历史性因素，必然不再求助线性因果发展逻辑的宏大叙事和总体化、同质化历史观，而是遵循偶然性、具体性逻辑的断裂的、异质的历史，因为文学艺术的功能变化和条件

---

①　在贝内特的著作中，常以"马克思主义地形学"指涉马克思主义基础理论——上层建筑与经济基础的关系。

②　Tony Bennett, *Outside Literature* (London and New York: Routledge; New York: Methuen Inc., 1990), pp. 10–22.

③　Ibid., p. 35.

是偶然的、具体的，一个文本所以成为"文学"文本，只是因为它偶然地进入文学之内，其背后的制约机制不是深层的经济基础或宏大历史，而是随具体使用语境变化的各种部署、调控、操作手段——制度，制度即社会性的、偶然性的文学艺术功能变化的可能性条件。

在《文学之外》中，贝内特以拉克劳、墨菲的社会即话语的认识和福柯的后现代历史观为理论武器，批判解构经典马克思主义地形学和由此衍生的真理认识论、宏大历史叙事、美学话语，达到彻底厘清文学本质主义的目的，并在清理出的新的文学空间里，意图建构一种以"文学制度"为核心的、互—文性动态场域的文学观和新型文学社会学。贝内特的上述努力分别是从对文类、美学话语和文学政治三个领域的重新审视来切入的。

第一节　话语性的"社会""历史"　与"文学"

在《文学之外》中，贝内特在抽象的理论学理层面发起对西方马克思主义哲学美学的批判和全方位修正，为建构更为历史化和唯物化的新型文学社会学腾出空间。所谓全方位是指从消解马克思主义学说的一些根本范畴——上层建筑与经济基础的关系、社会实体概念和历史主义历史观等存在的总体化倾向入手，以重构一种更为境遇化、区域化的文学界限，并进而思考相应的文学政治。

贝内特认为，人们以往将某些文本看做具有独特的艺术审美属性并将之归入文学之内的研究领域，而将研究文本社会功能、效果的文学史和文学社会学视为文学之外的研究领域，这种二元划分存在问题。因为任何"文学之内"的文本和审美话语无不是特定文学实践、制度和话语实践的构成与功能的一部分，它不具先验性和永恒性，仅有某种策略价值和意义。文学之外与文学之内的界限是历史形成的，文本之内的审美文本是社会历史条件的耦合因素所致，是制度性因素对文本使用的调控、部署而体现出的特定功能和征候现象。因此，建构一个反经济化约论、反历史决定论、以文学之外为地界的理论视角，不但具有使文学重新历史语境化的理论意义，还具有政治实践的价值："文学之外的认识可以修正我们更好地理解文学话语和实践，它们如何作为一种工具形塑着主体，阐释改变这些工具被部署的政治语境。为此，必须拆解文学之内的空间，同时组构新的文学概念和实践。也就是说，需要重构'文学之外'的立场，抛弃与审美话语有关的理论、政治和批评。"①

要拆解具唯心倾向的马克思主义哲学美学话语和相应的总体化政治这一文学之内的空间，就须重建以文化制度为核心的文学之外领域，意味着首先要用遵循断裂的、偶然性逻辑的历史观和话语性的社会观以及更具有地方性、具体性的文学观等后现代思想来颠覆经典马克思主义学说的地形说、历史主义等基本范畴中存在的普遍同一性原则。因为贝内特坚称，正是地形学和历史主义产生了马克思主义文学理论的普遍认识论，后者在处理现实与表征的关系上，不恰当地追逐着绝对真理的普遍性，在政治上用这一虚假的普遍性命题昭告人类终会获得全面性解放，实则反而合法地发展和再生产着资产阶级的文化霸权。同时，这种真理认识论借助抽象的总体化历史压抑和殖民化了丰富多元的具体历史与文学的关系。可见，马克思主义文学审美观混杂着资产阶级总体化的审美话语，并用社会历史力量转而解释和确证文学艺术概念先验性的合法地位，所以，必须将总体化政治、宏大历史和由此造成的审美话语等从马克思主义中拆除，释放马克思主义真正历史化、社会化的理论潜力和政治可能性。

贝内特对西方马克思主义美学话语的指责矛头直接指向马克思主义的认识论，认为马克思主义认识论的唯心根源又在于经济基础决定上层建筑这一地形学预设。贝内特通过引证拉克劳和墨菲的话语理论达到消解经济基础决定上层建筑的目的，以此反对粗暴的经济决定论、现实/表征二元对立的认识论，明确提出文学和社会的关系并非决定与被决定的关系，认为文学是社会构成的一部分的认识。

西方马克思主义自卢卡奇以来，以反对经济决定论为由，矛头指向经济基础与上层建筑之关系的基本理论，尤其强调文化和意识形态的相对自足性和能动性。卢卡奇把主观的阶级意识作为历史发展的永恒动力，同样，葛兰西反对将意识形态看做经济基础的附带现象或一堆错误观念的堆积，指出"要求（作为历史唯物主义的基本公设被提出）提出并说明政治和思想体系晴雨计的任何波动，都是基础改变的直接表现，应该从理论

---

① Tony Bennett, *Outside Literature* (London and New York: Routledge; New York: Methuen Inc., 1990), p. 6.

上作为原始的婴儿加以驳斥"①，认为文化和意识形态是一个存在斗争的可能性阵地，具有一定的实践意义。阿尔都塞则继承了葛兰西对意识形态物质性的强调，他从社会结构角度理解意识形态，将之看成一种附着在一定机制上的、对个体具有形构功能和再生产社会关系的生产活动，视意识形态实践与经济实践、政治实践、理论实践一样的、具自主逻辑和相对独立功能的社会实践，认为上层建筑与经济基础构成的地形学图景主要是一种关系而非实体存在，"为理解意识形态的功能，必须将它置于上层建筑之上，并赋予它不同于法律和国家的相对独立性"②。

阿尔都塞的社会多元决定论和"社会"范畴是关系性的而非实体性的论断极大地启发了后马克思主义学者拉克劳和墨菲等人。如果说卢卡奇、葛兰西和阿尔都塞等人虽然突出文化和意识形态等上层建筑相对于经济基础的相对自主性和能动性，但并未彻底抛弃马克思主义经济基础决定上层建筑这一基本预设的话，那么到了拉克劳和墨菲这里，作为饱和、自足和实体性概念的"社会"（society）则完全被话语的差异性关系构成的"社会交往"（the social）所取代。拉克劳和墨菲认为不可能在经济基础和上层建筑之间保持这样一种区分，因为二者是共生的、交织的，彼此不可分割。所谓"社会"是一种建构和能指，无最终的所指，在不同的话语条件下，对"社会"的认识并不相同，社会领域是一个流动的、变化的、不断彼此连接的弥散性话语关系网络，随着不同的关系形构，社会关系也不断重构，社会关系即弥散的话语关系。实体性的"社会"概念被变化的话语差异性关系——社会交往所取代。拉克劳和墨菲的社会即话语性观点同样挑战了马克思主义关于现实与表征的认识论，他们拒斥任何强调中立自然的客观实在性的认识，认为"客观性不是自然呈现的，而是通过强力构建起来的；是偶然的、可变的"③。即问题的关键不在于某事物是否有客观性，而是要追问形成客观性的可能性条件。

霍尔领导的伯明翰当代文化研究中心同样反对经济决定论，称之为"马克思主义的基础——上层建筑的垃圾箱"。霍尔受拉克劳和墨菲的启

---

① ［意］安东尼奥·葛兰西：《狱中札记》，葆煦译，人民出版社1983年版，第90页。

② ［法］路易·阿尔都塞：《列宁和哲学及其它论文集》，杜章智等编译，台湾远流出版公司1990年版，第135页。

③ ［英］保罗·鲍曼：《后马克思主义的话语理论》，黄晓武译，《国外理论动态》2011年第4期。

发，但又不满意后者的话语理论使得"话语之外似乎不存在任何东西，斗争被简化为话语斗争，没有理由认为任何事物可能或已然可与其他事物联接。以及社会（society）完全是话语性的"①。霍尔部分地吸收了拉克劳等人的话语理论，重新理论化马克思主义地形学，他一方面坚持现实的客观性，认为经济最终是话语性社会关系的锚定点；另一方面承认，就社会关系而言，话语差异性的确建构主体身份，社会关系是话语性的和意识形态的，它们具相对自足性，产生建构主体这一真实效果，以此突出文化的能动性的核心地位。

贝内特在分析了上述各观点关于"社会"概念上的利弊得失后，并未直接明确表述自己是如何理解马克思地形学的，但是他对阿尔都塞和霍尔仍以基础决定上层建筑为理论预设的作法十分不满，指出两人虽试图调节基础与上层建筑的关系，又多少保留了经济基础决定地位的论调，结果反而使自己的理论矛盾百出。贝内特认为，阿尔都塞的多元决定论并不成功，因为如果意识形态或话语关系都是构成社会关系一部分的话，那么话语和社会关系作为两个有区别的领域的观点便不能成立。同样，霍尔前后期的思想也存在矛盾：早期霍尔在坚持现实的客观性和经济的决定力的同时，又赋予话语和意识形态建构主体身份的积极能动性和自主性；后期他认为意识形态不再属于经济决定的二级地位，而是经济构成的一部分。相应地，两人在认识论领域的问题是，都用"客观现实"作为马克思主义宣称自身拥有真理合法地位的最后锚定地。

贝内特对拉克劳和墨菲在彻底颠覆经典马克思主义学说关于经济基础与上层建筑关系上的激进作法赞赏有加，认为他们在消解马克思主义地形学基础的同时，也事实上消解了马克思主义的真理认识论，对贝内特而言，马克思主义认识论"在马克思主义文学理论中居核心地位，如果没有马克思主义认识论，也便没有马克思主义美学，我认为这不是件坏事"②。贝内特以拉克劳等人坚持的"社会是话语性的"这一断言为逻辑前提，提出作为话语性的社会概念自然无法确保认识论中的现实必然是客观的，因为并不存在一个"客观真实"的"社会"的概念，同样推知，

---

① Paul Bowman, *Post-Marxism Versus Cultural Studies: Theory, Politics and Intervention* (Edinburgh: Edinburgh University Press, 2007), p. 57.

② Tony Bennett, *Outside Literature* (London and New York: Routledge; New York: Methuen Inc., 1990), p. 22.

作为观念形态的马克思主义也不能断言自己便是认识客观现实的唯一真理，真理不过是某一特定话语条件压力下的偶然结果，它不具有永恒性和必然性。贝内特十分赞同拉克劳、墨菲等后马克思主义者的激进观点，认为在文学领域也"有必要用一种更激进的方式重新审视文学与社会的关系，建立一种完全不同于传统的文学与社会过程的关系"①。

贝内特之所以认为马克思主义认识论是造成马克思主义美学唯心主义倾向的根本原因，是因为后者认为文学或反映或表征着宏大历史，致使文学居于被动的附属地位，如此一来，马克思主义文学政治追逐着一种不可能实现的总体化政治和虚幻的普遍主体性。贝内特针锋相对地提出，社会、历史和文学间并无深度等级关系，三者都属话语实践的层面，或者说，文学是构成社会关系的一个直接部分而非附属。这就不但需要抛弃马克思主义地形学的预设（这点通过他引证后马克思主义话语理论已经做到了），而且要拒斥线性宏大历史以及总体化政治，从偶然性、断裂性等角度把握文学的具体历史，以地方化视角理解文学政治，突破文学的真理认识论，承认文学便是话语实践的一种。

贝内特指出，经济基础和上层建筑的对偶关系在文学中体现为文学和历史的对偶关系。文学要么是反映历史的镜子，如卢卡奇、詹姆逊等人认为的那样；要么是最终暗示和意指历史，如阿尔都塞和伊格尔顿等人。不论这些学人的理论旨趣差异如何，他们都将文学和历史看做两个不同的领域，认为历史是独立于文学的背景、现实基础、最终指涉，文学则是需要解释的对象和表征，文学和历史被抽象为普遍性的关系，而忽视了具体存在的、丰富生动的差异性文学历史。这种具体差异化的新的文学历史是形成特定"文学"的可能性条件，而这些可能性条件是知识、制度和各种实践交织的网络，这种文学历史不诉诸起源历史的神话，也不依赖有关连续性、目的论和总体性的历史认识，它只能是偶然的、断裂的、差异的、变化的、分歧的和偏差的。

具体而言，新的历史观不再从阐释学框架下寻求过去事件的真实意义或深层真理，因为过去事件功能性地存在于当下的社会现实中，其意义随不同历史语境发生变化，并由诸多机构如博物馆、影视媒介、文学、国家

---

① Tony Bennett, *Outside Literature* (London and New York: Routledge; New York: Methuen Inc., 1990), p. 34.

纪念馆等生产和传播,最终形成一个可影响主体的公共制度化结构——公共历史领域。同时,还要注意分析过去事件历时层面的功能变化及其社会历史语境,这种功能变化可能是断裂的,也可能是连续的。从这个意义上而言,历史和文学"均指涉相同的事物:特定而现存的制度化的表征之功能"①。换言之,历史事件是能指和表征,为一系列特定的规则和规范所编码和重构而呈现出不同的意义,"历史最好被理解为一个特定的话语领域,被特定的程序控制,对历史事件的改变或不改变依据这一程序制约"②。这些特定的控制程序是历史知识和学科实践所为,它们对历史事件进行分类、排序和合理化,生产一定的历史事件之意义,并通过各种具体的机构再生产和传播意义。因此历史是话语实践,它必然具有意识形态色彩,其"历史真理"由某些社会性的制度建构和维护,它不具有任何先验保障,也不能成为文学的认识论保证,更非某种遵循客观真理原则而不断演进的大写历史。

由此,贝内特质疑马克思主义宏大历史叙事理念及其所引发的政治意义和主体性问题。马克思主义历史观是黑格尔以降的历史哲学,它坚持历史叙事是一个线性过程,有开始有结局,这一过程由生产力和生产关系间的矛盾这一动力原则推动,最终会在历史的某一天迎来共产主义、人类的完全解放和必然自由,这种抽象的目的论历史观始终统辖着马克思主义政治的全部方向。它预设了一个先验的普遍主体,历史的目标就是这个普遍主体自我意识的实现和人的理性与预定的实现;它认为历史是人类社会发展的客观必然规律,科学的理论如果掌握了历史的客观规律,便会唤醒人们的意识并由此具有了指导人们正确行动的物质力量,最终实现普遍主体意识的解放。

于是,卢卡奇便预设了这样一个先验政治主体,他认为历史的本质在于它是人类活动的产物,历史是人类社会实践的客观过程又是人类自己创造的主体,无产阶级的意识能达到对社会历史的总体认识,无产阶级政党用最科学的理论武器指导人们的意识遵循着历史客观规律去行动,以赢得革命胜利。为此,马克思主义在认识论领域不遗余力地将自身设定为是认

---

① Tony Bennett, *Outside Literature* (London and New York: Routledge; New York: Methuen Inc., 1990), p. 48.

② Ibid., p. 51.

识客观历史规律的唯一"科学"和"绝对真理"。这种认识的误区也是明显的，一如贝内特所指出的，如果历史是断裂的、偶然的话语实践，如果历史真理不过是被某个特定社会历史条件所生产和部署的暂时征候体现，那么便不存在宏大历史主义所预设的普遍政治主体，也不存在马克思主义认识论意义上的绝对真理。

贝内特认为，如果宏大历史的总体性叙事在 19 世纪的确起过建构政治主体、组织社会力量的重要作用的话，这也是偶然的历史条件的结果。在多元主体身份和政治斗争的今天，不再需要这种普遍的、以先验主体为核心的历史叙事，而是需要更为区域化的微观政治：仪式、习俗、演讲和行为，而任何微观层面的社会行为无不处在多元的权力关系网络中，具有多元的政治意义。

以客观现实为依据的宏大历史被消解为话语实践，总体化政治也需要被微观的多元政治所取代，在拒绝了文学/历史、文本/背景的简单二分法之后，同样处于话语层面的文学与历史的关系是什么？两者的界限何在？贝内特将答案锁定在"制度"上，他赞同新历史主义代表人物格林布拉特用"制度"协商作为话语实践的文学与历史间的界限。

格林布拉特强调历史的文本性和文本的历史性，认为文学是从在文化文本中起作用的逻辑推理性话语机制中分离出来的一个审美领域，文学文本中回响着其他社会文化文本的声音，镶嵌着社会的物质内容，这是文本的历史性；而我们体验的历史文献携带着编撰者们的印记和复杂微妙的社会化过程，这是历史的文本性。文学与历史之间没有绝对的界限，但又不会导致两者界限无限制地处于不确定性中，格林布拉特提出："艺术作品是一番谈判以后的结果，谈判的一方是一个或一群创作者……另一方则是社会机制或实践。"①

贝内特受格林布拉特"制度"概念的启发，认为文学与非文学的界限由制度协商确立，历史不再是文本意义的最终锚定地，文学文本是在特定制度策略中被限制的：在特定的语境里，文本由特定制度决定和制约，生产"文学"这一特定的意义和效果。历史研究的目的在于揭示特定的制度策略，相应地，文学历史便是揭示部署文本的制度的历史，而社会化

---

① ［美］斯蒂芬·格林伯雷：《迈向一种文化诗学》，张京媛主编：《新历史主义与文学批评》，北京大学出版社 1993 年版，第 14 页。

的制度实则是权力的一种形式，它通过规训语言和文化来保证秩序。随之，贝内特引证澳大利亚学者约翰·弗柔的观点，将对"制度"的探讨扩大到整个社会领域，指出社会就是各种制度化实践的游戏场，制度化实践既有表意层面的符号系统，也包括各种物质载体如各类机构体制。文学历史的任务是对不同时期的文学话语构形进行描绘，揭示掩藏在其中的制度和权力的秘密，文学"通过它们镶嵌在源自那些形构的其他社会体系的模式，在更广泛的社会维度重构其位置"①。

　　贝内特的历史观和对普遍政治主体的批判完全吸收了福柯的非历史主义的历史观。福柯认为，现实是被语言所结构化了的现实，知识与权力合谋共同在语言中编入相应的符码，并以此建构现实和主体。福柯从实证角度出发，探究作为话语形态的每个时代的知识的形式，即"知识型"，以揭示控制着特定时代的知识的产生与传播的话语规则。这种力图勘察支配人们思想和话语实践的推论理性形成的规则的方法便是考古学方法。考古学的目的不是发现所谓历史真相，而是对各时期的话语体系进行描述，分析描绘话语的差异性和特殊性，确定话语实践的类型和规则，它将文献转变成重大遗迹，"历史地展现出大量的素材以供人们区分、组合、寻找合理性、建立联系，构成整体"②。考古学把断裂、不连续性、差异引入历史分析中，用界限、决裂和转换等概念描绘知识构形的历史，这种历史是对连续性、合目的性、同一性的线性历史的反对，它"分解了由意识的进步，或者理性的目的论，或者是人类思维渐进所构成的漫长的体系"③。福柯的考古学实则是话语分析方法，不过他在话语概念中加上了历时的维度，这便突破了结构主义封闭的共时性。

　　不久，福柯又用谱系学的实践向度和对权力机制的分析弥补局限在话语层面分析的考古学，更深入地理解现代社会的运行机制。谱系学延续考古学对形而上的连续历史的批判，承认一种断裂的、非连续性的、偶然的历史观。谱系学致力于打破起源神话，引进被称之为"Kerkunft"的"来源"研究。起源神话寻求源初的虚幻同一性，扼杀丰富的差异性和偶然性，它"在起源中收集事物的精确本质、最纯粹的可能性、被精心置于

---

　　①　Tony Bennett, *Outside Literature* (London and New York: Routledge; New York: Methuen Inc., 1990), p. 74.

　　②　［法］米歇尔·福柯：《福柯集》，杜小真编，上海远东出版社1998年版，第134页。

　　③　同上书，第135页。

自身之上的同一性、静止并异于一切外在的、偶然和连续的东西的形式"①。相反，"来源"研究并不试图重构连续性，它驻足于细枝末节和开端的偶然性，追寻无数来源的复杂序列，偶然和偏差，揭示事物背后没有真理性的存在，有的只是偶然事件的外在性。谱系学就是要通过对细枝末节的考察，显示来源的异质性，揭示历史的偶然和断裂之处，在社会制度和实践之中揭示其中权力和知识共谋的机制。福柯之所以对连续历史进行无情地颠覆，是因为对先验主体或人类学人道主义的批判。连续历史是以黑格尔为代表的历史主义历史观，它预设了历史连续性、进步、解放等合理性目的，事先假定了一个自我同一的先验主体，这个主体以历史意识的形式将所有的差异归为己有，恢复对它们的支配。连续历史把人类意识看做一切生成和实践的原初主体，它参照着主体的综合运动，是先验主体意识的场所和避难所，它对于这个主体的奠基功能和构造功能必不可少，它"将历史分析变成连续的话语，把人类的意识变成每一个变化和每一种实践的原主体，这是同一思维系统的两个方面。时间在这个系统中被设想为整体化的术语，而革命在这里从来就是意味着觉醒"②。

　　贝内特用福柯断裂、差异、偶然的历史观把文学与历史的关系重新理论化，强调在对文学话语形构历时变化的描述中揭示文学话语的机制和可能性历史条件，洞悉隐藏在其中的制度权力。贝内特的目的不是用自己的话语阐释福柯的历史观，也非仅将福柯的话语历史观运用到文学历史中，他真正的用意是对西方马克思主义文学理论的宏大历史观及其认识论的普遍抽象性和总体化政治的批判修正，进而从文学本体的地基上彻底厘清西方马克思主义美学话语的唯心主义，重构一个适应后现代思想语境的，反形而上和先验论的，注重多元异质性的，更为历史化、唯物化的新型马克思主义文学社会学。为此，他不惜颠覆马克思主义上层建筑与经济基础的关系、"社会"的概念和历史观等基础性理论话语，用各种激进的后学思想重新语境化马克思主义文学理论。

　　但是，如此一来，贝内特自称的新型马克思主义文学社会学是否还属于马克思主义范畴？如果是，在把马克思主义基本概念范畴消解殆尽后，马克思主义文学理论和非马克思主义文学理论间的区别标准是什么？马克

---

①　［法］米歇尔·福柯：《福柯集》，杜小真编，上海远东出版社1998年版，第148页。
②　同上书，第140页。

思主义文学的身份又如何定位？这些问题，贝内特未给予任何明确的回答甚至丝毫暗示，也许这些没有答案的问题也始终困扰着以贝内特的代表的当代西方激进的后马克思主义者们。

第二节　文学:制度化的互—文动态场域

贝内特从根本上颠覆了马克思主义经济基础与上层建筑的等级关系，让"社会""历史""文学"同处于话语实践层面，极力凸显作为上层建筑的文学同样具有物质实践维度和建构社会的自足能动性，以反对庸俗马克思主义的经济决定论。庸俗马克思主义往往简单地将千差万别的社会文化现象归诸经济的最终决定力，无视社会文化现象的丰富性、具体性、自足性，以及与经济基础间双向互动的复杂关系。贝内特认为经济基础与文学、文化间不存在决定与被决定的关系，而是一种互融互渗的动态交叠关系，文学有直接作用与改变个体的行为和思想的功能，它自身便是社会的结构性因素，参与了经济基础如社会关系的构成。他一再强调"文学和文本不再是社会现实的附属现象，而是社会关系构成的一个直接因素"[1]。为说明文学与经济基础、社会存在之间互融互构的动态互—文关系，贝内特把文学重构为制度化的动态互—文场域，以彰显文学的物质实践维度和积极建构社会的自主能动性，他说："我的目的是提倡制度的而非形式主义的文学定义，以助于'文学内'的观点和策略，将文学定义为一系列实践之整体（如分类、评论和教学），它们组构和控制文本使用和效果的具体场域。"[2]

贝内特把文学定义为制度性的文本使用和效果之动态互—文场域，这是对他在 20 世纪 80 年代中期提出的"阅读形构"的深化和拓展，文学本体空间依然定位于阅读接受领域，考察的是文本的动态功能和效果而非文本意指内容，但多了"制度"对文本使用的控制和制约。这意味着贝内特彻底抛弃了从经济基础角度寻找决定文学现象的历史动因，而是从弥散、微观的权力实践向度把握作为话语实践的文学与社会存在之间相互作

---

① Tony Bennett, *Outside Literature* (London and New York：Routledge；New York：Methuen Inc. , 1990), p. 35.

② Ibid. , p. 285.

用而形成的互—文场域的运作机制。

消解了马克思主义经济决定论和奠基于其上的社会观、宏大历史和文学真理认识论，贝内特便从根本上厘清了阻碍新文学空间建构的理论预设。紧随其后的任务便是从文学内部，批判和解构西方马克思主义非历史化的文学、美学概念，提出自己的制度性互—文场域的文学观。这一任务率先从重新审视文类社会学开始。

英文"genre"一词含义颇丰，通常被译为"体裁"，此词最早源于法语"种类"（kind）和"等级"（class），以指涉文本类别，体裁研究最初也是命名学和类型学，意指对文本予以分类和命名。就文学批评而言，"genre"特指文类即文学体裁。人们一般根据文本的内容、形式因素或文本特征对文本分门别类。现代以来，文学文本在广义上通常被分为小说、诗歌、戏剧，每个大的文类又有许多亚文类，如戏剧又分为悲剧和喜剧，后两者再被分类，如仅莎士比亚的戏剧便可分为悲剧、喜剧、历史剧、悲喜剧、田园剧、田园悲剧等。中国古代文类划分不同于西方，对文本的分门别类也极为细致入微，《典论·论文》就将文学划分为诗赋、奏议、铭诔、书论，四科八种；《文赋》的文类分为诗、赋、碑、诔、铭、箴、颂、论、奏、说十种；《文心雕龙》分为诗、赋、赞、颂、檄、移、铭、诔等。可见文类划分并无固定标准，对文学文本的分类依据不同的时代和地域而千差万别。文类划分的不确定性表明对文本的分类标准绝非中立客观，任何文类都暗含着某种观念和意识形态，而长久以来人们对文类的定义始终争论不休，甚至有人指出并不存在一种经验实体意义上的文类，它只是一个抽象概念。

文类社会学便是从社会文化的角度探究文类的意识形态，它既关注文学文本特征的历时变化，也联系其共时的社会历史语境解释、分析文类。贝内特认为，文类社会学是"一门关于文学形式和功能（在此可理解为使用和效果）的历史社会学，它的发展要求回答至少两个问题：其一，如何认识文学形式与功能的关系；其二，如何进行共时与历时相结合的分析。事实上，这要求对文本的形式和功能作共时、历时分析"[1]。历时即文本形式的变化历程，共时则为结合社会历史语境考察形式之功能。由于

---

[1] Tony Bennett, *Outside Literature* (London and New York: Routledge; New York: Methuen Inc., 1990), p. 78.

文类可将文学形式分析与社会历史条件有机地联系起来，是两者的重要中介，马克思主义向来十分关注文类学批评。詹姆逊就曾指出，文类研究在马克思主义文学批评中占有重要地位："对马克思主义来说，文类概念的战略价值显然在于一种文类概念的中介作用，它使单个文本固有的形式分析可以与那种形式历史和社会生活进化的孪生的共时观协调起来。"① 马克思、恩格斯曾就拉萨尔的诗体悲剧做过文类批评，卢卡契的文艺美学著作也对文类概念极为关注。卢卡奇曾指出马克思主义文学研究之所以给予文类极高的重视，"实质上是在探讨艺术在'形式'上如何适应世界的变化，企图在形式与历史之间建立一种内在的联系"②。戈德曼、詹姆逊等人的文类批评也都在各自的文艺美学研究中占有重要位置。

马克思主义文类社会学研究是对文学形式分析历史化的努力，它从社会历史条件分析文类产生、发展、变化的真正根源和基础，以矫正长久以来文类是文本内在固有的纯形式因素的认识。卢卡奇就曾声称："文学中真正的社会因素是形式。"③ 卢卡奇在文类批评历史化方向上作出了极卓越的贡献，他的《小说理论》集中探讨了长篇小说的形式问题，本书"依据黑格尔有关艺术与精神发展的思维模式，把古希腊精神发展分为三个阶段，即史诗—悲剧—哲学过程"④。在卢卡奇看来，伟大史诗刻画了广博的总体，而由于现代社会的"异化"和原子化，总体已不复存在，诗史也不会在现代产生了，取而代之的是小说，这是历史哲学的现实必然性，"史诗和小说是伟大的史诗的两种客体化形式，它们的差异并不是由其作者创作信念的差异，而是由作者创作时所面临的历史哲学的现实所决定的"⑤。小说的出现是人与自然相脱离的产物，是"被上帝抛弃的世界的史诗"，同时也"因为小说的形式比其他任何形式更能使作者的想象自由驰骋"⑥。卢卡奇通过对诗史和小说在体裁上的区别的探讨，试图在形

---

① ［美］弗雷德里克·詹姆逊：《政治无意识》，王逢振、陈永国译，中国社会科学出版社1999年版，第92页。

② 赵宪章：《马克思主义文艺美学基础》，南京大学出版社1992年版，第466页。

③ 转引自［英］特里·伊格尔顿《马克思主义与文学批评》，文宝译，人民文学出版社1986年版，第24页。

④ 赵宪章：《马克思主义文艺美学基础》，南京大学出版社1992年版，第465页。

⑤ ［匈牙利］格奥尔格·卢卡奇：《卢卡奇早期文选》，张亮、吴勇力编译，南京大学出版社2004年版，第32页。

⑥ 赵宪章：《马克思主义文艺美学基础》，南京大学出版社1992年版，第465页。

式和历史之间建立一种内在的联系，寄托自己希冀回复到诗史时期人与自然彼此和谐的理想，表现了他对资本主义的批判态度。

卢卡奇的思路代表了马克思主义文类批评的总体特征，也启发了戈德曼、詹姆逊等人。卢卡奇把文类作为凝聚着一定历史时代的人类生活体验，文类是有社会历史意味的形式，体现着历史哲学的真理，这便将文学形式与社会历史联系起来。詹姆逊在这一点上继承了卢卡奇的思想。詹姆逊把文学形式（比如文类）看做内在形式，社会素材则为外在形式，两者体现了双向互动的辩证关系，他断言："一种确定的文学形式的存在，总是反映该社会发展阶段的某种可能的经验。"① 在文类问题上，詹姆逊认为"文类基本上是文学的'机制'，或作者与特定公众之间的社会契约，其功能是具体说明一种特殊的文化制品的恰当运用"②。他一方面承认具体社会历史语境如市场机制、读者、作者、特定文化形式等对文类的产生和推进有直接影响，另一方面将这种具体历史语境施于文类的压力归之于经济基础这一最终动力上，力图揭示隐藏在文类深处的政治无意识。

以卢卡奇和詹姆逊为代表的马克思主义文类社会学是经济基础决定上层建筑这一基本预设在文类研究中的表述，且他们对文类历时模式的分析基础仍然是宏大的历史主义哲学，这与贝内特的反历史主义和视社会、历史、文学均为同一平面的话语实践的认识完全背道而驰，故遭到贝内特的抵制和批判。贝内特反对卢卡奇和詹姆逊对抽象的同一性所怀有的幻觉，指出卢卡奇、詹姆逊等人的文类社会学研究思维模式遵循的是本质主义的"文化逻辑"，它仍以文本固有的形式特征为基础确定所研究的对象，并试图在两个不同阶段抽象出一种普遍的历史和社会特征，认为一定的文学形式必然有个确定的社会基础并为之所决定，同样的文类总是有着相似的社会功能。如此一来，丰富多变的具体历史语境完全归结为最终的经济基础原因，而无视具体历史语境对特定文类功能的改变，因为"事实上，在不同的社会历史语境，同样的文类有着不同的功能"。

贝内特认为，卢卡奇和詹姆逊的文类批评引起上述本质主义重重困境

---

① ［美］弗·詹姆逊：《评论之评论》，陆梅林选编：《西方马克思主义美学文选》，漓江出版社1988年版，第751页。

② ［美］弗雷德里克·詹姆逊：《政治无意识》，王逢振、陈永国译，中国社会科学出版社1999年版，第93页。

的主要原因在于，他们试图说明特定的社会关系产生和决定着特定文类，即他们仅从社会历史起源的角度认识文类及其功能，没有看到文类的功能是个不断发生变化的过程，也没有认识到作为阅读接受一极的具体社会语境对文类功能的改变，事实上"形式的功能问题不在它的社会条件的起源上，而在于特定的接受关系的构成上"[1]。

对贝内特来说，文类不是文本形式特征，而是文本特征的关系性功能，要真正认识文类的社会功能，洞察其多样性和异质性，必须从文本阅读接受的历史语境而非从经济基础的这一起源条件入手:"文类的概念，只有把它作为历史和文化中变动的、控制阅读和书写实践的社会体系之手段时，才能得到较好的解释和分析。"[2] 这句话指出文类的功能不但随具体的阅读接受语境发生变化，而且它反过来制约阅读和写作实践，进而维系或重构一定的社会关系。

对自己坚持的上述文类观，贝内特是通过分析、引证安妮·弗里德曼（Anne Friedman）和弗劳尔（Flower）等解构主义者的观点来加以说明的。贝内特看到弗里德曼和弗劳尔都反对仅从文本的形式特征认识文类的一面。弗劳尔指出，文类类似于维特根斯坦所言的家族相似性，文类之间的区别和特征并非固定，文类是书写形式中相似、差异关系组成的松散结构，各文本间因具一定的相似性而相互关联，诸多文本间的一系列意指差异性形成文类的吸收过程，文类即是文本的不断吸收。就文类与社会历史关系而言，弗劳尔认为，文类是特定文化系统所规定的结果，文类即文学的内在制度，它组构阅读框架，定位特定的阅读实践，具有超文本的性质，自身便携带着某种意识形态符码，传达特定的知识，激活具体的阅读，在具体的阅读实践上刻上自己的符码印记。同样，弗里德曼也认为，需要从文本特征的差异性关系认识文类，她特别强调阅读实践对文类的重要作用，认为文类由特定的阅读实践组构和定义，而文类理论的着重点须放在阅读实践的社会历史语境中，分析文化语境对文类的划分规则。

贝内特肯定弗里德曼和弗劳尔在文类研究上的去本质主义的作法。两

---

① Tony Bennett, *Outside Literature* (London and New York: Routledge; New York: Methuen Inc. , 1990), p. 81.

② Ibid. , p. 81.

人看到文类不是文本的内在形式特征，而是变化的文化、社会所建构的产物，文类永远处于不断变化的互文性的调节和重构中。但是，贝内特认为，这种分析模式还是存在着形式主义的非历史缺陷的。由于它过度强调文类的不确定性，文类变化成为一个无限延义的过程和互文性语言游戏，本应对阅读实践的历史性分析变为由互文性控制的文类构成和文本部署的形式化分析，它无法历史地解释一个文本为什么属于某种文类，以及文类系统为什么和怎样发生变化的真正历史动因。因为文类的不确定绝非互文性的语言游戏，而是社会历史原因所致。

由此，贝内特提出一种既不同于马克思主义文类批评以文化逻辑为主的路径，又区别于解构主义基于语言游戏的思路，转而提出：造成文类之间差异性的主要社会原因是权力实践。这里的权力实践主要指福柯意义上的微观权力技术："它控制书写和阅读实践，将文类构成具体的、社会决定的文本的使用和功能之领域。""最好把文类看做互—文性构成，即它是特定社会性组构的文本与文本、文本与读者的一系列关系，这种关系由于阅读形构和控制文本和读者的技术，而在具体环境中获得。"①

决定某些文本为某一文类的真正原因是特定历史语境下的微观权力技术，而此种技术始自某种体制化的社会实践。这种认识表明了贝内特不是从线性的历史哲学，也非深度的经济基础中寻找文类变化的历史动因，而是横向地，在文本与其他话语和实践如文本与文本、文本与社会文化、文本与读者等钩连的网状场域，从控制和调停此场域变化的制度性权力的角度，把握文类变化的历史动因。至此，"文类"便是一个以阅读实践为节点，将文本与文本、文本与主体、文本与社会其他领域、主体与社会等联结在一起的互—文网络，在其中，控制阅读实践的制度化社会实践在某个特定历史语境下部署、使用文本，使文本以某种文类的形式呈现，履行特定的社会功能。这种功能事实上是权力技术，直接作用于个体的行为和实践，改变个体的身份、思想、态度、信仰和行为，进而改变或维系某种社会关系。可以说，文类不是以某种意识形态的方式影响个体的思想，它直接就是社会实践，是权力技术。相应地，文类理论不必界定文类，因为这只能引起另一种控制阅读实践的制度化

---

① Tony Bennett, *Outside Literature* (London and New York：Routledge；New York：Methuen Inc. , 1990), p. 105.

形式，而是要审视文类系统的功能和构成，揭示文本与主体、文本与文本、文本与社会的互—文关系，洞悉控制这一互—文领域的制度，因为后者制约着文学书写形式的使用、接受，并由此作用于社会主体。正是制度权力通过文类，改变个体的身体践行，从而实质性地直接组构社会，可以说，文类即权力技术的一种。

比如，斯蒂芬·希斯（Stephen Heath）在《性的困境》中对性小说的分析即为一例。希斯没有把 19 世纪小说的兴起还原到社会生产条件上，而是认为小说这一文类在 19 世纪形成了"小说化文化"。在这个小说极度繁荣的时期，小说深刻地影响了社会个体的叙事和意义顺序，它不仅仅有对个体主义意识形态的反映，而且用具体的物质性手段如书写实践直接参与组构和形塑 18 世纪特定的个体主义主体的过程。就此而言，小说是特定的历史产物，它是自我形构的文化技术。同样，性小说在 19 世纪和 20 世纪的出现和发展，在组构社会生活尤其管理性行为方面起了极为重要的作用。这一时期，性小说从对婚姻生活到感官享受的描写和叙事都发生了极大的变化，这种变化与 20 世纪各种性话语如性科学、性报告的出现共时发展、彼此渗透，不但在话语层面，而且通过各种机构如虚构小说、性学、杂志等的生产和传播，用以管制个体的性身份、性行为，为此，性小说这一文类是权力技术。质言之，性小说通过形塑特定性能力和性身份的形式参与组构了社会（society），它们直接属于社会动力的一部分。

所以说，文类的社会功能是某种权力技术而非意识形态压力，它以横向的互—文网状形态组构主体、文本、社会文化，产生了直接的社会物质性效果，是物质实践力量的一部分，故它是社会自身的一部分而非附属。这就是说，贝内特以横向的文学与非文学、文本与主体的网状互—文模式取缔了文学系统与社会历史间的深度等级模式；用断裂的历史解释文类社会功能的变化，以此取代以往文类变化的线性历史主义；将文类作为直接作用于个体的身体践行的权力技术，而非仅将之看做某种意识形态，后者仅在意识层面建构主体。

这就从根本上颠覆了文类社会学的传统思维模式。以往的文类社会学通常在社会生产条件下认识某种文类的产生、起源，并以线性历史为基础分析文类的历时发展和变化，如卢卡奇、戈德曼、詹姆逊的文类研究便是这方面的典型例子。即便非马克思主义者的文类社会学研究如伊恩·P. 瓦特也是如此。在《小说的兴起》中，瓦特用马克斯·韦伯的资本主义伦理精神解释英国小说的起源，认为小说作为一种新兴叙事文体的产生发端于资本主义社会的确立和个人主义的精神外现。他在评价笛福小说的地位时说："当道德和旧社会的关系秩序被鲁滨逊·克鲁梭用个人主义翻腾大浪毁灭之时，小说尚成问题的地位和现代思想的地位，才一道得以确立。"① 20 世纪中后期，人们开始意识到文类不是文本的形式特征，文类的划分和标准也并非是中立客观的经验事实。相反，它是对文本的编码和操控，使某些文本呈现一定的文类功能，任何文类都暗含着某种既有观念和意识形态。文类是生产和解释文本的重要框架和依据，它预设了某种理想的读者，用弗劳尔的话说就是"没有文类符码，交流便不可能"，"文类将读者定位于以特定方式对待文本"②。人们多从读者角度和文类功能出发理解文类和社会历史的关系，但在文类功能变化问题上依然以线性历史为文类演进模式的基础，同时，都从意识形态角度理解文类所暗含的权力编码行为。更重要的是，对文类功能的分析仍然局限在互文性的语言游戏中，并未真正与社会历史具体语境融合，表现出非历史的形式主义倾向。

出现上述困境的原因，贝内特认为主要是文学与社会之间的等级关系使然。由此，贝内特以"文类"概念为切入点，深化对"文学"概念的思考。文学社会学传统通常把文学和社会理论化为两个截然不同的领域：社会是第一性的，文学总是第二性的。这一判断使社会学进入文学理论具有了学理上的依据。在马克思主义文学社会学理念中，文学被视为经济基础（如社会）的上层建筑，它以意识形态观念的方式反映或折射社会，间接作用于主体，是社会的附属而非直接构成部分。

贝内特对这种认识极为不满，他通过批判前者，希望对"文学"予以重新理论化的界定，指出文学也是社会过程本身的一部分。贝内特认为，文学包括文类本身就有直接的物质实践维度，它自身便是社会的构成性要素，直接作用于社会和主体的行为，"文学是社会行为的一部分，它

---

① ［美］伊恩·P. 瓦特：《小说的兴起——笛福、理查逊、菲尔丁研究》，高原等译，三联书店 1992 年版，第 97 页。

② Daniel Chandler, "An Introduction to Genre Theory," http：//www. aber. ac. uk/media/Documents/intgenre/chandler_ genre_ theory. pdf .

嵌入并涉及政治、意识形态和权力关系的功能和构成中"①。就是说，文学不但是社会的构成部分，而且具有权力符码的痕迹，暗含着某种权力，直接改变主体的身体践行而非仅仅影响思想意识。而文学隐含的权力是社会制度实践的一部分，"文学最好被看做一处制度场所，它为其他社会关系的运作提供一系列特定条件"②。具体而言，文学是被制度所调节的文本使用、部署的表征空间和社会实践场域，即文学可"被看做一系列的历史特定制度话语的商定（arrangement），调节着成了社会实践场所的文本使用和运用"③。

　　如此定义的文学概念着重强调以下几个方面：首先，突出了文学的物质实践维度。文学不是仅以思想意识的形式间接反映上层建筑，相反，它是一系列社会现实和社会手段，是社会的直接构成部分，在同一层面与其他社会实践相互交融、影响，作用于个体的身体践行，建构主体身份，因为所有的社会实践在其构成上既是制度性的，也是话语性的。这就要求从文学文本所生成的社会功能等实践角度理解文学概念，而非仅从文本的表征和意指内容认识文学。这也从根本上拒斥了"文学"是先验和自足的认识。文学是现实暂存的、有一定历史条件的实践建构物。

　　其次，作为社会实践和社会构成部分的文学与其他社会实践交融一体，形成一个文学话语与物质实践、文学文本与其他领域、文学与社会制度等交融互动的动态复杂场域和网络。文学这一术语"表明了一个特定的、非一元的、制度化组构的实践场域：写作、阅读、评论和教学"④。

　　最后，维系和制约这个场域的是制度，即制度这一权力形式是界定"文学"和划分文学界限的历史动因。制度是文学话语实践的控制原则，它决定文本的使用和部署，使其呈现相应的功能和效果，"文学"概念是不同时代和历史语境的文本由特定制度所制约、控制的征候体现。

　　贝内特重新理论化的文学本体空间是对他70年代末期文学概念的拓展和深化。在《形式主义与马克思主义》中和80年代早期的一些论文

---

①　Tony Bennett, *Outside Literature* （London and New York：Routledge；New York：Methuen Inc. , 1990）, p. 108.

②　Ibid. , p. 108.

③　托尼·本尼特：《本尼特：文化与社会》，王杰等译，广西师范大学出版社2007年版，第44页。

④　Tony Bennett, *Outside Literature* （London and New York：Routledge；New York：Methuen Inc. , 1990）, p. 273.

中，贝内特明确提出"文学是文本的社会性使用和功能、效果"。而在 90
年代初期的《文学之外》中，贝内特格外强调制度（权力）对文本使用
的决定作用；同时，他进一步将文学功能看做一个话语与非话语、文学与
非文学融贯一体的动态社会实践场域，希冀通过打破上层建筑与经济基础
这一深度模式，强化文学所产生的直接社会效果，凸显文学话语与非话语
实践融合一体的物质维度。贝内特对文学制度的强调和将文学话语实践内
部与话语外部看做同一层面的关系网络的认识均源自福柯的微观政治和非
辩证思维文化。

　　如果说，福柯在考古学中追问的是话语内部的形成原则，那么在谱系
学中，他转而将话语内部与外部的社会实践、权力等接壤，更全面地针对
话语外部控制原则进行分析。谱系学分析意在从历史和社会实践层面，表
明话语对象存在的可能性现实条件和外部控制原则与规则，这些控制规则
置于人类实践的各个领域，如经济、技术、政治以及社会的实践中，话语
的形成是在控制系统中形成的，它受到各种制度的挤压和生产。① 为此，
福柯坚持"比任何问题都更加紧急迫切的一个问题是：我们应当指出和
表明目前控制和抑制我们社会机体的政治权力的所有关系"，权力不仅局
限在国家暴力机构里，更主要的是"政治权力的实施还间接地取决于一
些表面上与政治权力无任何干系，似乎独立于政治权力之外而实则不然的
机构"②。

　　福柯认为，在我们这样的社会中，真正的政治任务是揭示无处不在
的、隐秘的、弥散的社会控制原则和制度，抨击那些支撑社会制度运行的
位置、活动点和活动形式等貌似中立的机构。后者不但是各种制度实践运
作的空间场所和物质性工具与支点，而且以一系列特定程序和手段再生产
和传播着制度，是权力和真理得以制度化和合理化的现实条件。精神病院
的癫狂、监狱高墙下被监禁的身体，知识真理被权力制度化并总是落实在
具体的机构这一空间场所，它们在机构中将自己的烙印刻写在主体身份及
其行为实践上。

　　根据雷蒙德·威廉斯对"制度"（institution）的解释，这一词汇有
"制度""机制"和"机构"三方面的意义，当"Institution"被解作"制

---

　①　汪民安：《福柯的界限》，中国社会科学出版社 2002 年版，第 158 页。

　②　[法] 米歇尔·福柯：《福柯集》，杜小真编，上海远东出版社 1998 年版，第 239 页。

度"时，描述"某个明显的、客观的与有系统的事物"，即"一种被制定、订立的事物"①。"制度"同时包括两个层面，作为规范和限定行为或事物的规则这一意识形态层面和制度得以具体实施运作的机构这一物质层面，两者相辅相成，一体两面，不可分离。福柯正是从意识形态和物质机构两个层面全面把握制度化权力及其政治的。就文学的分析而言，福柯曾指出，要想揭示某些文本被神圣化为"文学"的条件和所发挥的功能，必须和与之相关联的机构如大学一起予以考察，文学的真相是"文学通过选择、神圣化和制度的合法化的交互作用来发挥功能的，大学在此过程中既是操作者又是接受者"②。

贝内特深受福柯关于制度的意识形态层面与物质机构一体两面的影响，他格外强调文学制度对于文本使用和部署的各种规约性机制，认为对文学制度的考察必须结合制度和各种机构的话语环境作出分析。机构这一物质层面是文本与社会实践具体的联系机制，它操作、传播和影响文本的运用，使之产生特定的功能和效果，建构特定的主体身份和干预主体的行为实践，而文学艺术观念正是通过它进入其他社会实践如教育中的。"要考虑特定的机构，它是文本被部署为社会领域的环境条件，在这里，文本与社会具体联系在一起，并在其中运作——文本由此成为自我形构的技术，或民族形构、阶级形构的技术。"③ 贝内特意在表明，文学制度的意识形态层面与机构物质层面浑然一体、不可分离，机构绝非仅传达观念意识的被动的空洞容器，它不但是（文学）制度得以运作的工具和合理化的现实条件，而且其具体的操作程序自身便充满着意识形态内容，或改变或再生产着思想观念，是建构主体身份、形塑行为实践的重要的现实能动力量，可以说，机构本身就制约和规范着文学，并内化为文学的一部分。

贝内特对文学制度这一概念蕴含着意识形态层面与物质层面两面一体的揭示较为中肯和全面。斯蒂文·托托西曾指出文学制度（the literary institution）"要理解为一些被承认和已确立的机构，在决定文学生活和文学

---

① ［英］雷蒙·威廉斯:《关键词：文化与社会的词汇》，刘建基译，三联书店2005年版，第242页。

② ［法］米歇尔·福柯:《权力的眼睛：福柯访谈录》，严锋译，上海人民出版社1997年版，第89页。

③ Tony Bennett, *Outside Literature* (London and New York: Routledge; New York: Methuen Inc. , 1990), p. 111.

经典中起了一定作用，包括教育、大学师资、文学批评、学术圈、自由科学、核心刊物编辑、作家协会、重要文学奖"①。文学制度是对文学价值差异体系、文学生产、分配和接受等方面的一整套调节、管理机制，包括文学的观念、政策、出版、审查制度、文学奖励机制等。文学制度的建立是现代性进程中社会各领域发生结构性分化的必然产物，在现代社会里，对社会各个领域如家庭生活、社会政治、经济体制、大众教育、传播媒介等的界定和组织更倚重一系列微观而无所不在的非人格管理规约体制，而非仅凭借武装暴力手段。现代社会越来越倾向于具有自我调控能力的多元制度性分化组构模式和意识形态模式，文学制度和经济制度、政治制度、教育制度等一样是现代性诸多制度的一个必然组成部分。

彼得·比格尔也指出，现代以来，艺术自律性逐渐获得体制地位，与资本主义社会出现的各领域结构性分化不无关系，经济、政治制度与文化制度逐渐分离的过程，也确立了文学制度，"艺术与生活实践的脱离成为资产阶级艺术自律的决定性特征……艺术作为体制也许会被认为是 18 世纪末期才完全形成……"② 这说明艺术的概念、生产、接受和分配具有体制性，"实际上，艺术的概念是使艺术体制化，成为意识形态再生产的媒介的必要手段"③。文学和艺术本身在社会中拥有体制地位，为此，资本主义社会中作为规范手段的文学制度本身成为比格尔研究的对象。比格尔认为，对文学体制的探讨更多地与文学作品的社会功能而非文本深度阐释模式有关，文学功能不是单个文学作品所固有的，而是由社会体制决定的，对文学社会功能的揭示必须从文学制度框架出发。比格尔甚至断言："只要艺术/文学体制不成为研究的对象，功能就不可能成为文学学术研究的中心。"④

贝内特从文学体制角度探讨文学的社会功能与比格尔一致，两人都关注文学的社会位置而非特定的文学作品，都认为文学艺术自律的体制化生成了文学功能和作用的场的独特组织化，美学即是对文学自律的制度性结晶。贝内特和比格尔从支配文学艺术的文学制度意识形态架构来揭示文学

---

① ［加］斯蒂文·托托西：《文学研究的合法化》，马瑞奇译，北京大学出版社 1997 年版，第 33—34 页。
② ［德］彼得·比格尔：《先锋派理论》，高建平译，商务印书馆 2002 年版，第 120 页。
③ 同上书，第 42 页。
④ 同上书，第 59 页。

的功能,不但扭转了以往卢卡奇、阿多诺等人仅从单个文本意指内容等阐释学角度进行意识形态批判的思路,而且摒弃了后者将抽象的历史哲学和宏大历史叙事解释为文学发展的物质基础的作法。相反,由于文学制度的意识形态对文学艺术领域无所不在的渗透性,以及文学的社会功能以多元、具体的场域(生产、接受、分配、流通)之形式被制度化,要真正历史地揭示社会制度权力对文学场域的制约,就意味着应从具体的历史语境即断裂的、偶然的历史而非线性宏大历史角度把握文学制度和文学的社会功能。

两人的差别在于对文学制度所蕴含的物质层面和意识形态层面的强调各有侧重。虽然比格尔承认文学制度中作为物质层面的各种中介机构如学校、博物馆、教育机构对制度化的文学之生产、接受、分配、消费有重要意义,但他对文学制度的界定仍然从认识论出发:"文学体制这个概念并不意指特定时期的文学实践的总体性,它不过是指显现出以下特征的实践活动:文学体制在一个完整的社会系统中具有一些特殊的目标;它发展形成了一种审美的符号,起到反对其他文学实践的边界功能;它宣称某种无限的有效性。"[①] 贝内特反对比格尔仅从意识层面理解文学制度的作法,认为比格尔从制度框架下思考文学社会功能虽具有方法创新性,但其结论只是对为人熟知的观点的重述,并未提出任何突破性论点。究其原因,主要在于比格尔的文学制度观点停留在抽象的意识含义上,将制度的各种中介机构等物质层面看做传递意识而无任何能动性的空洞的容器,比格尔不过是从反对卢卡奇等人的抽象文学观走向制度分析上的抽象文学观。

由此,贝内特对作为意识形态国家机器的各种中介机构进行了深入思考,试图深化文学制度这一研究论题,而这正是贝内特文学研究在 90 年代的重心所在和突出成就。大体而言,贝内特从三个方面完善和推进了文学制度研究。

首先,将文学制度与话语的物质环境联系起来。这意味着文学制度意识层面必须落实在其具体物质语境即各种中介机构、政策规范上,突出文学制度的物质性维度而非先验抽象性。其次,贝内特认为文学制度的各种机构是建构主体身份的重要力量,但它们影响主体的方式不仅仅是心理层

---

① ［德］彼得·比格尔:《文学体制与现代化》,周宪编:《文化现代性精粹读本》,中国人民大学出版社 2010 年版,第 165—166 页。

面的意识，还包括机构硬件的各种具体技术和程序实践，用以规训个体的身体、信念、态度、情感和思想，维系或改变社会抽象秩序。例如审美艺术的自律性概念便是制度权力建构主体身份的技术之一。最后，文学制度是一个多重因素构成的复杂综合体和组织化场域。文学的生产、接受、分配、消费均受到制度性调控，它们在各种话语物质环境中发挥建构主体身份的作用，物质话语与非物质话语等因素相互影响又彼此渗透，形成一个组织化和规范性的动态网络，"文学"即是受制度调控的物质、非物质的话语、社会、文化、文学文本、个体等各因素处于同一层面的动态场域。

在上述最后一点上，贝内特显然体现了福柯的反主体先验意识的非辩证文化思维。福柯认为，非辩证思维不涉及存在或自然问题，而涉及知识网络，这一思维的突出特点是界定知识之间的同构性，不但要思考知识之间不同领域间的可能性联系，还要思考知识话语与非知识话语间的可能关系，通过其中一方理解另一方，因为彼此相互依存又无法被彼此取代。而关于文学，福柯指出"文学与一个时代思维的所有文化形式和表现同属一个网络"，（文学）"语言的运用方式本身是和思维所有的其他形式密切相关的"①，文学是非辩证思维的组成部分之一。

贝内特以"文学制度"作为自己 90 年代文学研究的主要核心，视文学制度的物质层面和意识形态层面为不可分割的整体，突出文学制度物质层面在建构主体方面的积极能动性。在随后的学术研究尤其是文化研究领域，贝内特对文学（文化）制度物质层面即各种中介机构建构主体的具体方式和政治问题进一步深入细化，成为他研究的重心所在，体现出他学术思想的独创性和鲜明个性。

第三节　审美与主体：作为自我技术的审美

从文学制度的物质层面（各种中介机构或意识形态国家机器）具有建构主体身份的能动作用出发，贝内特重新审视了审美与主体的关系，他认为，文艺审美是教育机制这一意识形态国家机器中的一种审美伦理训练，其目的是生成一种针对自我的特殊道德技术即自我技术。

这从以下两点修正了以往对文学审美的认识：首先，不能脱离社会历

---

① ［法］米歇尔·福柯：《福柯集》，杜小真编，上海远东出版社 1998 年版，第 81—82 页。

史的规定性来理解审美自律问题，所谓审美自律也是社会性制度分化的结果，可以说审美他律是绝对的，审美自律则是相对的，后者不过是前者的征候体现而已。这意味着没有先验的、自足的、饱和的审美概念，只有被不断铭刻上各种社会历史规定性的审美概念。

其次，必须从使文学审美观念进入各种教育实践和制度的具体联系机制入手，洞察审美在建构主体上的能动作用。也就是说，审美最终被铭刻于大众教育机制这一意识形态国家机器中，成为教育关系的一部分。所谓自律的文学审美概念必然要落实在教育机制等制度的物质层面才能得以实施，履行建构主体身份的功能，其具体手段绝非阿尔都塞、比格尔等人仅从意识观念或心理层面，以意识形态质询方式实现对主体的建构，而是通过一系列现实、物质性的手段、程序、实践对个体的身体行为施以策略性影响，使个体在自觉自愿的基础上，自我改变其思想、态度、行为、情感等，建构相应的社会主体身份。从这个角度而言，审美是自我技术的一种，是道德训练机器的一部分，它被整合为用以规范和管理大众的手段，塑造现代公民品质。

最近几年来，贝内特通过对康德及其英国追随者们在审美与自由关系上的知识话语及其得以形成的外部条件进行谱系学考察，进一步指出审美话语是自由治理的权力工具。

一

贝内特上述观点是福柯式的，他将福柯的谱系学运用到美学领域，扩大了福柯权力观在文化审美领域的应用范围，而用福柯式的谱系学重构文学审美领域的前提条件是，贝内特必须在通过批判传统哲学美学的基础上，为确立审美即自我技术这一观点清理出学理上的地界。事实上，贝内特90年代在重构审美领域的过程中，对哲学美学的批判工作多于建设性的建构工作，后者到21世纪时才趋于成形。就对哲学美学传统的批判而言，贝内特是从对西方马克思主义美学和对康德的美学话语这两个方面的重新审视进行的。

首先，在对马克思主义哲学美学的批判上，贝内特认为，马克思主义哲学美学传统的抽象化作法与马克思主义社会化、历史化地认识审美问题的逻辑并不相容，因为哲学美学将文学作品从纷繁复杂的具体历史语境中抽象出来，完全无视艺术作品的社会功能恰恰就源于文本具体接受语境的历时变化和多元因素。文学作品的社会功能被简化为先验意识主体与处于超验地位的审美自律性的艺术品间恒定不变的审美关系，其结果是造成马克思主义美学两个唯心主义变调：唯心主义简约论与审美多元决定的逻辑。

唯心主义简约论是指马克思主义美学一方面尊崇艺术的超验性，另一方面又试图依据特定的社会历史状况解释前者，为解决两方面间存在的矛盾，马克思主义美学"通过将审美对象和审美判断主体视为由它们的历史形成过程为标志来实现的"①。本应对审美对象进行的历史性分析，转向了对审美主体与审美对象之间审美关系的抽象分析，尽管审美主体与审美对象被声称分别是历史化的，但这种历史却是以压抑无数具体、特殊的小历史为代价的宏大历史、抽象历史。它事先假定了一个自我同一的先验主体，把人类意识看做一切生成和实践的原初主体，历史的过程是人类产生意识并实现其自由的发展过程，是精神的神圣展开，有价值的伟大艺术作品体现了这种历史，并被这个在历史中自我生成和发展的主体逐渐认识到，这是黑格尔的绝对精神在马克思主义美学中的重述。在这种审美关系中，各种复杂多元、变化具体的、存在着的历史被过滤掉了，审美对象与审美主体间的关系总是被预先设定好了：主体在宏大历史中自我生成，伟大艺术作品体现了这一过程。唯心主义简化论为抽象出理想化的审美关系，不惜放弃真正存在着的历史和语境，转而乞求宏大历史和抽象历史，以之作为马克思主义美学社会分析的历史化道路。

对审美多元决定逻辑的批判体现了贝内特对西方马克思主义美学内部坚守的"文学自律性"的反对。在贝内特看来，西方马克思主义美学始终持有文学审美自律性的论调。为说明文学具有区别于其他符号形式的独特性和自律性，马克思主义美学从千差万别的文学作品中抽象出共同的形式结构等内在规定性，事实上使文本脱离了社会历史具体性场域。更为重要的是，马克思主义美学为强调文学自律性所具有的独特功能，将文学审美置于科学、意识形态等三元差异性结构关系中定义文学自律的审美功能。但是，这个三元结构关系中的每一项都不是稳定的，比如意识形态这一范畴自身就有很大的变动性和不确定性。同样，科学被视为意识形态的

---

① 托尼·本尼特：《本尼特：文化与社会》，王杰等译，广西师范大学出版社 2007 年版，第 26 页。

对立面，但近年来的争论表明，科学与意识形态并不存在决然对立的状况。在这种情况下，依赖科学、意识形态和文学审美三元差异关系确定文学自律性和文学本体地位，显然存在着理论逻辑上的错误和文学身份根本无法确定的事实。

其次，贝内特追本溯源，通过检审自康德以来近代美学话语所建构的普遍审美主体和审美自律，展开对马克思主义哲学美学建构的普遍政治主体的批判。近代美学以启蒙理性理念为基础，其核心是主体性，因此是主体性美学。在美学史上，康德首次明确地从主体性角度探讨审美活动，从人的主体审美能力而非审美对象理解审美和美感，他说："为了判别某一对象是美或不美，我们不是把（它们）表象凭借悟性联系于客体以求得知识，而是凭借想象力（或者想象力与悟性的结合）联系于主体和它的快感和不快感。"[1] 康德哲学体系设计了理论理性批判和实践理性批判两大支柱，前者是人为自然立法，关涉人的认识能力和知性能力等认识论，认为人只有先验地拥有统摄感性材料的认知统觉范畴和时空感性直观等认知框架，才能把握自然普遍必然性的真理；实践理性探讨的是人的自由意志即欲望能力，涉及人的行为和伦理学，主张人为自己立法，强调树立在逻辑上具有理性一贯性的主体性意志结构，于实践中为自己的自由意志行为建立一条法则。

为使截然二分、彼此对峙的认识能力与欲望能力、必然与自由、感性与理性结合起来，康德寻找到沟通两者之间的桥梁和中介：鉴赏力的判断即审美判断。康德发现人类有认识能力、欲望能力和情感能力三种能力，审美判断涉及情感能力，它与认识能力和欲望能力一样具有先验原则。审美判断属于反思性判断，它不把知性范畴和概念运用到经验材料中从普遍到特殊、从抽象到具体自上而下地进行判断和规定。相反，它从丰富多彩的具体经验现象中反思、寻找其中的普遍性，这个普遍性并不在客体对象中，而是在主体中，是主体的一种普遍性，这不是主体规定对象，而是从对象反思自己的主体，寻找一种主观普遍性，它是我们的普遍情感即审美共通感。[2] 审美共通感是反思判断的先天原则，也就是说，主观情感有一种共通感，这种共通是先天普遍的。康德以主体共通情感为根据建立了自

---

[1] ［德］康德：《判断力批判》，宗白华译，商务印书馆1996年版，第146页。
[2] 邓晓芒：《康德〈判断力批判〉释义》，三联书店2008年版，第31页。

己的审美判断先天原则，显示出康德美学张扬审美主体性的独特价值。

康德把对美和美感的理解定位于人的主体能力，认为审美主体就是在审美活动中具有审美能力的人，他从质、量、关系、情状四个契机分析审美判断。它们包含对审美主体的诸多规定，这为建构审美主体提供了理论依据，也界定了审美主体与非审美主体的区分。① 在康德看来，审美活动有一系列的先天原则，它们分别是"无利害性""无目的的合目的性""无概念的普遍性""非概念的必然性"，它们是生成审美主体的绝对前提，而构成审美主体的关键因素是审美共通感这一客观性的主观性。

先天原则所包孕的对审美主体的规定性事实上强调了审美主体进行审美活动所必需的审美能力，后者被称为"审美判断力"或"鉴赏力"，它是普遍化、客体化的主观情感能力，融想象力和知性为和谐一体，达到无利害性的愉快和自由的审美体验。只有拥有反思判断力即审美鉴赏力的个体，才会成为真正的审美主体；反之，不具备鉴赏力的个体则不能成其为审美主体。在康德看来，作为反思判断的鉴赏力是一个从低级到高级发展的过程，借助文化和教育，鉴赏力便可有所提升，高层次的鉴赏力体现出完美和谐的人性。

同时，康德极力强调审美普遍性，指出审美判断是反思判断，不是规定性判断，前者从特殊寻找普遍，而非由普遍概念规定特殊事物。在康德美学体系中，审美与普遍性紧密相连，如此，人才可最终走向自由之境。在康德美学中，与对审美主体规定有关的普遍性主要包括审美无功利性和审美共通感。康德坚持认为，纯粹的审美判断是不受利害计较的侵蚀而引起纯粹愉悦情感的，"每个人都必须承认，关于美的判断只要混杂有丝毫的利害在内，就会是很有偏心的，而不是纯粹的鉴赏判断了。我们必须对事物的实存没有丝毫倾向性，而是在这方面完全抱无所谓的态度，以便在鉴赏的事情中担任评判员"②。正是审美主体所具有的无利害性的态度导致了审美的普遍性；反之，具有任何私人化倾向的审美态度不是纯粹的趣味判断，它不具有普遍性，无法引起不同于善与快适的普遍愉悦的审美体验，这样的个体也不能成为理想的审美主体。

---

① 朱鲁子、马欣：《历史维度中的审美主体与康德美学的四个契机》，《理论与现代化》2009 年第 5 期。

② ［德］康德：《判断力批判》，邓晓芒译，人民出版社 2002 年版，第 39 页。

审美的普遍性还建立在审美共通感的基础上，审美共通感是客体化的普遍主观情感，它是判定个体是否拥有审美能力的先天原则，是个体是否成其为审美主体的核心所在。康德指出："但人们必须把'Sensus communis'（共通感）理解为一种共同的感觉的理念，这种评判能力在自己的反思中（先天地）考虑到每个别人在思维中的表象方式，以便把自己的判断仿佛依凭着全部人类理性，并由此避开那将会从主观私人条件中对判断产生不利的影响的幻觉，这些私人条件有可能会被轻易看作是客观的。"①

康德用审美共通感这一先天原则作为规定审美主体是否可能的前提，为现代美学建构审美主体提供了理论基础，而康德对审美主体的建构使用了普遍价值话语的形式，也深深地影响了西方现代美学的话语形式。康德的先验主体美学对审美主体的设定是形而上的和非历史的，他所认为的美是主观的、无功利的、无目的的，与先验的合于道德法则、合目的的是矛盾的。康德没有从历史角度认识主体的审美判断能力，这为马克思主义美学从社会实践角度理解审美主体和审美判断力的历史生成性提供了契机。

马克思主义美学认为，审美主体和审美能力是在"人化的自然界"和物质实践中得以生成和确证的，不同历史阶段和个体社会身份上的差异，审美主体的审美判断力也会有所差别，审美主体的建构是社会历史的结果而非先验感知能力。但马克思主义美学与康德美学也保持了某种内在的逻辑一致性，两者都张扬审美主体性，将审美普遍性和审美自律作为审美的最终归宿和人类的审美理想，体现出启蒙理性的人道主义的价值诉求和意识形态，而这些正是以后现代主义者身份自居的贝内特所力图反对的。

和所有坚定的后现代主义者一样，贝内特质疑审美主体性和任何普遍性的合理性，不承认审美主体、审美自律的先验地位，而诉诸他者性。后现代思想的他者性是对现代主体哲学的反拨，它认为绝对的他者而非自我才是本原，他者规定了我的存在，我是为他者的伦理性的存在。福柯把权力当做决定一切的他者，认为权力支配世界，规训着人，主张解构主体："我们必须抛弃构作性主体（constituent subject）并废除主体本身。也就

---

① ［德］康德：《判断力批判》，邓晓芒译，人民出版社2002年版，第135页。

是说，要通过分析来说明主体在历史框架中的构成过程。"① 后现代主义美学是他者性美学，它认为，艺术是语言符号的自行活动，是无主体的能指的游戏，而不是主体的创造，从而破除了主体性迷误。② 在审美自律问题上，后现代主义美学以反对本质主义为由，认为审美无本质，美学不过是一种相对的知识，是历史性的话语建构，并无绝对的审美自律和审美超越性等质的规定性。贝内特正是站在消解审美普遍性、否定审美主体、反对绝对审美自律的后现代美学立场上批判康德及其追随者的哲学美学的，思考审美与他者性的权力间的内在关系，提出审美是权力的自我技术的观点。

贝内特指出，自康德以来直到马克思主义哲学美学，均采用了普遍价值话语的形式来建构普遍审美主体，从普遍审美判断能力这一先验层面理解审美主体性。不论是康德的先验美学、黑格尔的唯心主义美学，还是马克思主义美学话语如卢卡奇的历史主义美学，再到费舍以个体生物为基础建立的审美判断，所有的美学话语分享一个共同的结构：致力于建构审美主体，无论是先天的自我的生成，还是后天的历史文化原因，个体总有一天会拥有普遍审美判断力而成为真正的审美主体。这一断言事实上是以普遍价值话语的形式裁决个体是否有（审美判断）能力成为普遍审美主体的。美学话语以同质化的抱负和普遍化的野心否定和排斥了丰富多元的差异性，它将特定时代和特定群体的审美价值标准设定为普遍价值标准，并依此建构普遍审美价值主体的位置，规范和裁定个体，普遍价值主体的位置可以拒绝不符合一定价值标准的个体，但不能为个体所拒绝。

除普遍性霸权外，贝内特还认为，美学话语所建构的审美主体和审美客体的关系事实上将资本主义差异性象征秩序合法化、客观化了。自康德以来，审美话语得以确立的基本前提是主客体二分的存在模式，由此决定了审美话语的问题域集中在主体与对象及其关系上，在美学领域为主体认识客体清理出认识论空间。美学承袭着自笛卡尔以来意识哲学的任务，把审美活动规定为认识活动，把审美主体界定为认识主体，在主客体两个方面，也就是在存在论的两个方向上揭示出美与艺术作为认识对象的审美客

---

① 转引自杨春时《论现代美学的重建：超越现代主义与后现代主义》，《厦门大学学报》2012 年第 3 期。

② 同上。

体的独特性,以及审美作为一种主体活动的主体性的前提和内在机制。这两个方面就是美学研究的两个方向和前提。①

审美客体是从审美主体角度得以规定的关系性现象,它具有令人愉悦的性质:非概念的普遍性;无目的的合目的性,是艺术实践的精神效果而非客体本身的外在属性。但一旦审美主体被规定为是承担认识和经验客体的普遍主体,一旦上述主体建构的客体属性被普遍化、价值化,审美话语的重心就从普遍审美主体转向了客体:审美主体所做的便是认识和经验已然隐藏在客体深处的价值和属性。由此,便有了如下效果:审美客体中隐含着需要被揭示和认识的美的秘密属性,后者充分而自足;个体必须拥有遵循普遍审美原则的纯粹审美判断能力,能够分辨和认识审美客体的美的秘密,如此才能成为真正的审美主体。而未能领悟审美客体中美的属性的个体或者由于感官认知缺陷,或者源于后天文化和社会环境的原因,为此,使审美主体免遭异化、追求人性和谐便成为审美话语的政治抱负和理想。

在贝内特看来,建立在启蒙理性基础上的主体性美学话语,其普遍性的价值话语形式充斥着差异化的排斥统治逻辑,它将资产阶级理性原则和价值判断规定为普遍价值话语,任意武断地排斥了不符合其审美价值标准和利益的个体,并将之定义为认识能力和文化上存在缺陷的大众,最终导致文化偏好。诚如布迪厄所揭示的,"康德的审美无功利性将资产阶级道德风尚理性化",以服务于特定集团和阶级。②

康德的后继者或者如卢卡奇等人以历史自恋的名义把审美主体异化的原因置换为现实历史原因,或者如舍勒那样把社会能动者缺失普遍审美判断能力的原因归诸为文化生物动因。所有的美学话语均认为审美价值最终体现在客体特征上,不能对其进行正确的审美判断是审美个体的失败和不合格,而消除阻碍个体成为真正审美主体的障碍(个体能力的或文化的)是美学文化的政治任务和理想。同样,贝内特认为,马克思主义美学虽设定被压迫阶级为审美主体,却仍然继承了资产阶级普遍化的审美价值标准和排斥原则,如此建构的理想审美政治主体在当代多元化的政治语境中不

---

①　刘旭光:《审美主体性的确立——康德美学思想存在论的基础研究》,《人文杂志》2012年第3期。

②　Tony Bennett, *Outside Literature* (London and New York: Routledge; New York: Methuen Inc. , 1990), p. 158.

但维系着统治秩序的差异化逻辑，而且不具有任何政治解放力量。马克思主义哲学美学政治继承了唯心主义美学话语，属于审美乌托邦，它把"革命解放力量放在想象中的主体解放上，没有真正付诸革命实践"①。

二

在批判了马克思主义美学唯心主义变调和否定其建构的虚幻普遍审美政治主体之后，贝内特随之从外部视角出发，得出"审美是自我技术"与"审美即自由治理的权力工具"等论断。前者涉及审美与主体的关系，后者直接与权力相关，"权力"是这两个论断的核心所在。

就审美与主体的关系而言，贝内特反对自康德以来建构的任何主体性美学思想，拒斥鼓吹主体性精神的意识主体美学，他力主取消审美主体，转而诉诸作为他者性的文化权力对社会个体的规训和控制，认为审美是文化权力的工具和技术之一，这是一种建立在自觉自愿基础上的自我技术，作用于社会个体的身体、意识、情感、态度等。主体性美学传统规定了一个以自我意识为核心的审美主体，肯定审美的超越性和自由性，张扬理性精神而排斥身体性。黑格尔提出了"美是理念的感性显现"的命题，青年马克思认为美是人化自然的产物，是人的本质的对象化，建立了主体性的实践哲学美学。现代生存美学如叔本华、尼采、海德格尔和萨特都认为审美是主体性的超越活动，是自我的自由选择和创造。

相反，贝内特却透过审美的超越性和自由性在社会现实中发挥的功能，看到了它们无不受制于权力制约的事实。如果说，审美自律是相对的、暂时的，那么受制于权力的审美他律则是绝对的、本原的。因此，并不存在完全意义上的审美主体，也没有完全意义上的审美自由和超越性。审美自律性和超越性不过是权力阴影下的幻觉和征候，是文化权力用以规训、改造社会个体的工具和技术，审美即是个体的自我技术。

自我技术是福柯晚年提出的概念。福柯曾指出实践理性有四种技术：生产技术、符号系统技术、权力技术和自我技术。所谓自我技术是："个体自己或者在他人的帮助下对自己的身体、灵魂、思想、行为、存在方式

---

① Tony Bennett, *Outside Literature* (London and New York：Routledge；New York：Methuen Inc.，1990)，p. 146.

等施以影响，自我改变，达到幸福、纯粹、智慧、完美或道德的状态。"①四种技术彼此交融，每一种均训练和改变着个体的情感态度和行为。前两种技术涉及科学和语言学，后两者与统治和自我相关，它们是福柯晚年经验研究的重点，福柯认为，对他人和自我的统治技术便是治理性。福柯晚年的研究集中在自我技术的统治上，即个体如何以自我的方式作用于自身。他用经验分析研究古希腊罗马哲学史和基督教文化关于自我如何管理自身的伦理文化和哲学话语，说明科学这一真理游戏在人类理解自我过程中如何转换为自我技术。福柯认为，古希腊初期的主导话语是"关心自己"，后来才被"认识自己"所取代。基督教自我伦理文化存在三类自我检审的方式：改变自身的思想与现实保持一致；改变自身思想与秩序保持一致；检审自身，发现隐秘的思想与内心不纯洁性的关系。

贝内特将福柯关于古希腊罗马和基督教的伦理哲学话语是自我技术的论断运用于当代文化和审美领域，指出文化和审美便是个体管理自我的统治技术，以获得幸福、纯洁、道德的状态。更为重要的是，这种权力技术改变的不仅仅是个体思想意识，而且直接作用于个体的身体、行为、态度和灵魂。并且，审美和文化无不身处在制度语境中，受其制约和部署。同时，文化和审美作为自我技术绝非在思想的真空中运作，它还有着坚实的物质载体和支撑：大众教育体系。正是意识形态国家机器的大众教育体系这一制度物质层在其中发挥着关键的作用，它将文化、审美与个体联系在一起，也把权力深深铭刻在个体的身体和灵魂中，改造和规训个体，使其成为符合某种统治秩序和利益要求的特定社会主体。

贝内特引证伊恩·亨特对浪漫主义美学与现代教育之间关系的具体分析来阐明自己的"审美是自我技术"的观点。亨特认为，浪漫主义"所提供的不是一种文化和社会的理论，而是一种审美——伦理的训练，其目的是生成一种针对自我的特殊类型关系，通过这种关系又生成特别范畴的人的道德品行和风尚"②。浪漫主义美学作为自我实践技术并非是必然的，而是偶然地铭刻在现代教育体系中，形成一套新的教育关系，让个体自我

---

① Michel Foucault, "Technologies of the Self," *Ethics: Subjectivity and Truth —Essential Works of Michel Foucault, 1954 -1984*, edited by Paul Rabinow (New York: The New Press, 1994), pp. 224 - 225.

② 托尼·本尼特：《本尼特：文化与社会》，王杰等译，广西师范大学出版社 2007 年版，第 55 页。

改造和实践，被形塑为现代市民，艺术审美是治理性的重要手段之一。亨特追溯了 19 世纪英语语境下大众教育的形成，大众教育逐渐成为道德规范和标准化的国家机器，它建构了新型的教育关系，学生行为、思想、感觉和情绪通过对作为道德楷模的教师的规范化凝视而得以纠正和标准化，并最终内化为自觉自愿的行为和思想，形塑为特定的社会主体。文学审美在这一道德训练机制中扮演着极为重要的角色，通过对文学文本的阅读和写作，纠正和规训学生的行为和思想。可以说，英语文学审美被铭刻在大众教育的标准化管理背景中，它是一种强大的道德技术，通过它，浪漫主义美学话语发展起来的自我修养技术也最终铭刻在这种特殊的教育功能上。因此，审美参与了文学的教育功能，它逐渐融入教育体系这一国家机器中，是个体自我技术实践的一部分，是规范民众德行的手段。就广泛的社会领域而言，它更是社会管理手段和治理性的组成部分，建构着现代公民的身份。

审美作为权力的工具，改造和规范着个体的行为和思想，进而在更广泛的社会领域产生影响，成为治理性这一政治权力的一部分。审美如何成为治理性的一部分？又如何在社会领域发生作用？这是贝内特在 21 世纪针对美学所思考的重心。贝内特通过对康德及其英国的追随者们在审美与自由关系问题上的美学话语进行的谱系学考察回应了上述问题。

康德最早将审美与自由联系起来。在《判断力批判》中，康德指出艺术活动是以理性为基础的自由意志活动的创造，它不同于其他意志活动如信仰、宗教、道德、法律等的地方在于，艺术是凭借完全无利害观念的快感和不快感对某一对象或其表现方法的判断，是不凭借概念而普遍令人愉快的，它是非功能性和无目的性的合目的性。换言之，艺术活动也是审美过程，而自由是审美情感的重要特征，康德的审美自由感是"表现于人的情感活动中的经验性的自由"，是人们在审美经验中体会到的自由愉悦，但又与感官的快感和道德感不同，"审美的心理活动与利害无关，所以不是实践活动；与概念无关，不是认识活动；与目的无关，不是道德活动。它只是对象形式符合主体想象力和知性力的自由活动而引起的愉快不愉快"[①]，审美活动是一种纯粹的情感，是与客体对象的实际存在无关的无利害感。这意味着审美活动是一种关乎内心体验的自由游戏，实现着理

---

① 洪永稳：《简析康德美学中审美与人的自由》，《安徽大学学报》2004 年第 3 期。

性与感性的统一。

康德关于审美的自由性和超越性的论述对后世影响甚大,我们现在常说的美感具有的直觉性、无功利性、愉悦性及创造性,均源自康德的启发。贝内特的兴趣并不在对审美与自由关系问题的具体论述上,而是考察康德及其英国的后来者在审美和自由关系问题上的美学话语所引发的社会效果和功能。贝内特认为,康德关于审美和自由的美学话语对英国的自由政治思想和教育产生了持久而深刻的影响,人们普遍认为艺术和审美的自由性与无功利性可用来培养个体的心智,教化公民,促进社会改革。如文学批评家约翰·凯里(John Carey)在《艺术有什么益处》中提出,文学作品是消除酗酒等恶习的有效良药,阅读文学作品有利于培育工人阶级的思想,改变其生活方式,提高其文化修养。这说明审美从其社会功能角度而言,是个体的自我技术,是治理机制的一部分。

那么,审美的自由性和超越性是如何被重新定义成为治理工具的?或者说,审美的无功利性如何被利用?其社会功能与作为权力的治理性如何关联的呢?贝内特详细分析了沃尔夫、康德以及美学家沙夫茨伯里(Shaftesbury)等人的美学话语与18世纪政治家亚当·斯密(Adam Smith)的自由治理思想,通过考察这些美学话语的外部历史条件,呈现美学话语与治理权力间千丝万缕的关系。

贝内特发现,从德国唯理主义美学家沃尔夫那里,审美便与治理有所关联。沃尔夫赋予理性逻辑以行使统治的最高地位,认为具有理性能力的哲学家才是最好的统治者,而审美判断则属于较低级的直觉能力,需要较高能力的知识理性的指引和修正。这种划分成为普鲁士帝国语境中统治者与被统治者关系的符码指涉:君主和统治者拥有较高级的理性逻辑能力,而普通大众则仅具有诸如审美等较低级的直觉能力,故需要前者的引导和统治。随后,霍布斯主义者们复兴了沃尔夫的观点,并将之进一步运用到政治统治中:社会秩序由上而下加以管理,处于上层的哲学家和国王用较高能力的理性管理下层无知的民众。此时对市民社会成员的治理是强制性的,所谓的自由和自治均是在外力推动下或强制或被迫学习而获得的,而非个体出于自觉自愿的活动。

正是沃尔夫对审美是一种独立的判断之否定,审美问题才在18世纪中叶的德国政治中显现出来。德国美学之父鲍姆嘉登和哲学家赫尔德在拆解沃尔夫关于审美判断的观点上起了关键作用。他们最大的功绩是承认审美是一个独立的判断领域，虽不完全屈从于理性，但仍要受到理性的监护。到了康德那里，审美作为独特的鉴赏判断能力，才从理性中真正独立出来，并确立了审美独立的自由内涵。他的《判断力批判》发表于1790年，对德国1806年的政治改革起了重要作用，这次改革标志着德国从管制国家向法制国家的转变，而康德的美学思想在这一过程中发挥了使文化、审美中的自有内涵内化为自我形构中的一部分作用。

康德建构的审美判断自由主体进入英国，成为湖畔派美学思想和英国艺术博物馆实践的指导核心，他所张扬的审美无功利性、审美判断、自由等观念体现了资产阶级人道主义实践和英国18世纪盛极一时的艺术鉴赏话语。18世纪，在沙夫茨伯里和亚当·斯密等人的美学与政治话语里，审美自由性进入自由统治的技术行列。沙夫茨伯里首次为审美判断成为英国的自我管理和自我改造的治理工具开启了空间。由于社会个体的自我管理能力各自有别，这种具有差异性的自我管理能力成为自由治理的主要手段。沙夫茨伯里认为，只有以下几类人才拥有无功利性的审美鉴赏判断能力，可以真正做到自我管理：自由的财产业主、武力统治者、自由职业者。这几类人超越了现实、物质、欲望等利害打算，有能力对美进行理性而纯粹的审思，也有能力自我管理并统治他人、判断艺术品。这便在审美能力上排除了普通民众，认为他们无法进入真正的审美活动中，无法获得审美的自由性，不能进行自觉自愿的自我管理，在政治上只能由他人引导和统治，沦为被统治者。

沙夫茨伯里依据审美能力来差异化社会个体的作法，其实质"与其说使不公平合法化，不如说生产和标示出政治分化，它从艺术鉴赏判断的角度将个体分为统治者和被统治者。它积极参与到对市民的治理机制中，生产和区隔政治差异权益"①。同时，沙夫茨伯里和亚当·斯密都对自我活动的机制有过详细的论述，提出内在自我如何分裂为监视的自我与行动的自我，以说明人如何成为自己的统治者和管理者。美学话语使个体以自我管理的方式成为治理性技术的组成部分。

美学话语建构的审美自由性、超越性在其社会功能上成为个体的自我技术而与治理权力相关联，这种以"自由"为名的文化技术，是权

----

① Tony Bennett, "Aesthetics, Government, Freedom," *Key Words: A Journal of Cultural Materialism* (2008 – 9), 6: pp. 76 – 91.

力工具的一种，它促使人们积极自由地参与监督、调节和改变自身行为的工程，而这些改变均与治理理性的规范和目标相吻合。① 美学知识话语所建构的审美自由性作为治理性工具，在社会领域中产生作用的具体机制和过程又是怎样的呢？或者说，与治理性息息相关的审美与自由在社会领域如何发挥具体作用？贝内特认为，这并非仅在观念思想中发生，它有着坚实的物质条件基础，是一整套由物质、机构、话语技能共同组成的独特历史部分和生产过程，贝内特将这一过程称为"聚合中的文化"（Assembling Culture）。"聚合中的文化"是贝内特最近几年在文化研究领域提出的新观点，它强调文化的实体物质性，是对霍尔等人在语言学推论模式基础上所建构的文化研究方法的非历史化反拨。"聚合中的文化"主要指文化和审美通过人为的、物质的、技术的、机构的过程而变得有形和可见，并在新的环境中被表演，产生新的关系和意义。"聚合中的文化"同时也突出审美和文化实践是一个由各种因素如物质、技术、人力、符号、机构等组成的网络，这个网络在聚合过程中，重新生发出不同于原有意义的新意义和关系，最终作用于人们的社会行为，从而改变社会。其中，机构承担着聚合各种因素、生产和传播新意义和关系的关键作用。审美、文化及其隐含的自由，就其功能而言，是一个在各种因素聚合的坐标轴上不断运作的能指，其所处的位置变化决定了它们的功能和意义的变化。

　　贝内特借鉴福柯的治理性，从审美与自由所产生的社会功能角度认识审美和文化，认为制约其社会功能的主要历史动因是治理权力，得出审美是自我治理技术的论断。这一认识打破了以往将审美和自由看做不受任何现实和社会干扰的纯粹之境的传统。贝内特的美学思想侧重于审美的他律性，他将福柯的治理性观点运用到文化审美领域，开拓性地提出审美是自我技术和治理性工具，这是对以往审美自律性具先验地位的唯心主义认识的反拨，在社会功能和权力机制角度重新审视审美他律性，为历史地研究审美自律与他律的问题提供了新线索。

　　更为重要的是，他提出的审美和文化的治理性、"聚合中的文化"等观点极富创新性，不但在研究方法上突破了英国文化研究的语言学模式，

---

　　① 王杰、徐方斌:《美学、社会、政治——托尼·本尼特访谈录》,《文艺研究》2011 年第 3 期。

而且在理论上填补了福柯遗留下来的关于知识和权力如何结合，如何在社会层面运作等方面的空白。审美（文化）治理性和"聚合中的文化"等概念的提出，是贝内特在90年代以后从事文化研究的重心所在，也是对文化研究的理论贡献。

　　贝内特提出的审美治理性也存在一定的问题。贝内特打着反对本质主义和决定论的旗号，认为审美是一种相对性的知识和历史性的话语构造，并无质的规定性，他消解了审美自律性和审美自由的绝对地位，将审美完全置于权力控制之下。这不但有权力决定论之嫌，实际上也忽视了审美体验所具有的自由感、超越感这一经验事实，取消了审美与艺术的自身规定性，否定了审美的超越性、自由性的本质，最终也否定了审美。

第四节　文学政治：以制度政治消解
意识形态政治

　　文化政治一直是英国文化研究理论与实践的出发点和核心诉求，文学作为文化重要的组成部分，势必成为文化政治博弈的一个重要场域。作为英国文化研究第二代代表人物，贝内特在文学地基上积极呼应文化研究的政治旨归，"文学政治"在贝内特的文学思想中占据重要位置。"文化"的含义，自威廉斯将其界定为"人们的整体生活方式"和日常生活经验以来，便获得了人类学的意义，拓展了文化政治的可能性疆域。英国新左派始终以激进的政治姿态积极介入文化领域，宣扬"文化政治"，意图表明文化是政治斗争的新场所，文化与政治之间具有内在的关联性，"文化在政治前是犹豫不决的，它以超越日常兴趣和社会生活中对抗的价值的名义抵抗政治……然而，左派文化政治最近的发展导致了相反的方向。'文化'被理解为社会关系中意义的重要时刻，显然不再是自由传统中置于神龛中的实体，而被一般地赋予了一种相似的权威性。文化远不再受制于外在的政治考验，它本身已经是政治的了"①。文化批评在葛兰西、阿尔都塞、威廉斯、福柯等人的理论影响下，主要从权力角度把握文化和日常生活的政治关系，达到对政治的某种关切，这便把政治理解为某种权

---

　　① ［英］弗朗西斯·马尔赫恩：《当代马克思主义文学批评·序言》，刘象愚等译，北京大学出版社2002年版，第30—31页。

力关系。"因此，文化批评的文化分析方法事实是一种意识形态分析和权力透视，旨在揭示权力对日常生活的渗透以及对其的抵抗，即所谓的抵抗诗学和介入政治。"①

贝内特在 20 世纪 80 年代的文学批评理论建树，主要反对文学批评拘泥于阐释功能的现状，倡导在更宽泛的文化领域内分析文学的意识形态功能，力图从当时盛极一时的文本意指批评范式转向侧重生成某种政治效果的介入式文学批评范式，提出文学批评的对象是"阅读形构"而非文学文本，确立文学批评活动自身的政治属性，呼吁一种"介入式文学批评政治"。这一时期，贝内特切入文学政治的权力依据主要以阿尔都塞、葛兰西、拉克劳等人的意识形态理论为主。

到了 90 年代，贝内特更多地吸收了福柯的微观权力观念，其文学政治一反早期的意识形态理论框架，尤其反对意识形态基础上的宏大权力，转向更具地方化、区域化的微观制度权力。由于权力观的转变，贝内特这一时期从以下几个方面重新思考了文学政治：首先，对以萨义德、詹姆逊等人为代表的总体化文学政治予以尖锐批判，赞同一种更为地方化的微观文化政治；其次，在文化研究的微观政治内部，反对新葛兰西主义建基于思想意识领域的意识形态文学政治，指责其无法解释具体机构的权力运作及其对社会行动者的组构，呼吁一种侧重于身体践行的微观文学制度政治，提倡在制度内策略性地实施文学批评的抵抗实践。

由于一向反对文本本位主义而强调文学文本的功能与特定社会语境间的互—文动态场域，贝内特的文学政治也同样悬置文本意指不论，转而专注于文学批评话语实践所产生的政治功能，阐发其间隐蔽的权力及其与社会能动者的关系和相应的抵抗实践。20 世纪 90 年代，贝内特在权力观上从新葛兰西主义的意识形态权力范式完全转向福柯的身体政治学。前者将意识形态作为权力的工具，侧重意识形态间的斗争，后者的权力焦点落于各种技术性的实践和程序上，认为各种制度性的权力技术与知识制度联合，控制着个体，将后者建构为特定的社会主体身份。

贝内特从福柯的权力—知识话语角度重新审视文学批评活动的属性，认为文学批评作为有关文学的知识话语，实则是身处特定制度中的

---

① 张永清：《马克思主义批评的"文化转向"》，《西北大学学报》2012 年第 2 期。

权力技术的一种，它对文学文本进行了策略性编码操纵，"通过误读与它所提倡的正读之间的关系把读者道德地组织起来。"① 貌似中立的文学批评实践总是内在于特定的制度语境中，它规范相关的阅读方式，制定出一系列关于文学的审核评估标准，以此改变个体的身体践行，塑造形成特定的主体身份，是个体在审美、道德或认识上用于自我治理的技术之一。

与同时代的文学批评思想相比，贝内特的文学批评观有两个突出特征：文学批评是铭刻着特定制度背景的知识——权力技术；它作用于个体的身体和行为而非意识思想。在这两个特征中，前者凸显文学批评政治所具有的境遇性、地方性、离散性和微观性特质，后者表明权力与主体的关系主要基于身体践行而非仅意识思想层面。贝内特对自己上述文学政治观的表述主要以反证的方式，通过对以萨义德、詹姆逊等人为代表的马克思主义所持有的宏大文学政治姿态的批判和对新葛兰西主义基于意识形态理论的微观政治的否定性分析，侧面表达自己的文学政治的。

贝内特对萨义德和詹姆逊的指责主要针对他们坚持的总体化文学政治的同一性和普遍性倾向。众所周知，在各种后学盛行的当代批判理论景观中，萨义德和詹姆逊的文学政治规划仍怀有对自由、平等、正义、真理、客观历史等现代启蒙理性的普遍价值诉求。萨义德的后殖民理论在对西方殖民话语霸权的解构和颠覆中，渴求全球文化政治新秩序尤其是东西方文明新格局的文化政治抱负。他的文学批评立场和理念以"世界性"为核心，要求"思想从制度性的镣铐、从异化的困境中实现自我解放，进而将人类引向自由超越，将历史引向变革后的未来"②。所有这些无不体现出萨义德文学政治的新人文主义理想和与启蒙现代思想的渊源关系。詹姆逊是当代美国新马克思主义者，他从经典马克思主义的基础——上层建筑模式出发审视和批判后工业时代资本主义文化逻辑与隐藏其后的整体性制度，他不但强调一种总体性的批判分析方法，而且力图唤醒人们的总体性意识作为改造现实世界的政治策略。在当代颠覆一切元叙事和总体化的"后学"时代，詹姆逊文学政治所坚持的"总体性"是对卢卡奇等西方马

① 托尼·本尼特：《本尼特：文化与社会》，王杰等译，广西师范大学出版社 2007 年版，第 61 页。
② 陶家俊：《西方文论关键词 萨义德》，《外国文学》2012 年第 3 期。

克思主义传统的重申和正名。

　　萨义德与詹姆逊对普遍性与总体性的坚持自然招致维护差异性、拒斥总体性的后现代主义者贝内特的不满和尖锐批判。贝内特指出，以萨义德与詹姆逊为代表的当代马克思主义文学批评与总体化观念再度结盟，忽视了更为地方性的日常生活政治，他们回归到以转变主体意识为旨归的阐释性文学批评策略的老路，力图用文本评论的形式占据道德、认识和政治上的总体化这一特权位置。并且，两人都赋予特定的文学批评活动（马克思主义文学批评）以认识论的特权和真理言说的合法性。其结果是，文学批评似乎拥有一种与生俱来的不变的功能：改变主体意识。贝内特认为，这种总体化的文学批评观念完全忽视了批评活动功能的动态性、差异性和历史情境性，因为文学批评活动也是社会实践的一种，与权力有着千丝万缕的关系，它居于特定的制度话语空间中，是一种权力实践技术。萨义德与詹姆逊所谓的阐释性批评也是身处特定制度性话语空间的一种批评实践策略和权力技术而已，其功能在于以对文本文学符号的解释来转变主体的意识，它并非是与权力无涉的中立客观的不变真理。

　　比如，萨义德的文学批评便将个体的批评意识抬高到可超越于理论上的世俗性与被体制束缚的文本化间的对立之上，成为趋向完美的动力和手段，批评家由此获得了一个非常优越的位置以表述世界而非世界表述自己，用人文知识的优越性抵抗主流文化权力和科技理性。萨义德的文学政治问题在于，它重复着阿诺德等人的普遍化批评话语，无视批评实践特定的、具体的制度性背景，它将"文学文本构成为总体化评论的场所，从不考虑历史特定环境……现在他们显然遗忘了这种历史特定环境，但正是它将这样的文本安置于（话语与制度）的空间之中"①。

　　同样，在贝内特看来，詹姆逊的问题也在于对"总体性"的重申。詹姆逊的马克思主义阐释学赋予马克思主义以元符码的地位，认为马克思主义是不可逾越的视界，它能以大写的历史叙事形式将所有的阐释范式囊括其内，"以较为精确的历史语言来叙述当代的理论潮流及其历史"②，在

---

　　①　托尼·本尼特：《本尼特：文化与社会》，王杰等译，广西师范大学出版社 2007 年版，第 298—299 页。
　　②　[美] 詹明信：《晚期资本主义的文化逻辑》，陈清侨等译，三联书店 1997 年版，第 331 页。

当代各种批评话语中唯有马克思主义才能提供一种"在哲学上自洽的，而且在意识形态上令人信服的解决"①。贝内特指出，詹姆逊将马克思主义阐释视角总体化、普遍化与真理化了，这忽视了文学批评的政治实践可能具有的更为微观与局部的政治，"它预先抽空了这样的实践的政治（笔者按：文学批评作为解释实践）功能有可能遭遇到更为局部和精确的预测的一切基础"②，而被抽空的微观、局部的政治是在特定制度语境下被组构的读者的阅读形构和具体的批评实践等互—文空间。贝内特继续指出，即使文本真存在詹姆逊所言的"政治无意识"，那这种集体无意识也必然是历史特定的、根植于特定制度语境的话语实践的产物，且随不同的社会阶层的区隔而有所不同。詹姆逊将马克思主义表述为在自我总体化的运动中以大写历史的形式不但成为历史的叙事，且成为历史本身，并一劳永逸地等待着故事以同一种方式发生和被讲述。

贝内特指责萨义德与詹姆逊用批评的修辞试图修补已经破损不堪的马克思主义总体化，遮蔽了文学批评在特定的领域所引起的某些具体的政治问题，尤其在主体身份、历史等问题上。关于主体身份，萨义德与詹姆逊认为，文学批评只有通过文本才能对道德主体或历史的认知主体的生成产生重要作用，批评的功能是次于文本的二级程序。这种认识抹杀了文学批评自身即身处特定制度话语空间的社会行为的事实，或者说，忽视了文学批评便是特定制度语境下的权力技术：因为正是制度化语境将文学写作与社会联系起来，文学批评实践的各种技术训练形式利用文学文本，培养个体拥有某种行为品性，文本成为道德技术的一部分，直接作用于个体的身体践行，进而建构形成特定的社会主体身份。在历史问题上，马克思主义文学批评向来将历史（宏大的线性历史）设定为生产普遍主体的过程，没有意识到具体的、特定的、调节公众关系的制度和话语因素是偶然性、断裂性的历史，而后者是因制度化话语背景而提出的特定的、地方化的日常生活政治的保障。

由上述分析可知，贝内特对萨义德和詹姆逊等人总体化文学政治的批判，主要立足于后现代强调差异性、异质性、弥散性的微观政治学的立

---

① ［美］弗雷德里克·詹姆逊：《政治无意识》，王逢振、陈永国译，中国社会科学出版社1999年版，第10页。

② Tony Bennett, *Outside Literature* (London and New York: Routledge; New York: Methuen Inc., 1990), p. 209.

场,而贝内特提倡的微观文学政治视文学批评活动为铭刻着制度性权力的知识话语和权力技术。

随之,贝内特又对新葛兰西主义基于意识形态理论的微观政治予以批判,意在反对意识政治而提倡一种制度政治,指出新葛兰西主义建构的意识主体在政治上是软弱无力的。贝内特敏锐地洞察到,与后现代思想结盟后的马克思主义所预设的政治行动者存在不可克服的矛盾逻辑:一方面在理论上拒斥理性、主体性、精神、阐释意义等宏大话语,指认建基于大写历史之上的主体性已丧失其合法地位;另一方面却在政治上依然坚持对集体主体"我们"的生产,认为"我们"是政治行为的必要组成部分,也是介入、实现总体化历史叙事的必要手段。

贝内特分析道,由于历史进步的叙事仅是话语的效果而非事实,基于大写历史之上的先验意识主体也不过是个幽灵,是一个没有实体的虚幻主体。于是马克思主义退而求其次,用话语所建构的意识主体作为必要的政治行动者,如后马克思主义者墨菲、拉克劳等人的话语联结理论,霍尔的身份政治等新葛兰西主义。它们无一例外地置身于葛兰西的意识政治框架内,提倡由多元意识形态联结而形成统一的但也是临时的政治联盟,其政治能动者的身份建构源自暂时的意识形态话语质询机制。也就是说,政治行动者依照话语差异关系被临时性地建构而成,能够将各种差异的多元意识形态统摄凝结为一个政治统一体的力量的,不是现实实体如经济基础,而是某种暂时的共同政治目标和理想(如社会主义政治与种族运动的暂时联盟基于某一历史语境,共同反对不平等压迫的政治目标)。

贝内特斥之为"目的论的修辞政治",它以微观多元政治的外貌和似乎丰富的政治想象力挖空了政治行动的固定坐标,丧失了组构大众为一个真正统一的政治力量的固定坚实的实体指涉点。依据话语联结所质询的政治主体,由于其变动性、流散性,根本不可能建立真正的新社会和新国家,如此建构的政治行动者也缺乏创立社会新秩序的积极能力。

不论是基于大写历史的先验同一的意识主体,还是话语和意义所质询的多元主体,其落脚点都以主体的意识为核心原则来建构政治行动者。贝内特认为,这种以意识主体作为政治行动者的意识形态政治,不但在政治行动上软弱无能,在理论上也陷入了困境,它"无法说明某些政治利益如何被修辞性地建构的机制,主体又如何与不同的政治领域联系在一起的机制"①。这就需要更为实体化和富于实践性的制度政治得以说明：权力联合知识并坐落于特定物质性机构内，其中各种具体的程序、技术、策略等生产着真理政治，为特定的政治利益服务，同时，个体的身体、行为、思想情感又被各种机构的实践性技术所规训、驯服、控制，将其塑造为特定的社会主体。

这意味着贝内特权力观走出了总体化的意识形态权力论而趋向福柯的身体政治学。权力不是对人的意识形态的控制，而是对身体践行施以建构性的影响力，权力—知识的运行机制、特定知识话语构形、知识生产的真理效应等不是意识形态的构成物，而是坐落于特定制度领域和机构中以实践、技术的方式对个体的身体、行为、信仰、需求、心灵产生影响；且它们凭借物质性的机构客观存在着。所有这些不是简单抽象的意识形态"赞同"机制可以解释说明的，用贝内特的话来说就是"文化制度政治不能被简化为意识政治"②。

就文学政治而言，贝内特认为，重要的是洞察在特定制度语境和机构中被权力生产出来的文学真理政治，考察后者所部署的具体技术手段和各种关于文学文本的阅读、写作的规范、规则、标准，它们将个体建构为特定的主体。而文学的政治抵抗则是文学"知识分子的任务是检审真理—权力共生体，不仅要打开这个共生体的联结，还要插入新的空间"③。或者说之，文学知识分子是具体的特殊知识分子，他们通过改变权力合理化运作的技术，在权力逻辑的内部颠覆权力，争取文化领导权。

贝内特的制度政治以福柯的微观权力和身体政治为参照点，在当代西方马克思主义内部对其所抱持的同一性、总体化进行彻底的后现代式颠覆与瓦解，他在对基于意识形态理论的微观文化政治的指责上，其态度可谓决绝，观点可谓激进。总体来看，贝内特对萨义德、詹姆逊的批判属于总体化政治与微观政治间的抵牾；他与新葛兰西主义在微观文化政治问题上是意识形态的还是制度性的分歧，源于各自依据的权力理论参照依据不同。

笔者认为，贝内特对西方马克思主义文学政治存在的总体性倾向的批

---

① Tony Bennett, *Outside Literature* (London and New York: Routledge; New York: Methuen Inc., 1990), pp. 257-258.

② Ibid., p. 270.

③ Ibid.

判有简单化之嫌。贝内特将马克思主义的总体性仅仅理解为对某种极权主义的服从和同质化的有机总体,认为总体性必然排斥、压抑差异性和异质性,却未能意识到马克思主义的总体性是主观与客观、总体性与差异性的辩证统一。贝内特和所有的后现代主义者一样,对"总体性"概念的仇视源于对它的褊狭理解。自 20 世纪 60 年代起,各种后学思潮风起云涌地兴起,所有的后学理论都将攻击的靶子首先对准了凝聚着现代精神的"总体化",因为在后现代主义看来,总体性以牺牲局部和差异为代价,换得形而上的同质性和压迫性。利奥塔就曾呼吁人们"向总体性宣战",他说:"我们为缅怀总体和单一,为了概念和感觉的一致,为了明晰与可交流经验的一致,已付出极其高昂的代价。在争取宽松与和缓这一普遍吁求下,我们可以听到那回归恐怖、实现控制现实之狂想的欲望的低语。对此的回答是:让我们向总体性开战;让我们成为那不可表征之物的见证人;让我们激发差异,并维护差异之荣名。"① 为差异性、局部性、偶然性、异质性辩护而拒斥总体性是后现代主义的理论旨趣。

在西方马克思主义传统中,"辩证的总体观"曾被看做能够在思维中再现和把握现实的唯一方法。② 卢卡奇认为,总体性范畴是马克思主义哲学的核心,具有世界观、本体论和方法论之意义,它能打破对对象作静止、孤立、无内在联系的经验性观照,他"要求在总体和整体中认识部分,要求把社会当成一个有机整体把握,脱离总体的部分无法正确理解。在社会历史领域内,卢卡奇的总体性思想主要体现为主、客体的相互作用与统一"③。在后现代思潮语境下,詹姆逊继承、延伸了卢卡奇的"总体性"逻辑,提出"认知测绘"的政治策略方法。他的"总体性"概念拒绝了卢卡奇主客体的历史统一和具体实在的总体化,强调思维视野的总体化认识。在面对贝内特摧毁一切总体性和普遍性的激进气势下,詹姆逊就曾批评贝内特将马克思主义的"总体性"狭隘地理解为让一切差异服从总体,而事实上,马克思主义的"总体性"概念并不排斥差异性,"这个

① 转引自倪寿鹏《重建总体性——刍议詹姆逊文化批判理论》,《教学与研究》2012 年第 2 期。

② [匈牙利] 格奥尔格·卢卡奇:《历史与阶级意识》,杜章智等译,商务印书馆 1999 年版,第 58 页。

③ 韩雅丽:《认知测绘:总体性理论的进一步发展——卢卡奇与詹姆逊思想反思》,《外语学刊》2005 年第 5 期。

原属哲学用语指的仅仅是各种观察、工具和素材如何被某一事业的统一视角联通起来，结成关系（如果你没有事业，也不想要一个，这个概念就显得不适合你了）"①。

　　姑且不论詹姆逊的黑格尔式的总体性所强调的总体性与差异性的辩证关系是否合理，詹姆逊为马克思主义的"总体性"概念的辩白，无疑道出了马克思主义辩证总体性的实质：总体性是主观与客观的辩证统一、普遍性与具体性的辩证统一。马克思主义的总体性是实践唯物主义立场下的"总体性"，它肯定人通过实践能逐渐形成对环境和自身的总体性观照，进而挣脱、改造物化的现实世界以达至自由之境。这既是对人的主体能动性的肯定，也是对社会存在客观必然性的承认。这一主客辩证统一基于实践，意味着总体性与差异性并非势不两立，二者分别强调了人类实践过程中主体的能动性因素和客体的必然性因素。"马克思主义者高举总体性旗帜，首先是号召人们发挥主体性作用改造世界，同时也包含着对差异性的理解和尊重，最终落实和表现为每个人自由个性的发展。"②

　　贝内特提倡微观政治，其权力理论的参照依据是福柯的身体政治，故对新葛兰西主义基于意识形态理论的微观政治极度不满，指责后者因缺失社会实体指涉点而代之以纯话语和意义层面的政治。这种政治既无法建构真正富于行动的政治主体，也不能阐明具体机构、制度内的规范、程序、监控、策略等对个体身体的控制和规训。贝内特与新葛兰西主义的分歧事实上是两者所依据的权力理论间的差异所致，前者基于福柯的知识—权力—身体的微观政治，后者则是葛兰西的意识形态政治。

　　福柯的哲学思想以铲除西方长久以来赋予"我思"以意识与实体之主体绝对优先权为己任，他的断裂的历史观、权力建构主体以及话语理论无不围绕这一主题展开，他反对西方哲学"把历史分析当作有关连续历史的话语，把人类意识看作一切生成和一切实践的原初主体"③。在权力问题上，福柯反对任何总体性系统的权力观，拒绝将权力关系仅仅归结为上层建筑，认为权力是关系，它以弥散、多元的网状形式渗透整个社会肌体，它并不外在于社会的任何关系。

---

　　①　［美］弗雷德里克·詹姆逊：《文化研究和政治无意识》，王逢振主编，中国人民大学出版社2004年版，第20页。

　　②　倪寿鹏：《重建总体性——刍议詹姆逊文化批判理论》，《教学与研究》2012年第2期。

　　③　转引自莫伟民《莫伟民讲福柯》，北京大学出版社2005年版，第162页。

由于福柯拒斥意识主体和具有总体化色彩的经济基础、上层建筑等概念，主张权力是意向性的、无主体的各种关系复合体，他对权力机制及其运作的分析避免使用指向主体的意识形态概念，而代之以具有历史政治内涵的"身体"层面的权力分析。他说:"让我对这些把意识形态放在首位的分析感到不安的是，在古典哲学提供的模式中，总是预先假定一个人格主体，被赋予意识，权力被认为想控制这个意识。"① 这说明，在马克思主义文化分析那里被赋予极重要地位的意识形态概念，在福柯手里几乎失去其合法的有效性和适用领域。事实上，福柯自己的研究成果也表明意识形态对话语构形、知识机制、真理政治等问题的确无用武之地。同时，福柯对微观权力运作机制的分析主要从各种规训身体的权力技术入手，包括诸如凝视技术、身体技术、空间技术、时间技术、书写技术，规训权力通过诸如层级监视、规范化裁决、检查等技术手段来规训个体，使其成为"驯服的肉体"之主体。福柯的权力是一种微观物理学或权力解剖学。

贝内特将福柯的微观物理学运用于对文学政治的思考，旗帜鲜明地提出文学的"制度（机构）政治"，以反对在文化研究上居主流地位的葛兰西范式的意识形态政治。在文学政治上，贝内特对"制度（机构）"的极力强调源于福柯的启发。福柯在对微观物理学意义上的权力运作机制的分析中十分重视机构和制度，因为各种权力关系和对身体的规训技术，其运作和实现都以物质实体形态的机构和具体制度为支撑。贝内特与福柯一样强调"在权力知识意志支配下，话语系统中无形的思想观念，能逐渐物化成形，生成一套由权力技术支撑的机构"②，贝内特使用"制度（机构）"这一字眼，不过是进一步突出了福柯的规训权力技术的客观物质性和具体性，强调特定语境下被权力编码的文学知识真理在具体机构（学校或教育机构）中物化为操纵、控制、规训个体身体的权力技术。

正是基于福柯的微观权力观，贝内特指出，基于葛兰西范式的文化政治"本质上是一种意识形态政治，它无法阐明特定而具体的制度所引发的政治"③。而葛兰西本人虽对意识形态的物质性和制度性给予一定的重视，

---

① Michel Foucault, "Body/Power," *Power/Knowledge: Selected Interviews and Other Writings*, 1972-1977, Colin Gordon, ed. (Brighton: Harvester Press, 1980), p. 58.

② 赵一凡:《萨义德与美国文化批评》,《外国文学研究》2004 年第 3 期。

③ Tony Bennett, *Outside Literature* (London and New York: Routledge; New York: Methuen Inc., 1990), p. 270.

事实上却把机构看做传递意识形态的中空工具，而未认识到机构本身凝结着各种权力技术，有着相应的政治和抵抗问题。其结果是，葛兰西及后来者们在文学政治上，仅关注重视话语、意义版图上的霸权之争，而没有意识到貌似客观中立的文学批评活动自身便是权力技术的一种，不能设定切实有效的政治目标，无法参与组织人们如何阅读文本的行为中，故难以将个体组构为富有行动能力的政治实践主体。

毋庸置疑，就文学政治角度而言，贝内特在借鉴福柯权力观的基础上，有力地抨击了马克思主义文学政治过于倚重意识形态，忽视与文学制度有关的各种权力技术及其政治的极端作法。贝内特的制度政治在一定程度上有效地弥补了马克思主义文学政治的缺憾和不足，提出从权力技术和文学真理政治角度认识文学批评的政治，拓展了文学政治的疆域。但是，意识形态权力在文学政治中所具有的重要意义和地位也不是制度政治所能替代的，贝内特对此却不置一词，显示了他不能辩证地看待问题的偏激。

通观贝内特20世纪70—90年代所提出的一系列关键性概念，如文本效果、使用说、阅读形构概念和文学制度等，其关涉的问题域从"什么是文学"这一经典问题入手，到把文学本体空间确立为文本社会性使用和效果这一阅读消费领域，再到探究文本使用和效果的具体机制和洞察控制与调节文本使用与部署的力量——制度性权力，凸显知识—权力凝结于机构的制度物质层面，可以发现贝内特文学思想发展的逻辑连贯性。

这种逻辑连贯性体现了贝内特在后现代语境和反经济决定论的立场上，以社会学视域将文学审美与社会历史条件间的关系重新语境化的努力。而贝内特积极建构的远离经济基础的新型文学社会学——文学制度社会学，就现实语境而言，也具有一定程度的现实合理性和理论说服力。因为一个不争的事实是，自现代化以来，现代社会出现了结构性的部门分化，社会生活和组织形式越来越深地陷入科层制管理和高度复杂的制度化管理，凝结在机构中的专业知识与权力联系日益密切，构成微细血管般的权力网络，弥漫、渗透于人们的日常生活习惯及各个社会领域包括文学艺术领域，文学审美已经失去了传统社会中的自足性、超越性和自律性等优势，而日益顺应市场经济主宰的利益最大化原则和陷入了科层制管理的网络中。

贝内特突出文学制度的重要性便是在文学领域对社会日趋制度性分化

作出的积极的理论回应和对文学他律性的重新反思。尽管这种反思和回应远离了马克思主义理论中经济基础、历史进步等深度模式，呈现出后现代的暂时性、碎片化、偶然性和多元化的"狂欢"景观，但贝内特毕竟抓住了文学日益陷入制度管理网络这一事实，并对之予以理论上的有益探索，这一切无疑拓宽了当代文学研究的政治视角。

基于对文学制度的兴趣和探索，贝内特将制度问题进一步拓展到文化研究领域，深度解析和思考制度管理与文化（文学）的关系，以及文化制度的具体运行机制等问题。这意味着贝内特的文化权力观从葛兰西的意识形态霸权理论彻底走向更为实体化的制度权力，其权力观的思想资源主要借鉴了福柯后期著作集中探讨的治理性（governmentality）概念。据此，贝内特在文化研究学术领域掀起了一场大刀阔斧的理论范式改革，提出文化政策研究（cultural policy study）、文化治理性、文化与社会交往（the social）的关系等理论方面的创新性命题。不考虑现实语境，仅就贝内特学术思想的发展看，对文化制度和政策的关注是贝内特提出的文学制度观在文化领域中的深化和逻辑延续。

第四章

文化研究:治理性视角化

　　贝内特在 20 世纪 80 年代中期到澳大利亚的格里菲斯大学工作后，其学术重心逐渐转向文化研究领域。在 90 年代初期，贝内特提出了震惊文化研究学界的"文化政策研究"（cultural policy study）思想，引领推动了澳大利亚文化研究在世界范围内的影响力，也在整个英语世界掀起了一场文化政策研究的学术运动。贝内特对"文化政策研究"的倡议是当代文化研究界一个重大的学术事件，它为文化研究提供了不同于葛兰西霸权理论的另一个理论范式：以福柯的"治理性"为立论依据，使文化研究的整体理论范畴发生了结构性的变化，将文化研究从批判性传统转向实用性的方向，为文化研究开拓了新的可能性疆域和空间。

　　对于贝内特提出的"文化政策研究"之利弊得失，英国学者吉姆·麦奎根（Jim McGuigan）总结得较为中肯，他说：

　　　托尼·贝内特也远离了至今视为文化研究主流的立场……出于对这类文化研究①不现实的政治意图的反驳，贝内特支持一种实用主义，认为文化知识分子最好被视为治国术的技师，而不是作为社会运动和政治力量的附属以及有机的、英雄主义式智力群体。虽然贝内特（1992）所提出的"将政策融入文化研究"的澳大利亚议程一直有争议，但它的确关注了文化研究领域内教育和制度的实际状况。②

---

① 此处指葛兰西范式的文化研究。——笔者
② ［英］吉姆·麦奎根：《文化研究方法论》，李朝阳译，北京大学出版社 2011 年版，第 3 页。

麦奎根在短短的几句话里较全面地概括出贝内特文化研究思想以下几个重要特征和贡献：（1）与文化研究主流葛兰西范式截然不同的研究思路，表明贝内特对文化研究理论范式进行了结构性转换；（2）用福柯的"治理性"取代基于葛兰西意识形态范式的表征意义版图之争，敦促文化研究转向一种更为实用的文化政治；（3）在整个英语世界的文化研究领域掀起了一场轰轰烈烈的"文化政策研究"的知识运动；（4）知识分子的主要功能从有机知识分子的宏大姿态转为更地方性的文化技术工，文化政治从社会革命的修辞变为社会改革的修辞；（5）最为重要的是，贝内特关注了一直被忽视的文化制度与管理维度，这是他在文化研究领域的理论突破性和实践开拓性所在；（6）贝内特的文化政策研究因其突出政治实用性和政治改革修辞而趋于工具主义并丧失了理论伦理维度，备遭人们的质疑。上述的关键之处是贝内特对文化的制度性管理语境的强调。贝内特提出文化形式及其实践处于制度性管理层面，"将文化看做特定历史上的一套内在于制度的管理关系""文化实践受制的程序、制度和管理条件——简言之，可以从理论上恰当地理解为政策的关系网络——实质上比这类实践的符号属性更重要"[①]。

贝内特对文化实践和文化文本的制度性管理语境的强调尽管有多重原因的纠缠，但可以肯定的是，主要还基于贝内特自己学术思想逻辑的发展深化、现实语境的影响和对当时文化研究的文本唯心主义的不满等多方面原因。

首先，如前文所述，贝内特将文学制度问题拓展到文化实践的制度性管理中，试图在抛弃经济基础决定论的途径上，细化、深化镶嵌在制度网络中的文学（文化）实践的具体机制和运作，探索不同于经济决定论的另一种历史性地思索文化实践的方式。其中较为关键的问题是：文化（文学）制度是什么样的权力形式？它如何运作？如何影响、建构社会主体？以及文化和社会间的关系是什么？如果说，贝内特在文学研究中仅是方向性地提出文学制度的命题，那么在从事文化研究时则进一步面临解决上述问题的局面。

其次，贝内特在 1983 年移居澳大利亚后，其学术兴趣从马克思主义

---

① 托尼·贝内特：《置政策于文化研究之中》，罗钢、刘象愚主编：《文化研究读本》，中国社会科学出版社 2000 年版，第 96—102 页。

文学理论转移到文化研究领域。如约翰·弗柔（John Frow）、墨美姬等学者所强调的，澳大利亚文化研究自有其不同的学术传统和政治关注，相比英国文化研究，澳大利亚文化研究更关注文化的实用性和文化研究的参与性。劳动党参议员史提芬·松就曾提议，在澳大利亚，"重置工业政策的事项与重塑文化态度有关"①。这为澳大利亚文化研究与官方合作，形成文化研究的实用性传统提供了政策上的支持。就政治和历史语境的特殊性而论，澳大利亚由于其英属殖民国的历史和土著文化的特殊性、移民文化的多元性、联邦政治体系的分散性等，以及文化资源的稀少性、地理位置的边缘性等多重原因，更注重充分调动各种文化资源，尤其强调与各种大学、学术机构等文化资源的积极互动，以建构自己的民族身份和民族历史叙事，解决多元文化和土著文化问题。20 世纪 60 年代，澳大利亚开始实施多元文化政策、土著文化政策，力求以政府干预文化的方式推动本国文化的繁荣。

澳大利亚的特殊政治语境和文化实用主义的学术环境，促使贝内特面对新的问题，调整自己的学术思想理念和研究重心。贝内特结合澳大利亚的特殊语境，进一步深化、拓展了自己以往的"文学制度"问题，开始思考文化政策和文化制度方面的研究事宜：1987—1990 年，贝内特领导格里菲斯大学文化政策研究所的工作；1995—1998 年在澳大利亚文化和媒介政策重点研究中心开展工作。贝内特以福柯的"治理性"为理论框架，呼吁"将'政策'纳入'文化研究'之中"，旨在倡导文化研究积极介入各种文化机构如博物馆、艺术、电影、语言与教育政策等领域，与全国性行政部门或准行政部门建立形式多样的合作或顾问关系，力图通过组织研究、出版及召开会议等活动切实地参与到澳大利亚的文化政策制定中。② 贝内特的呼吁得到了澳大利亚诸多学者如司图亚特·库宁汉姆（Stuart Cunningham）、汤姆·奥里根（Tom O'Regan）、吉姆·麦奎根（Jim McGuigan）等人的回应，他们从公民身份（citizenship）、政治经济学等角度深化和拓展了文化政策研究，并在英语世界的文化研究领域掀起了一场"文化政策研究"的知识运动。在贝内特在理论上对文化政策研

---

① John Frow and Meaghen Morris（eds.），*Australian Cultural Studies：A Reader*（Urbana and Chicago：University of Illinois Press，1993），p. vii.

② 徐德林：《英国文化研究的形成与发展——以伯明翰学派为中心》，北京大学 2008 年博士学位论文。

究的开拓性建构与其他学者在实践上的积极呼应下，澳大利亚文化研究后来居上，在 20 世纪 90 年代辉煌一时。

最后，出于对文化研究忽视政治实践仅限于意识形态和表征意义版图之争的葛兰西理论范式的不满和批判（后文详述）。

上述诸因素是贝内特格外重视文化制度的主要动因，他对文化制度权力性质的定位、运作方式、主体性建构等予以深化的立论依据得益于福柯的"治理性"概念。"治理性"是贝内特考察文化制度的理论基础，这意味着文化研究的理论范式发生了重大改变：从自下而上抵抗的葛兰西理论范式转向自上而下改革的治理性理论范式。理论范式的位移又引发了文化研究传统中以下关键范畴的连锁性重构：文化概念、文化政治的理念和抵抗策略、知识分子的功能、文化与社会交往的关系、主体性的建构方式，等等。文化研究被治理性视角化了，并由此衍生和拓展出新的研究对象和领域，如对政治经济学的重新重视、公民身份（citizenship）问题的探索等，这些对文化研究而言，的确是大的学术事件。

第一节　"治理性"与转向福柯

福柯晚期提出的"治理性"（governmentality）概念是贝内特文化研究思想的主要理论参照，它对理解贝内特转向福柯的治理性之原因，提出文化政策研究，以及知识分子的功能和抵抗、文化与社会交往关系等一系列理论观点和所从事的博物馆经验研究等方面至为关键。

一

福柯自《规训与惩罚》出版后，其旨趣逐渐集中在两个论题上：与政治理性相关的"国家谱系学"（集中在福柯 20 世纪 70 年代末到 80 年代初的一些讲座和文稿中）和与伦理有关的"主体谱系学"（体现在《性经验史》一书中），使两者发生联系的是"治理"（government）问题①，它能有效地将微观层面的权力技术与宏观的统治技术、国家构形和主体的

①　国内也有很多学者将福柯的"government"译为名词"政府"，笔者考虑到福柯更强调这个词的政治内涵和突出它作为一种权力形式的特征，将之译为"治理"这一具动词性质的名词。

构成等结合起来，表明福柯晚期著作开始从微观权力转向对宏观政治的思索。

　　"治理"是福柯对司法权力、规训权力之外又一新的权力关系的发现，福柯赋予"治理"非常广泛的含义。"治理"意指"行为实施"（the conduct of conduct），即一组被反思、计算过的用以形塑、引导或影响个体、他人行为的活动，涵盖知识形式、权力策略和主体形成样态的互动。换言之，治理就是以"计算器"而非"宝剑""斧柄"为权力符号建构和实施于他人行动的可能性领域的行为方式，"一种针对行动的行动，针对可能的或实际的、未来的或目前的行动的行动"①。故"治理"只存在于一组组相互作用的行动关系上：自我对自我的关系、他人对个体的控制或引导的关系、社会机构或社群中的关系以及政治主权的关系，等等。这些相互关系有不同的治理形式和意义，如自我控制、家庭和孩子的引导、家务管理、灵魂引导等，但福柯对宏观政治领域中的治理理性即治理性（governmentality，又可译为"治理术"）尤感兴趣。

　　"治理性"概念指"由制度、程序、分析、反思以及使得这种特殊然而复杂的权力形式得以实施的计算和手法组成的总体，其目标是人口，其知识形式是政治经济学，其根本的技术工具是安全配置（apparatus of security）"②。也就是说，治理性用政治经济学之类的启蒙运动时期的科学知识分析和管理人口，它依据不同的对象，设置相应的特定目标，采取尽可能精微准确的策略与手法，反思或分析可以作用于个体或集体的行动的可能性领域的"引导性"行为方式。福柯有时用"治理艺术"指涉这个词，说明他从实践活动和思想方式两个层面思考治理性：既关注作为一种活动或实践的治理，也包括对作为思想方式的治理艺术——关于治理活动或实践由什么构成、如何运作等问题的思考行为的关注。关于后者，福柯特意用"治理理性"（rationality of government）一词加以指涉，它是对治理实践的体系性反思：治理实践的属性（谁管理、管理谁，为何管理、目的是什么，等等）、治理实践得以实施的具体方式和诸种策略（如何管理、依据何种逻辑、使用何种技术和手法）。由于治理的最终目标是

---

　　①　莫伟民：《莫伟民讲福柯》，北京大学出版社 2005 年版，第 232 页。

　　②　[法] 米歇尔·福柯：《安全、领土和人口》，赵晓力译，http://www.douban.com/group/topic/6501935/。

人口的福利，被治理者既包括特定的司法主体、规训主体，也包括自由主体，因为新的治理艺术的出现并未消除主权和规训。相反，在 18 世纪西方对人口的管理逐渐重视起来的时候，主权和规训问题才变得更加尖锐和重要。同时，治理者也绝非一元化的总体性范畴如国家主权，而是不同地点有不同的管理权威和多元目标设定。

福柯对治理性概念的提出，主要基于解决自己的理论缺憾和回应现实政治语境变化两方面的考虑。福柯在 20 世纪 70 年代初的权力分析存在两个主要问题：一个是主体问题，另一个是国家问题。这两个问题是人们指责福柯权力分析存在的主要缺陷，尤其遭到西方马克思主义左派分子的质疑。就主体问题而言，福柯认为惩罚机构通过对个体的身体践行施与影响和规训来建构文体，强调权力—知识对主体的建构和强制性力量，主体被看成权力机制的效果。虽然福柯也承认抵抗的合理性和不可避免性，说"哪里有权力，哪里就有抵制。但是，抵制绝不外在于权力"①，但他的著作还是侧重对主体是权力之网的效果的分析，几乎未染指任何抵抗分析，主体似乎仅是权力的被动屈从者，没有任何自由和自主性。在对"国家"的理解上，福柯认为，国家是微观权力关系的结果，但地方性的、局部性的权力微观物理学很难说明各种分散的权力关系如何形式化和集中化为"国家"的形式，它们"如何获得'严谨的'或'统一的'形式以及它们是如何表现为会反过来作用于社会的微观权力的总体战略或社会霸权的问题"②。可见，理论危机导致福柯在 70 年代末期对宏观政治问题的偏移，《性经验史》是福柯将微观政治与宏观政治问题相结合的努力。

同时，就现实政治语境而言，在 70 年代末期，西方发达国家新自由主义兴起并逐渐取得主流地位，新自由主义推行的一系列政治经济改革举措和福利措施，有效缓解了西方诸国所面临的社会、政治、经济方面的矛盾和冲突。同时英国撒切尔、美国里根等相继当选首相和总统，马克思主义的知识权威陷入了危机。当时，左派激进分子和西方马克思主义者如霍尔等人用阿尔都塞的意识形态国家机器和葛兰西霸权理论，阐释现实政治语境和当代西方诸国权力形式的变化，但左派中很少有人看到新自由主义

---

① [法]米歇尔·福柯:《性经验史》，佘碧平译，上海人民出版社 2002 年版，第 71 页。

② [英]托马斯·莱姆克:《不带引号的马克思——福柯、规治和新自由主义的批判》，陈元译，《现代哲学》2007 年第 4 期。

的任何积极力量。福柯认为，左派错误地回应了当代新自由主义的治理艺术，当前的新自由主义"远比左派文化批判理解得富于原创性和挑战性，左派未充分回应新自由主义的挑战性，社会主义也未能和从未提出自己鲜明的治理艺术"①。福柯在1978—1979年的很多授课和讲座中集中探讨了"治理性"概念及其在现代国家形式中的集中化，这主要是对当时法国社会主义与共产党失败的回应和反思，以及对新自由主义政治的分析和思考，他甚至专门分析了西方第二次世界大战后出现的新自由主义，如德国新自由主义、美国芝加哥学派等的治理艺术。

当代政治现实情势的变化和福柯权力分析所存在的理论缺陷，导致他不再把权力仅理解为战争、征服模式的处罚，而是思考一种既非处罚关系又非司法关系的权力形式，探索建基于主体共识之上的、自觉自愿的、远距离管理的新的权力形式，且"这一共见并不一定是由统治或惩罚'自动'产生的"②，以解决主体构成与统治形式间的关系。福柯集中于"治理"问题域便是对上述问题的回应，表明他调整了自己的研究方向，从处罚权力转向对以引导、管理为主导的权力关系的关注。福柯说："事实上，在我看来，通过富国与穷国（工业化国家与非工业化国家）之间出现的矛盾与冲突，我们可以看到一种治理的危机。治理在这里指的是从行政到教育为人们提供指导的全部机构和实践活动。正是所有这些程序、技术和方法为一些人引导另外一些人提供了保障，但是在我看来，这一整体今天陷入了危机……我们也许处在对治理的问题进行重新评估的危机的开端。"③

"治理性"被视为福柯著作中极为关键的概念，它超越了从"共识"和"暴力"角度理解权力形式的思想，试图将自我技术与统治技术、自我构成与国家形构结合起来。就此，福柯指出"使自我技术与统治技术发生联系的是治理性"④。治理性的内涵和外延极为丰富复杂，笔者结合西方学者托马斯·莱姆克、格雷厄姆·伯切尔（Graham Burchell）、柯

---

① Graham Burchell, ed., *The Foucault Effect: Studies in Gvernmentality* (Chicago: The University of Chicago Press, 1991), p. 6.

② 托马斯·莱姆克：《不带引号的马克思——福柯、规治和新自由主义的批判》，陈元译，《现代哲学》2007年第4期。

③ 同上。

④ Michel Foucault, "Technologies of the Self," *Ethics: Subjectivity and Truth —Essential Works of Michel Foucault, 1954 –1984*, edited by Paul Rabinow (New York: The New Press, 1997), p. 225.

林·戈登（Colin Gordon）等人的分析和个人的思考，认为它至少包含以下几个方面：

1. 福柯为超越自己早期的征服、战争模式的权力分析，引入了治理问题域，强调引导、导向方式的权力关系，它属于自我管理的一种形式，主要建构和形塑行动的可能性领域。在此极为重要的是，必须认识到这绝不意味着治理这种软性的"引导""导向"形式必然与"共识""暴力"相对，相反，共识与暴力是治理诸多手段中的一部分。换言之，它们属于治理的诸种效果、元素之一而非权力的源头和基础。治理性概念询问的是共识、暴力等权力形式形成的可能性条件，治理绝不排斥共识、暴力，而是指向它们得以形成的机制和条件。从这个意义上说，治理性与葛兰西的意识形态霸权概念存在一定的关联性，两者不是对立关系，而是深层机制与效果之间的关系。笔者认为，治理性的这个特征可能是贝内特放弃葛兰西模式而走向治理性的一个理论动因，贝内特并非否定葛兰西的霸权理论本身，而是对它的深化：探究形成霸权的深层机制及其运作的问题。

2. 福柯用治理性概念解释微观物理政治与宏观层面的国家政治的联系问题，即"研究具自控能力的自主个体如何与政治统治和经济剥削相关联"[1]。治理指涉在统治技术与自我技术之间存在互动关系，因为对他人的统治还要借助个体自我管理的形式。换言之，自我技术被整合进强制和统治结构内，两者结合之处便是治理，"广言之，管理人不是强迫他人做管理者要求的事，总是存在着一种动态的平衡：在保证强制权的技术与自我建构间存在着某种互补和冲突的动态平衡"[2]。相应地，与治理性相关的主体便不仅仅包括规训权力（统治权力）下驯服的身体，还包括因自我管理而建构的主体（如伦理主体）。

3. 福柯确定了三种权力关系：自由之间的策略游戏、治理和统治。策略游戏弥漫在人类交往互动中，对他人行动的可能性领域的建构，如意识形态操控、经济剥削、道德建议等。它未必然与其他权力关系的利益相左或是一种控制他人行为的"坏的"权力，而是可能导致主体的"授权""责任"等自由选择和决定。治理或多或少是一种体系化的、规范化

---

[1] Thomas Lemke, "Foucault, Governmentality, and Critique," *Rethinking Marxism Conference* (University of Amherst September 21–24, 2000), p. 2.

[2] Michel Foucault, cited by Thomas Lemke, "Foucault, Governmentality, and Critique," *Rethinking Marxism Conference* (University of Amherst, September 21–24, 2000), p. 5.

的策略游戏，即它绝非自发的权力实践，而是有特定的理性，以确定相应的行为和手段，治理即是或多或少以适当的技术手段规范个体的行为。统治是取得稳定形态的、等级化的权力形式，一种统治者与被统治者间非对称的关系。需要说明的是，国家绝非权力的源头，它是治理技术的效果，正是治理技术使逐渐获得稳定化和对称性的权力凝结为国家形式。

4. 治理性（governmentality）是"以真理的名义的治理"，一种"政治知识"，质言之，治理性蕴含着理性和实践之间的关系问题，这是福柯在治理性概念中对知识—权力的重申。如果说理性内在于实践，那么政治理性便绝非纯粹中立的科学知识，它是治理的要素之一，创造权力得以"合理"实施的话语领域，建构可以为治理所干预的现实领域。现代国家治理术的主要知识形式是政治经济学，它分析、计算、筹划、规范和分类与人口相关的人事复合体，是治理过程中的特定技术和科学。

5. 治理性视角强调了治理的策略手法特征：策略可逆性（strategy reversibility），即治理实践也可翻转为抵抗，但这种抵抗不过是治理的策略和手法，以便设定新的目标，重构新的治理实践和对象。治理策略依据不同地点、对象、目标予以实施和发生变化，这说明了治理性策略手法的开放性特征，表明治理的目标与技术间存在着断裂和沟壑，但这绝非治理的失败，而是治理存在的条件。例如，当代西方风起云涌的新社会运动如女权主义、酷儿理论、后殖民主义、绿色和平运动等抵抗实践，无一例外不是治理的"策略可逆性"，它们为治理实践重构新的目标、对象和手法等提供了条件。治理，就此而言是一个开放的动态过程而非结果。对福柯而言，对策略可逆性的揭示，证明了治理性视角相比当代其他权力理论具有更大的优越性，"对话语实践的分析使我得以在探寻知识构成的同时避开了科学与意识形态的两难推理。对权力与其技术之间的关系的分析让我可以把它们看成是开放的策略，同时又避免了在把权力视为控制和把权力斥为假象之间做出选择"①。

6. 治理和国家、自由之间的关系。当代批判理论主要依赖权力关系的二元模式：自由与控制、赞同与暴力等，而治理性视角将自我治理与政治治理看做一个连续的整体从而终止了权力关系的二元模式。在福柯看来，治理不是国家机器使用的权力工具、技巧，国家也非现代历史的主

---

① ［法］米歇尔·福柯：《性经验史》，佘碧平译，上海人民出版社 2002 年版，第 124 页。

体。相反，国家是治理的手法和策略，它基于其他权力，是多元微观权力
关系的逐渐稳定化的能动形式，其功能随治理的目标、对象、技术和实践
不断发生着变动。治理"内在和外在于国家，正是治理的手法使对什么
在国家职能范围内、什么不在国家职能范围内，公和私的等等问题可以反
复不断加以界定；因此，只有以治理术的一般手法为基础，才能理解国家
的持续存在和局限"①。

　　显然，福柯用治理性视角消解了长久以来人们赋予国家权力的基础
性、奠基性和优先性等一元化的本质主义认识，这也与马克思主义国家论
形成鲜明对比。马克思主义国家理论把国家理解为基于经济基础的统治阶
级的专制工具，实施由上而下的压制和暴力权力，其功能被还原为对生产
力和生产关系的维系。如恩格斯在《家庭、私有制和国家的起源》中说:

　　　　国家是承认:这个社会陷入了不可解决的自我矛盾，分裂为不可
　　调和的对立面而又无力摆脱这些对立面。而为了使这些对立面，这些
　　经济利益相互冲突的阶级，不至于在无谓的斗争中把自己消灭，就需
　　要一些表面上凌驾于社会之上的力量，这种力量应当缓和冲突，把冲
　　突保持在"秩序"的范围之内；这种从社会中产生但又居于社会之
　　上并且日益同社会相异化的力量就是国家。②

　　国家在马克思主义那里不但是至高无上的强制权力工具，而且是居于
市民社会之上的异己力量。而福柯则认为存在于社会内的具体的、发散的
各种权力关系才是国家的基础，"我们如何能说存在于两性之间、成人与
儿童之间、家庭中、办公室中、病人与健康人之间、正常人与非正常人之
间的权力关系是派生于国家权力的呢？如果人们想改变国家权力，那就必
须改变在社会中运作的各种权力关系"③。

　　福柯指出，西方经历了以司法和法律形式为主的中世纪社会，十五六
世纪的行政和规训社会，再到 18 世纪以受制于安全配置原则的治理性
（治理艺术）为主导的社会形态变化，以致在当代社会"我们生活在一个

---

　　①　［法］米歇尔·福柯:《安全、领土和人口》，赵晓力译，http://www.douban.com/group/topic/6501935/。
　　②　《马克思恩格斯选集》第 4 卷，人民出版社 1995 年版，第 170 页。
　　③　转引自莫伟民《福柯国家辖治理论评析》，《文史哲》2007 年第 4 期。

'治理术'的时代，这种治理术最早在 18 世纪发现的"，并宣称在当代，"治理术的问题和治理技术已成为唯一的政治问题，已成为政治斗争和政治竞争的唯一真实的空间"①。这就意味着现代社会日渐以自由作为治理的工具和技术，尤其自由主义和新自由主义勃兴以来，自由，不论经济自由还是意志自由，作为安全装置的条件日益凸显，自由不仅是反对权力的个人权益，而且现在作为治理理性自身不可或缺的部分：自由—安全装置开始出现，"自由是治理活动的条件：不尊重自由不仅冒犯了权利，而且忽视了如何管理"②。

自由之所以充任了自由主义和新自由主义的主要治理工具，是因为治理中蕴含着主体的自由。福柯 1982 年在题为《主体与权力》一文中指出，权力仅仅是权力而非暴力，个体有行动的自由，权力针对的是"他人行为的行为"，即它是预设而非抹去能动者的能力，它是对实践和伦理等的可能性实施。为此，尽管权力无所不在，但它不是固定和封闭的领域，而是开放的策略游戏。以引导、引领为主的治理，针对的是个体的行动的可能性领域，而非直接针对行动本身。从这个意义上说，治理留给个体行动一定的自由空间，也反过来以个体的自由为条件实施治理。新自由主义正是利用个体为自己负责和个体自由这一策略将社会风险如疾病、失业、贫穷等内在化为个人行为。换言之，新自由主义主要利用自我技术规范，引导个体行为，实施最优化的治理原则。在这里，我们可以发现自我治理与阿尔都塞的意识形态质询机制和葛兰西霸权理论中的"赞同"有相似之处，无怪托马斯·莱姆克惊呼福柯后期继承了马克思主义诸多成果，是"不带引号的马克思者"。

7. 治理性的能产性、积极性和肯定性。在福柯看来，权力机制也是积极性的、能产性的，权力生产了规训的身体和与身体相关的知识如犯罪学、医学话语，它还生产了性、性知识。同样，权力也围绕着生命展开，积极呵护、管理、繁殖、控制和调节生命。生物权力（biopower）在 18 世纪不仅以规训身体为中心展开，它更以人口—生命为中心，关心人口的繁衍、健康、寿命、福利、幸福、存在状况、习俗等，对人口进行调节和

---

① ［法］米歇尔·福柯：《安全、领土和人口》，赵晓力译，http：//www.douban.com/group/topic/6501935/。

② Graham Burchell, ed. *The Foucault Effect：Studies in Gvernmentality：with two Lectures and Interview with Michel Foucault*（Chicago：The University of Chicago Press, 1991），p. 20.

控制。在这里,治理性与生命权力交织和重叠在一起。据福柯对西方治理性的谱系学分析,多样化的治理形式如家庭治理、儿童治理、牧师治理、灵魂治理……从古希腊罗马到十六七世纪的西方始终存在着,但它们都未能获得国家理性层面的完全自主的形式,只有在 18 世纪"治理艺术通过人口问题找到了新的出口""人口似乎超越了所有其他东西,成为治理的最终目的"①,获得了内在于国家理性的自主形式,治理性超越了以领土为目标的主权这一权力形式的界限,采取了生命权力的形式。

人口之所以能克服治理艺术发展中的障碍而成为治理的目标,是因为统计学逐步揭示出人口有自己的规律和生物生命过程。治理的目标不再如从前那样专注于治理行为本身,而是人口的福利、健康、财富的增加、健康的提升等。对生命本身而言,以人口为目标的治理性,它呵护生命、维护生命权益、追求与生命相关的福祉,是积极而肯定性的权力形式。与治理相关的不再是领土,而是围绕着人的人事复合体:与财富、资源、领土、习俗、行为方式、饥荒、疾病、不幸事故等关联的人。与此同时,与促使人口成为干预的领域的治理技术有关的知识——政治经济学出现了,它成为治理人口这一过程中的技术和干预科学,而在治理性与相关的知识如统计学、政治经济学的作用下,一个我们今日称为"经济"(economic)的现实层面被分离出来。直到今天,自 18 世纪开始形成的治理—人口—政治经济的三角运动构成一个牢不可破的坚实系列始终存在着。

二

理解了福柯"治理性"所蕴含的深刻含义及其超越有关"赞同""暴力"权力形式的问题域的优势,才能真正理解曾在文化研究领域对葛兰西霸权理论作出极为独到、深入阐释(这一阐释对英国文化研究产生过持久的影响)的贝内特会在 20 世纪 90 年代走出葛兰西的霸权范式,转向福柯的"治理性"。其转向虽然有贝内特自身理路的逻辑深化这一"期待视野"指令(文学制度的运行机制如何的问题)与"治理性"发生的"视域融合",以及贝内特身处的澳大利亚的现实语境、政治局势变化等各种因素的纠缠(前文已述),然而,更重要的还在于,贝内特认为

---

① 〔法〕米歇尔·福柯:《安全、领土和人口》,赵晓力译,http://www.douban.com/group/topic/6501935/。

奠基于意识形态理论之上的葛兰西文化霸权范式，在应对当代西方政治现实的变化时，难以对文化与权力关系的复杂性作出有效合理的分析，而福柯的治理性视角"更能有效洞察现代社会中权力—文化关系的作用"[①]。

从对西方政治现实语境的把握而言，葛兰西和福柯都敏锐地捕捉到了当代西方政治经济与文化领域发生的巨大变化和权力关系的重大重组：商品经济和后工业时代的高速发展、文化信息产业的急速扩张、工具理性主义的科层制蔓延，权力逐渐渗透在文化中，并以文化的名义制约、控制着人们，人们似乎越来越沉浸在物质极大丰富的满足里而"丧失"了经典马克思主义所宣扬的"阶级意识"和"政治斗争"观念。西方马克思主义者对之的反应一如佩里·安德森在《西方马克思主义探讨》中所言："欧洲马克思主义越来越不把经济或政治结构作为其理论上关注的中心问题，它的整个重心从根本上转向了哲学。"[②] 对西方马克思主义而言，当代革命的战略和场地从政治武装斗争转向文化领域的主体革命。葛兰西用现代国家的伦理、文化和教育功能理解当代西方社会，提倡以阶级意识解放为旨归的文化霸权，揭示当代资产阶级将本阶级意识形态自然化、合法化的事实。

福柯也意识到文化在现代社会里发挥着越来越重要的功能，它以知识的名义与权力合谋，对自然、社会和个体予以编码，建构着社会、自然和主体身份。福柯通过考古学和谱系学分析，解释了西方现代社会从司法—话语到规训权力以致治理的权力形式变化，以及它们与主体构成的联系。也就是说，福柯和葛兰西都看到了自现代社会以来，权力越来越彻底地支配着大众的主观生命和意识，认识到文化在现代社会统治秩序中发挥着越来越重要的功能和作用，都力图启发人们破除常识性的权力误区。

两人都看到了权力并非仅以压迫方式运作，还包括方式多样、方向多向的形式，文化霸权和治理性均指涉现代西方社会中一种较温和的、非强制性的、多样态的统治方式。在葛兰西头脑中，权力还存在着让步、联合、妥协、赞同等方式，文化霸权更多的是一个不断斗争、协商和调停的斗争过程而非固定形态。虽然国家机器仍掌控着暴力机构和政治权力，但

---

① Tony Bennett, *Culture: A Reformer's Science* (Sydney: Allen and Unwin: London and New York: Sage, 1998), p. 62.

② ［英］佩里·安德森：《西方马克思主义探讨》，高铦等译，人民出版社1981年版，第65页。

市民社会中的学校、传媒、各种机构都参与了权力的角斗场，权力弥散在社会各个实践领域，故权力并非为统治者所独占，整个文化领域、市民社会就是一个权力交织斗争的场域。

福柯则更强调权力的多样态、异质性和发散性，以及权力策略的灵活性、开放性和追求目标与针对对象的地域性、具体性。福柯特别指出权力的能产性，尤其治理性权力还具有呵护生命、追求生命福祉、维护生命和存在空间的积极性和能产性（前文已详述），他认为："我们不应再从消极方面来描述权力的影响……实际上，权力能够生产。它生产现实、生产对象的领域和真理的仪式。个人及从他身上获得知识都属于这种生产。"① 对福柯而言，权力的运作和方向的多样性与多向性使权力斗争趋向无中心的、永不停止的斗争过程：权力无所不在，它来自任何地方。因此霍尔承认："对两位理论家而言，权力是到处都存在的。如同福柯坚持认为的，权力循环往复。"②

但两者的差异也是根本性的甚至对立的。首先，两者对权力的社会基础和运行机制的理解完全大相径庭。葛兰西的文化霸权和国家暴力等权力形式仍然以马克思主义经济基础决定上层建筑为基本预设。尽管葛兰西与福柯一样看到了现代社会的权力逐渐渗透在日常生活的微观领域和社会关系的子系统内，但葛兰西认为权力仍然最终源自经济基础这个本源和中心，文化霸权的斗争也是以阶级为中心展开的斗争场域。统治阶级的文化权力自上而下传播支配性的意识形态，被支配阶级则自下而上地进行反霸权的文化斗争。福柯则坚决反对权力的任何本质和本源，他认为权力应被理解为多重的力的关系，权力存在于任何差异性关系中，不能从某个本源或基础寻找权力的源头。权力永远存在于关系中，是关系中的权力，它总是变化的、流动的、再生的。就是说，福柯的权力不是由社会的某种基础性的东西所决定的，它并不外在于社会，而是内在于社会形态中，"权力的形态——它的力量关系，它的性质、方向、活动机制——内在地构成了社会的形态——社会关系及其性质、方向、活动机制"③。

其次，福柯和葛兰西对权力策略和权力运行领域的理解各自不同，前

① ［法］米歇尔·福柯:《规训与惩罚》，刘北成等译，三联书店 2007 年版，第 218 页。

② ［英］斯图亚特·霍尔:《表征:文化表象与意指实践》，徐亮等译，商务印书馆 2003 年版，第 264 页。

③ 汪民安:《福柯的界限》，中国社会科学出版社 2002 年版，第 216 页。

者的权力策略是开放的，目标和对象是多元的，其范围囊括身体、思想、行为、意识各个层面；后者的权力策略是封闭单一的，文化霸权的范围仅局限在意识思想内。福柯将现代统治形式称为治理性，不仅在意识形态和文化领域，还涵盖社会其他领域，如政治、经济、社会等领域，它依据多元目标和不同对象而使用不同的技术和手法，故其权力策略是开放的、多元的、动态的。在葛兰西的权力范式里，资本主义民主社会中的、单一的"赞同"问题取代了单一的政治强制问题域，而"赞同"也仅限于文化、意识形态领域，忽视与个体操行和身体实践直接有关的权力。这就是说，葛兰西的文化霸权、策略、运行领域只局限在主观思想、意识范畴内的意识形态模式里，无视意识形态范围之外的任何内在于文化的权力形式，如文化制度、文化管理等。这点正是贝内特反对葛兰西范式的主要原因。

更重要的是，福柯所聚焦的正是葛兰西所忽视的。福柯思考问题的预设主要聚焦于问题的问题域本身，即考察对象得以形成的前提和条件是什么，也就是说，主要关注权力机制怎样运作而悬置权力为何、为谁的利益、为什么等的问题，这点恰恰表明福柯对合法理论的批判态度。而葛兰西的权力论属于合法理论，它关涉权力为谁的利益、为何和什么等问题，而未洞察权力如何运作和权力形成的条件和前提。福柯的治理性并不排斥葛兰西的"赞同"，事实上，治理性进一步追问的是赞同、暴力、主权等权力形式得以形成的条件和前提，勘察与主体性相关的权力机制的技术实践层面。这就表明："1. 个体与权力间不存在任何不变的永恒形式（如赞同）；2. 主体性不等同于意识。"①

在福柯的理论视域中对权力技术和身体性主体性的强调正是贝内特所大力赞赏的，对贝内特而言，这些因素不但在权力运行机制中极为重要，也正是葛兰西霸权范式所缺失和忽视的。福柯所言的权力技术包括一系列机构和实践，治理性（权力）是机构、程序、分析、策略、手法、计算等的总和，能使特定权力复合体得以具体实施。福柯关注的主要是权力实践，而非精神状态和观念系统的权力，治理性指在一个具体技术框架里的具体组构人、位置、文化资源、建筑环境等因素（也可指机构）。而葛兰西范式包括文化研究的新葛兰西主义，主要在思想意识的观念系统——意

---

① Tony Bennett, *Culture: A Reformer's Science* (Sydney: Allen and Unwin: London and New York: Sage, 1998), p. 70.

识形态范围内探讨文化权力。这对贝内特而言，文化霸权无疑自我封闭了权力的疆域，也忽视了与权力相关的主体的身体践行、权力实践等维度。

与福柯的权力实践相关的权力技术还凸显出葛兰西范式的另一个缺陷：对特定机构本身的权力实践的忽视，用贝内特的话说：“葛兰西不重视国家意识形态机器，将之作为传递意识形态的中空工具，而无视机构自身的复杂性和权力形态。”[①] 在贝内特看来，对机构自身的权力实践和技术的强调与否，是福柯与葛兰西的又一大差异。我们都知道，福柯的权力—知识是在机构中结晶的权力实践，其中包含具体的程序、手法、策略等技术层面；而葛兰西的兴趣主要在思想和意识范畴内，很少注意机构权力实践和技术层面。

笔者认为，贝内特之所以转向福柯治理性，是因为他前期对文学制度的物质层面十分关注，而文学制度的物质层面即是关于机构的权力实践和权力技术，这点恰是基于意识形态理论的葛兰西范式所缺失的。在文化研究领域，贝内特进一步将关于文学制度的机构权力实践、技术等物质层面的认识拓展到文化研究领域，这是对以往文化研究侧重意识形态而忽视凝结在机构上的权力实践的矫正。

最后，在与权力相关的主体性问题上，无论是葛兰西的阶级政治还是新葛兰西主义的差异政治、身份政治、族裔政治等，无一例外都指认语言学模式建构的主体性。福柯反对主体意识哲学，更反对奠基于先验意识之上的主体的存在，他认为主体是权力—知识实践的建构之物，权力不但在思想观念上作用于个体，而且在身体、行为方式、存在方式等具体存在层面上建构主体。

由于“治理性”概念含义的丰富复杂性和更能有效分析现实政治语境的合理性、适用性，治理性机制和策略的灵活性、开放性，目标和对象的多元性、具体性，以及基于意识形态理论的葛兰西霸权范式的局限与不足，对贝内特而言，文化研究需要转向福柯的治理性。他呼吁文化研究应当抛弃完全依赖于话语和语言模式的观念与无实际政治行动的“表征政治”，提出要重视“福柯效应”：

---

① Tony Bennett, *Culture: A Reformer's Science* (Sydney: Allen and Unwin; London and New York: Sage, 1998), p. 69.

聚焦于文化制度的运作程序和具体事物，洞察文化资源如何成为文化技术的一部分，因后者建构社会关系，组构不同领域的人们的行为。为此，文化超出了意识的表征领地，而涵盖了制度实践、日常管理、人们行为的空间排序和社会互动模式。①

贝内特在此用"文化制度"强调福柯所言的权力技术与实践对个体行为和社会领域的建构形塑作用。理论范式的转向使贝内特对"文化制度"的思考越出葛兰西范式的问题域，并在文化研究领域掀起了一场"文化政策研究"的知识运动和在学界引出有关"文化政策研究"长达十年的激烈争论。贝内特断然弃绝葛兰西范式而转向福柯，其实是与马克思主义进行了彻底的决裂，这也表征了当代文化研究理论内部存在的矛盾和危机：回到马克思主义，还是彻底走向后现代主义？

第二节　文化政策研究

一

20 世纪 90 年代初，在伊利诺伊香宾大学（University of Illinois ）召开的一次文化研究会议上，贝内特提交了一篇轰动整个会场的论文：《置政策于文化研究之中》（*Putting Policy into Cultural Studies*）。在这篇影响深远、极富开创性的论文里，贝内特把文化与治理问题首次提上了文化研究的议事日程。该文挑战了人们一贯依赖意指实践来界定"文化"的观念，同时也挑战了基于意指实践建构的反霸权政治实践。简言之，该文对当时文化研究领域占据主导理论参照地位的葛兰西范式给予了激烈批判。

贝内特指出，建基于意指实践之上的葛兰西范式的文化研究，"没有充分注意到制约文化的不同领域的制度状况。这反过来会导致对这类状况产生特定种类的政治问题和关系的方式的忽视"，"文化研究中的葛兰西式分析往往对制度持冷漠态度，结果未能充分注意在区分文化技术时产生

---

① Tony Bennett, *Culture：A Reformer's Science* （Sydney：Allen and Unwin；London and New York：Sage, 1998）, pp. 81–82.

的特定政治关系和预测形式的那些思考"①。贝内特在结合威廉斯的文化概念和福柯的"管治"（police）概念的基础上，针锋相对地指出，文化实践事实上始终处于特定的管理和制度网络中，它既是管理的目标，也是管理的工具。从文化身处的管理制度网络背景而言，需要在"理论上、实践上和机构上将'政策'（policy）置于'文化研究'之中"②。

　　需要说明的是，贝内特所用的"政策"一词具有宽泛意义，并非通常狭义上理解的具体的明令细则、条文规范等，而是"文化实践受制的程序、制度和管理条件——简言之，可以从理论上恰当地理解为政策的关系网络"③。也就是说，文化政策关涉文化管理的运行机制，"文化政策研究"意味着以作为表意实践的"文化"为资源，对个体的日常生活和行为（文化）予以影响、产生某种效果的特定的技术、程序、目的、手法等外部条件的考察，因为正是凭借这些外部条件，作为意指实践的文化得以履行特定功能，达到某种效果。为此，与文化相关的政策、制度、管理和手段应被看做文化的重要部分和领域。

　　贝内特提出文化政策的立论依据源于他对"文化"概念的重新界定，具体来说，他以福柯的"管治"概念将威廉斯的"文化"概念重新语境化，由此赋予"文化"概念以治理性内涵。众所周知，在威廉斯对"文化"术语做的历史性梳理中，"文化"主要在三个相对独特的意义上被使用：艺术及艺术活动；一种特殊生活方式；一种发展的过程。贝内特指出，这三种用法间存在一定的语义关联性，已暗含着治理与文化的关系，但威廉斯本人和后来的文化研究学者未给予足够的重视，却将注意力全然放在人类学意义上的"文化"用法上。贝内特认为，文化概念表示发展过程的第三种用法："独立、抽象的名词——用来描述 18 世纪以来思想、精神与美学发展的一般过程。"④ 这一表示过程的文化用法暗示了第一种用法与第三种用法间的语义关联：作为审美及艺术的智性活动管理、改变着人们道德行为及精神品行方面的生活方式，前者是管理的手段，后者是

---

　　① 托尼·贝内特：《置政策于文化研究之中》，罗岗等编：《文化研究读本》，中国社会科学出版社 2000 年版，第 96—104 页。

　　② 同上书，第 94 页。

　　③ 同上书，第 102 页。

　　④ ［英］雷蒙·威廉斯：《关键词：文化与社会的词汇》，刘建基译，三联书店 2005 年版，第 106 页。

管理的目标，"文化既表现为管理的目标，又表现为管理的手段"①。

　　文化被铭刻在一套内在于制度的管理网络的历史发端始于福柯所言的具有管治（police）② 特征的现代社会。福柯指出"police"一词在不同历史时期其含义不同，十五六世纪它主要指对国家、城市、警局等共同体或组织的有效管理，从 17 世纪起，"police"一词主要指一套维系国内良好秩序的方法、法规和技术。③ 福柯依据西方权力形式的变化，将西方国家大致分为司法社会、领土行政社会和人口治理国家，管治是西方十七八世纪人口治理国家为维系国内秩序，呵护人口生命的繁殖、健康、安全、财富增长等目的，主要依凭的一系列特定手段即为治理技艺。可以说，十七八世纪的管治技术主要用以对人口—生命的积极的、建设性的治理，如此，人口治理国家才得以真正确立起来。"牧领、新的外交—军事技术以及管治：我认为正是这三个因素，使得国家的治理化这个西方历史上的基本现象得以产生。"④ 正是在这一过程中，管治将与人口和生命有关的一切如生存状况、存在方式、行为模式、思维方式、习俗……逐渐纳入一个积极而庞大的管理网络里。对贝内特而言，这也意味着把文化纳入管治技术的制度网络中，文化自此成为管治不可或缺的内容，文化既是管治治理的对象，也是目标。

　　显然，依贝内特的理解，文化是现代社会治理过程中的积极能动者。它属于现代多元治理模式之一，具有弥散性、地方性和多元性等治理性特征：目标的多样性、对象的特定性、手法和策略的灵活性，这一切将特定文化形式转变为文化资源，后者以多元决定形式铭刻在指导人们身体践行的多元规划中。为此，文化不是葛兰西所言的社会各阶层的"黏合剂"，并不调停国家和市民社会以及社会各阶层的关系，它首先是现代社会多样化、弥散化的治理领域。那么，作为现代社会治理领域之一的文化，相比其他领域的治理性又有什么特质呢？

---

　　① 托尼·贝内特：《置政策于文化研究之中》，罗岗等编：《文化研究读本》，中国社会科学出版社 2000 年版，第 99 页。

　　② "police"通常被译为"治安"，莫伟民认为，根据这个词在福柯文本中的语境，最好译为"管治"。本书较认同莫伟民的认识，采纳他的译法（莫伟民：《管治：从身体到人口——福柯思想探究》，《学术月刊》2011 年第 7 期）。

　　③ 莫伟民：《管治：从身体到人口——福柯思想探究》，《学术月刊》2011 年第 7 期。

　　④ ［法］米歇尔·福柯：《安全、领土和人口》，赵晓力译，http://www.douban.com/group/topic/6501935/。

　　贝内特认为,其部分答案是文化"用自己特别的矛盾话语组织了具体的领域和工具,如文化与自然、文化与文明、文化与混乱等"①。文化概念的这种二元分裂和梯形结构建立起一个差异领域。依照福柯的权力理论,有差异的地方必然存在权力关系,那么在文化自身裂变出的梯形结构里,较高端的一方为治理的对象,另一方则为使对象趋于标准化、规范化的手段。文化梯形结构的建立和二元对立结构均与治理相关,正是治理的不同规划确立了针对的对象和特定文化资源作为实现这一规划的工具。可见,文化被治理性策略性地分化、转变、利用,实施着最终改变人口的道德精神和行为品性的治理目的,文化无不处于治理性的巨大投影中。或言之,当文化被看做内在于一系列特定的制度管理网络时,文化权力便已走出基于表意符号系统的微观文化政治而趋向宏观的社会政治,文化权力兼容微观文化政治与宏观社会政治于一身。就文化既是治理的目的(人口——大众的精神道德与行为品性或曰人类学意义上的文化)又是治理的工具(特定的文化形式和实践如艺术审美)而言,文化是改革者的科学,是一个改革的机器。

　　例如,爱德华·泰勒和雷蒙·威廉斯的人类学意义上的文化概念便与特定的治理策略和治理规划相关,它将某类独特的生活方式(殖民地人口或工人阶级的生活方式)建构为改革者的治理规划的对象。泰勒与威廉斯都界定了一个人类学意义上的文化:特定的生活方式。这个定义表面似乎宣扬文化多元主义和民主平等观念,并激励后来者继续从事与此观念有关的文化事业。但实则它在不同文化领域的等级制度中设置了一个策略性的标准网格,建立起将某种生活方式的文化作为改革对象的梯形结构,并以梯形的高端部分作为文化资源和手段,改造处于低端的作为生活方式的文化,即改变和克服后者在道德、政治或审美上的匮乏和缺陷。在泰勒那里,是以艺术审美为手段教化工人阶级的道德和行为,教化"野蛮人",在威廉斯那里,则是以工人阶级文化为资源和工具根除资本主义意识形态,实现有机文化共同体的目的。不论具体的治理规划如何不同,文化作为改革机器的运行机制是一样的:设置一个可以改造和影响某些文化实践的标准网格和梯形结构,最后在宏观层面上达到管理人口——大众的

---

　　① Tony Bennett, *Culture*: *A Reformer's Science* (Sydney: Allen and Unwin; London and New York: Sage, 1998), p. 77.

精神道德和行为品性的目的。为此，文化治理性也是微观文化权力与宏观社会政治权力的结合。

人类学意义上的文化概念不断扩充着治理所针对的对象和领域，"文化的人类学定义所起的历史作用一直是扩展了治理艺术的范围"①。治理权力无所不在，并不存在任何外在于权力（治理）的文化实践和行为，也不可能存在一个不受权力渗透的主体性位置，这点与文化研究的新葛兰西主义并无二致。其区别在于新葛兰西主义所言的权力是意识形态和意指实践的微观文化权力，而贝内特所指的权力是微观文化权力与宏观社会政治权力的融合——治理性。

文化实践、日常行为、自由、抵抗、主体性最终无不处在宏观社会政治的治理网络内。对此，贝内特十分乐观，"这并不是一件遗憾的事。相反，正因为这种文化、政策和管制领域的联结，才构成（可以这样说）我们所继承的东西，并且为我们作为文化领域的知识分子（无论是理论家、政策制定者还是管理者）的活动提供了条件"②。正是治理性构成了文化研究得以实践和工作的必不可少的前提条件和动力，文化研究也内在于治理的特定策略和规划，文化研究包括其政治规划和批判实践自身便被铭刻在特定的制度管理关系内。

文化研究出现伊始便自命为一种内在的对抗和抵抗的知识实践，它借助文化和意义的版图之争，试图"质询"反霸权的意识和主体，无论反霸权意识是基于阶级、性别还是族裔的政治抵抗。但文化研究通常遗忘了自己身处的教育制度语境：逐渐体制化的课程和知识实体化、众多的批评家、大量的教科书和日益增多的学生。它作为教学性事业，通过文本批评的形式，力图改变千百万年轻人的头脑，是一种意识强化模式。文化研究的文本批评实践实则是一种特殊的治理技术：意指系统技术，用来组构主体的治理技术。文化研究的从事者基本上是处在教育体制内的教师，他们无不卷入与治理相关的制度事宜，如理查德·霍加特就曾一度参与改良主义文化政策，参与了英国广播大型调查；出席审理《查特莱夫人的情人》

---

① 托尼·本尼特：《本尼特：文化与社会》，王杰等译，广西师范大学出版社 2007 年版，第 198 页。

② 同上书，第 196—198 页。

一书的法庭;出任联合国教科文组织的副主任等。①

　　承认治理性权力的建设性和积极性,承认文化研究的批判实践和反抗实践内在于治理权力,承认它们在特定时期被囊括在全部的统治过程之中,这些都激励贝内特积极介入现存的制度安排,他呼吁与阿尔都塞、文化研究者们一直以来持敌视态度的"意识形态国家机器"进行对话,"在特定的文化制度内操作程序和政策过程内部进行更多的战略性干预的知识工作"②,与官方或非官方各种性质的机构、团体、组织建立顾问和建议关系,实施更为实用的策略性干预的政治。无疑,贝内特的文化政治最终走向实用主义路线。

　　由以上论述可知,通过将威廉斯的文化概念置于福柯所言的管治语境下,贝内特将"文化"重新概念化为治理性内涵,强调文化内在于特定的管理制度关系网络中的特质,突出文化在一定管理运行机制(程序、手法、目的、技术)条件下所形成的多元决定力量与伦理主体的建构关系,从而重构文化的概念、文化研究的对象和领域。文化政策研究的倡导,为文化研究开启了将微观文化权力与宏观社会政治的分析相结合的新途径。同时,诚如澳大利亚学者哈特利所言,贝内特的文化政策研究"给文化研究提供了另一种方式,供文化研究思考和处理意识与经济的关系"③。

二

　　哈特利的评价所言非虚。从学理角度而言,贝内特发起的"文化政策研究"在一定程度上也是对 20 世纪 90 年代以霍尔为代表的英国文化研究在面临范式危机时所做出的应对策略和理论范式的调整。90 年代,文化研究遭遇了第二次范式危机,这次范式危机一般被认为是以费斯克的民粹主义为征兆的。吉姆·麦克盖根④在《文化民粹主义》中率先发起对以费斯克为代表的不加批判的民粹主义的批评:

---

　　①　[澳大利亚] 约翰·哈特利 (John Hartley):《文化研究简史》,季广茂译,金城出版社 2008 年版,第 192 页。

　　②　托尼·贝内特:《置政策于文化研究之中》,罗岗等编:《文化研究读本》,中国社会科学出版社 2000 年版,第 110 页。

　　③　[澳大利亚] 约翰·哈特利 (John Hartley):《文化研究简史》,季广茂译,金城出版社 2008 年版,第 189 页。

　　④　吉姆·麦克盖根 (Jim McGuigan) 又译为"吉姆·麦奎根"。

当代文化研究中的范式危机——不加批判的民粹主义之流即为征兆——已被明辨，并与曾一度使研究领域结合一体反对政治经济学观点的新葛兰西（neo-Gramscian）主义霸权主义理论的内在矛盾相联系。①

麦克盖根指出，以霍尔为首的新葛兰西主义力图以大众文化为场域，给予大众消费和大众文本不加思索的褒扬，一味强调消费环节的、基于文化意义上的消费快感、身份建构、狂欢式抵抗等反霸权斗争，将文化完全归结为政治，将（社会）政治贬斥为文化政治招徕，这种立场是危险的。② 更重要的是，文化民粹主义由于忽视了生产环节的经济和技术的决定力量，放弃了文化研究的政治经济学范式，它根本不能说明文化的物质条件与文化文本、文化消费之间的辩证关系，反而表明费斯克之流的"符号学民主"事实上与自由市场经济的"消费至上"存在理念上的暗合与一致。③

麦克盖根将指责的矛头直接对准当代文化研究放弃政治经济学模式和阶级分析的作法，他的批评可以看做对当代文化研究面临范式危机时所开出的诊疗方案之一。英国文化研究的传统最初得益于马克思的思想，从这个角度而言，文化研究是关于意识与经济间关系的研究。但英国文化研究的历史表明，它并未公平地给予两者同等的关注，正如哈特利所说："文化研究是连接意识与经济的枢纽。它对意识和经济之间关系的持久关注，得自马克思，尽管在处理这两个因素时，可能无法做到不偏不倚。"④ 英国文化研究围绕着意识、主体性、身份、个人经验展开理论和实践层面的分析，因反对经济还原论、悲观精英主义，强化意识在社会结构中的自足性、能动性、建构性而逐渐放弃了经济分析。雷蒙·威廉斯在《文化与社会》《漫长的革命》中告别了以李维斯为代表的超功利、狭隘的精英文

---

① ［英］吉姆·麦克盖根：《文化民粹主义》，桂万先译，南京大学出版社 2001 年版，第 6 页。

② 同上书，第 17 页。

③ 同上书，第 82 页。

④ ［澳大利亚］约翰·哈特利（John Hartley）：《文化研究简史》，季广茂译，金城出版社 2008 年版，第 159 页。

化定义，将文化理解为一种整体的生活方式，它包括"生产组织、家庭结构、表现和制约社会关系的制度的结构、社会成员借以交流的独特方式等等"①。这表明文化分析就是从社会结构复合体间关系的角度出发，与社会制度和结构分析结合起来。文化在此有了与社会结构各层面互动交融的位置。同样，E. P. 汤普逊也反对经济决定论和庸俗马克思主义的阶级决定论，强调文化的独立性和人类的能动性，指出文化在形塑阶级意识过程中所具有的关键作用。

及至霍尔时代，英国文化研究进一步从阿尔都塞意识形态理论与语言学中汲取理论养分，文化不但被理解为意识形态，后者是"个人同他所存于其间的现实环境的想象性关系的再现"，文化和意识形态质询主体身份，而且文化凭借语言和表意系统的话语来建构世界，赋予世界以意义，"文化不必看作是建立在经济或社会结构任何其他维度基础之上并由此派生的"，"文化除了被社会结构塑造外，也能够塑造社会结构"②。霍尔曾撰文对那些指责他忽视经济和社会革命，却对文化、款式、广告等琐事兴味盎然的人回应道：

> 观念的上层建筑（在这种情形下即虚假观念和虚假意识）会直接影响事情的发展。如果说，承认这个事实会使我们重新思考某些较为原始却又至今流行的问题，比如重新思考如何阐释马克思的下列警句——"不是人们的意识决定人们的存在，相反，是人们的存在决定人们的意识"——的问题，那我只能说，"修正主义万岁"。③

霍尔的"修正主义"传达了文化可看做一个自足的系统而被加以考察的信念。虽然以霍尔代表的英国文化研究后来引入葛兰西的文化霸权概念，但其关注点并不在于强调经济维度，而是进一步建立了结构主义—符

---

① 罗岗、刘象愚主编：《文化研究读本·前言：文化研究的历史、理论和方法》，中国社会科学出版社 2000 年版，第 6 页。

② ［英］阿雷恩·鲍尔德温等：《文化研究导论》，陶东风译，高等教育出版社 2004 年版，第 28 页。

③ 转引自［澳大利亚］约翰·哈特利（John Hartley）《文化研究简史》，季广茂译，金城出版社 2008 年版，第 180 页。

号学模式上的意义建构论的文化观，把市民社会"文化意义化"，突出文化和意识形态斗争的动态性、复杂性，这反过来强调了文化在社会政治斗争中的决定作用。

随着后现代思潮的冲击，霍尔与拉克劳等人联手，进一步凸显文化的能动性、建构性作用，他们借用德里达的延义思想和福柯的话语理论，把目光锁定在文化消费环节，主张考察意义消费和生产过程中基于意指实践的话语对社会关系和社会身份的建构作用：

> 意义与其说简单地被发现，还不如说是被生产（建构）出来的，所以在现在已被称为"社会构成主义的路径"中，表征被认为进入物的建构过程本身，文化被构想成为一个原初的"构造"的过程，在形成各种社会问题和历史事件方面，其重要程度不亚于经济基础，它已不再单纯是事件发生以后对世界的反映。①

霍尔提出极具影响力的"表征""差异政治""身份政治""耦合"等概念。文化政治实际上意味着意义的版图之争，强调更为境遇化、弥散化、世俗化、具体化的微观文化政治对于社会的变革力量，成为诸如女权主义、生态运动、同性恋组织种种新社会运动的理论支撑。微观文化政治由此取代了以经济和国家结构为基础的宏大社会政治，阶级政治蜕变为身份政治。

文化研究的后现代转向对文化的自足性与微观文化政治的一味偏激式褒扬，忽视了与文化有关的生产和经济维度，"走向了文化分析的唯心主义认识论，因迷恋理论而把理论当做了文化分析的目的，因依赖隐喻而语焉不详"②。而且文化政治因变得"泛政治化"而失去其最初的激进革命立场，它全然与经济脱钩，也在某种程度上与统治制度相关的宏观社会政治脱钩，无力"很有经验地处理民族及全球政治、经济与媒体制度中的

---

① ［英］斯图亚特·霍尔：《表征：文化表象与意指实践》，徐亮等译，商务印书局2003年版，第6页。

② Marjorie Ferguson and Peter Golding, "Cultural Studies and Changing Times: An Introduction," Ferguson, Marjorie and Golding, Peter, eds. *Cultural Studies in Question* (London: Sage, 1995), xx - xxii.

深层次结构变化"①。文化研究似乎越来越脱离对社会生产方式、工人阶级以及社会边缘弱势群体的关注，也无视当代社会事实上存在的诸种因经济理性运作而导致的经济资源配置的不公平和经济压迫等现象，逐渐沦为艰涩的学术理论话语游戏。

由于以霍尔为代表的当代文化研究的后现代转向过于倚重语言学—符号学模式的意义建构论，显示出对政治经济学模式和对宏大社会政治的漠视，在 20 世纪 90 年代招致学界（如社会学与媒体政治经济学）对文化研究的苛责，也引起文化研究内部的自我反思。人们普遍认为，当代文化研究的新葛兰西主义面临着文化研究的第二次范式危机，以费斯克为代表的不加批判的文化民粹主义是这次危机的典型征候。如果说，英国文化研究内部关于结构主义与文化主义之间的范式争议所表征的第一次危机是关于方法论上的危机的话，那么第二次危机则是深入立场与价值观上的危机。②

面对当代文化研究的范式危机，人们纷纷开出诊疗方案和应对策略，试图在新的历史情势下，重新理论化意识与经济的关系，给予经济和宏观社会政治适当的关注，将微观文化政治与宏观社会政治、文化与经济有效融合。其中，吉姆·麦克盖根、尼古拉·加恩海姆、道格拉斯·凯尔纳、詹姆逊、伊格尔顿、哈维等人提出的"回归政治经济学"的呼声最高，他们认识到文化文本"本身的表达逻辑最终可能只是一种政治的和经济的逻辑的功能"③。而如何在新的历史语境下做到既能避免经济还原论，又能合理分析文化权力与物质经济权力运作的问题，可谓言人人殊，目前还未有一个较为令人信服的定论。

但"回归政治经济学"的主张，又不免使人们担忧是否会重蹈经济还原论的覆辙，这种情形诚如麦克罗比所言："以弗雷德里克·杰姆逊（1984）和大卫·哈维（David Harvey, 1989）等批评家标示的回归前—后现代主义的（pre-postmodern）马克思主义并不能站住脚，因为可以预计

---

① Marjorie Ferguson and Peter Golding, "Cultural Studies and Changing Times: An Introduction," Ferguson, Marjorie and Golding, Peter, eds. *Cultural Studies in Question* (London: Sage, 1995), xxv, xiii.

② 陶东风、和磊:《文化研究》，广西师范大学出版社 2006 年版，第 39 页。

③ ［英］保罗·史密斯等:《文化研究精粹读本》，陶东风主编，中国人民大学出版社 2006 年版，第 9 页。

的是，回归这一术语意味着经济关系和经济优先决定着文化与政治的关系，使后者沦为一种机械与反映主义的角色。"①

与此同时，一些激进的后现代文化研究学者也对因意识与文化、微观文化政治与宏观社会政治间的不平衡关系所引起的文化研究范式危机施以应对策略，其中以贝内特提出的文化政策研究较为有影响力。贝内特以福柯的"治理性"为立论依据，将与文化相关的政策、制度、管理和手段纳入文化领域，这意味着文化政策研究超出了以意指实践为基础的"意义版图之争"的微观文化政治之问题域而趋于更具实践色彩的社会政治。

由于"治理性"这个概念容许从针对个体的身体践行的规训技术的微观分析拓展到对宏观规模的人口的生命权力的分析，这便为贝内特融合微观和宏观视角洞察文化与权力的关系提供了立论依据。贝内特在赋予人类学的文化定义以治理性内涵，把文化理论化为"特定管治领域"，即社会管理领域之后，重点思考围绕身体政治的微观文化权力如何通过无数的细小节点逐步形成管治人口的大规模的、暂时呈稳定形态的社会政治，这涉及符号意指技术、自我技术和统治技术三者的关系（后节专述）。

总之，贝内特提出的文化政策研究主要聚焦于与文化相关的社会治理性与公民身份的形成，换言之，"文化政策研究聚焦于社会行为的调控和自我身份的形成机制"②。它以治理性为枢纽，有效地将个体身份与社会行为结合起来，从而也将微观文化政治与宏观人口治理的社会政治联系起来。从这个角度而言，文化政策研究是对当代文化研究忽视宏观社会政治的矫正，也是对处于范式危机中的当代文化研究开出的疗救方案。正如汤姆·奥里根（Tom O'Regan）所指出的，文化政策研究的出现一方面表征了文化批评已出现的身份危机，另一方面也是当代社会文化、文化规划积极参与治理建议过程的现实需求。③

而且，文化政策研究的提出也为文化研究在经济基础—上层建筑之外重新思考文化与经济间的关系开辟了一个潜在空间。文化政策研究主要围

①　Angela McRobbie, "Post-Marxism and Cultural Studies: A Post-script," Grossberg, Lawrence, Nelson, Cary and Paula A. Treichler (eds.), *Cultural Studies* (New York and London: Rutledge, 1992), p. 719.

②　[英] 吉姆·麦奎根（Jim McGuigan）:《重新思考文化政策》，何道宽译，中国人民大学出版社 2010 年版，第 19 页。

③　John Frow and Meaghan Morris (eds.), *Australian Cultural Studies: A Reader* (Urbana and Chicago: University of Illinois Press, 1993), p. xiv.

绕公民身份（citizenship）展开相关的政策运筹、调控策略等的调查和实施，于人口治理的社会行为层面上实现社会民主之改革修辞，其中必然涉及权力、经济、技术、知识、话语、物质、机构、文化实践等多元异质成分的相互作用。经济不再是起决定作用的纵深动力基础，而是与政治、文化、社会、知识、话语、物质等处于横向平面的成分之一，并与它们互动交融、彼此纠缠（后节详述）。文化政策研究对经济与文化间这种平行互动关系的强调仍受益于福柯的"治理性"概念。

前文已述，现代治理性主要采取了以人口—生命为目标的生物权力形式。福柯承认生物权力是资本主义发展过程中必不可少的要素，"如果不把肉体有控制地纳入生产机器之中，如果不对经济过程中的人口现象进行调整，那么资本主义的发展就得不到保证"[①]。而且，资本主义为适应经济的发展，还要求用各种手段和技巧不断增加和最优化对肉体和人口的调节，使之变得更加有用和驯服。18 世纪发展起来的各种机构所使用的生物政治、解剖政治等权力技巧在经济发展和维系经济过程中始终运作和发生着效应，它们也是社会分化和等级化的因素，保护支配关系、维系霸权，调整人口的积累以适应资本的积累，把人类群体的增长与生产力的扩张和利润联系起来，而这一切必须依赖生物权力对身体的管理、分配、定价才得以可能。[②]

福柯的治理性概念表明，在现代资本主义社会时期，以生命权力形式出现的治理性非但是资本主义经济发展必不可少的支撑性因素，而且生命权力与经济具有相互交融、不可分割和可转换的关系。"治理艺术不应局限在与经济有别的政治领域，相反，由自治法则和恰适理性所支配的、在实践上和概念上被指定的不同空间，其自身便是'经济'治理的因素。"[③]这句话既强调了治理性与经济间的不可分割性、彼此交融性，又暗示经济与政治间的可转换关系，并且这种可转换关系应该在一种社会权力关系转变的视点的框架内被分析。"一言以蔽之，关于治理的分析没有集中于经

---

① ［法］米歇尔·福柯:《性经验史》，佘碧平译，上海人民出版社 2002 年版，第 101 页。

② 同上。

③ Thomas Lemke, "Foucault, Governmentality, and Critique," Paper Presented at the *Rethinking Marxism Conference*, University of Amherst（MA）（September 21–24, 2000）, p. 10.

济的权力，而是强调'权力的经济'。"①

治理性概念承认权力管理下的日常生活层面的身体对现代社会经济发展中的巨大历史效能，启示了文化政策研究及其追随者们从文化政策筹划、制定和实施等角度将个体身体践行、社会行为与经济联系起来，关注文化状况、文化生产和文化消费，凸显文化文本、文化实践与社会、经济的联系，为文化研究重新思考文化和经济的关系提供了可能性领域。文化政策研究对重新语境化文化与经济的关系的积极意义，诚如吉姆·麦克盖根的评价：

> 从文化研究的政策导向的观点出发的研究视角已经部分偏移了对文化文本及其意义的重视，以开启了关于文化状况的问题；并且，在这样一个意义上，同时也是在更为一般的意义上，它与关于交往和文化的政治经济学视角有密切关系。②

吉姆·麦克盖根本人正是从文化政策研究领域切入文化的政治经济学的倡导者和开拓者。

贝内特虽然在理论上将治理性这个概念首次引到文化研究领域，并在理论上创造性地阐述了文化与治理性的关系，使治理性这个概念呈现出极为复杂丰富的内涵，开启了文化与经济间关系的可能性空间。但遗憾的是，在实践上，贝内特并未真正将重点放在文化与经济的关系上，也未凸显治理性所蕴含的重要的经济维度。相反，贝内特将文化"治理性"频频简化为"为政府工作"，把焦点仅集中于国家政策领域，呼吁介入和与"意识形态国家机器"对话，将"文化政策研究赶向了作为调整者、资助者和政策制定者的政府"③，却根本无视如下事实：在当下经济理性时代，当代西方新自由主义的治理是以经济为手段的治理而非以国家为手段的治理，文化政策的关键场所是市场而非"政府"。贝内特的文化政策研究将

---

① ［英］托马斯·莱姆克：《不带引号的马克思——福柯、规治和新自由主义的批判》，陈元译，《现代哲学》2007 年第 4 期。

② ［英］吉姆·麦克盖根：《文化政策研究》，陶东风主编：《文化研究精粹读本》，中国人民大学出版社 2006 年版，第 198 页。

③ ［澳］约翰·哈特利（John Hartley）：《文化研究简史》，季广茂译，金城出版社 2008 年版，第 200 页。

注意力最终还是从市场和经济上移开,代之以"意识形态国家机器"和国家层面的政府。可以说,贝内特一手打开了文化与经济间关系的大门,另一手又急急地关上,转而一味强调文化研究积极介入国家和政府层面的文化政策的制定和实施过程。贝内特的文化政策路径体现出官僚政治伦理和实用的工具主义,引起人们的质疑和批评,甚至长达十年的激烈争论。

无论如何,贝内特倡议的文化政策研究以治理性为依据,将微观文化政治与宏观社会政治有效联系起来;在经济基础—上层建筑之外,为文化研究重新思考文化与经济的关系开启了新的想象空间;积极应对了文化研究所面临的范式危机,并开出大胆有益的疗治方案,为文化研究开拓了新的疆域——"文化政策研究";在世界范围内掀起了文化政策研究的实践和理论热潮,以及数十年来关于文化政策研究的争议和讨论,等等,所有这些都说明贝内特发起的文化政策研究的确是文化研究的一个大的学术事件。

第三节　文化与社会交往:文化研究的物质转向

由于治理性视角化了的"文化"被贝内特界定为"既是治理的工具,又表现为治理的目标",前者意指艺术审美形式,后者是宏观层面的人们的生活方式,联结两者的节点则是治理权力。为此,阐明治理性、社会交往(the social,又译为"社会层面")和文化三者间的具体联系机制是贝内特进一步深化其文化政策思想所面临的理论任务,同时,也是将微观政治与宏观政治联系起来的关键。更重要的是,在对文化与社会关系问题的解决上,贝内特还开创了不同于政治经济学模式的另一种"文化生产"思路:视文化为人类与非人类各异质因素动态聚合产生的结果,强调文化的物质性生产过程。贝内特将这一生产过程称为"聚合中的文化"(Assembling Culture)。

解决治理性、社会行为和文化三者的关系,事实上涉及以治理性视角重新审视文化和社会交往(the social)的含义及其相互间的关系。在解决这一问题时,贝内特把布鲁诺·拉图尔(Bruno Latour)的行动者网络理论((Actor-Network-Theory,简称ANT)与治理性融合在一起,提出"聚合中的文化"(Assembling Culture)的观点,以突出"文化"和"社会交往"的动态物质生产过程,赋予两者更具物质性和实践辩证的含义,揭示文化实践如何借助知识—权力的毛细血管调控、形塑社会交往和社会行为。这就与以意义和意指实践为基础的当代文化研究主流模式拉开了距离，体现了贝内特敦促文化研究摆脱基于语言—符号学模式所诱发的文化唯心主义，积极探索一条不同于历史唯物主义深度模式的唯物和历史化研究方向的决心：

> 我的定位是唯物主义的，它的含义一如布赖恩·穆恩（Brain Moon）所提出的："唯物主义的"。这个词语现在应当在一种有限的意义上展开，以表明一种分析方式，它对社会现象的解释基础放在历史条件之中，而不是建构一种在更为基础的原因之上的普遍的效果和表达。因而它与历史唯物主义不同，这里重在强调偶然性，即多种历史条件和力量相互作用所产生的社会生活和形式，而非遭受任何普遍决定力的制约。……"赞成这种意义上的唯物主义的文化研究，便是赞成文化研究将自己的关注点细致化、分化，具有一种密度历史的意味：关注文化和权力具体关系的特定构成和功能，将它们理解为复杂的相互作用的条件和结果，以及引起的弥散的和复杂的组织效果。"①

一

对文化与社会（society）关系的探讨历来最能激起卓越的思想家和社会学家们天才般的想象，其中当属马克思的影响最大。马克思的唯物史观把社会形态理解为经济基础与上层建筑构成的有机整体，经济基础的性质变化决定上层建筑和社会形态的变化、更替。虽然马克思承认文化和意识形态对经济基础具有能动的反作用，但认为它们依然最终受到作为结构性存在的、超个人的社会有机整体的决定和制约：

> 人们在自己生活的社会生产中发生一定的、必然的、不以他们的意志为转移的关系，即同他们的物质生产力的一定发展阶段相适合的

---

① Tony Bennett, *Culture: A Reformer's Science* (Sydney: Allen and Unwin; London and New York: Sage, 1998), p. 29.

生产关系。这些生产关系的总和构成社会的经济结构，即有法律的和政治的上层建筑竖立其上并有一定的社会意识形式与之相适应的现实基础。物质生活的生产方式制约着整个社会生活、政治生活和精神生活的过程。不是人们的意识决定人们的存在，相反，是人们的社会存在决定人们的意识。①

在马克思的唯物史观里，"社会"（society）既是一个不断变化的有机体和不同构成层次相互关联的总体结构，又是一个与自然世界不同的属人的世界，它表现为一种以物质生产关系为基点的物质性存在。② 马克思的社会总体性结构思想深刻影响了后来者尤其是马克思主义者，阿尔都塞把马克思的"社会整体"结构说重新阐释为一种关系性构成而非实体存在，赋予上层建筑包括意识形态和文化以相对自治的地位，认为文化与意识形态渗透在社会大厦各部分，具有胶合剂的功能，它维系、再生产着社会关系。虽然阿尔都塞突出了文化与意识形态以及社会结构各层次的复杂关联和相对自治，但他仍然坚持经济基础对它们的最终决定作用。他说，马克思的社会整体观是"某种复杂性构成的、被构成整体的统一性，因而包含着人们所说的不同的和'相对独立'的层次。这些层次依照各种特殊的、最终由经济基础决定的规定，相互联系，共同存在于这种复杂的、构成的统一性中"③。

同样，雷蒙·威廉斯进一步强调文化的相对自主性和物质客观性以规避刻板的经济决定论，呼吁一种"文化唯物论"，但他还是坚持文化依附于并被阶级关系所决定，而后者源自生产关系的经济结构。雷蒙·威廉斯的重要贡献之一在于对文化的物质实践性的极度肯定。与文化属于精神、意识等形而上层面，物质则是实在、存在的形而下的这种二元观念相反，威廉斯在历史唯物主义立场上，强调文化本身就是一种物质的东西或过程："历史唯物主义包含理解形形色色的物质、文化和文学等的生产。

---

① 《马克思恩格斯选集》第2卷，人民出版社1995年版，第32页。
② 马克思关于"社会"的思想，本书参考了肖瑛的观点（见《回到"社会的"社会学》，《社会》2006年第5期）。
③ ［法］路易·阿尔都塞：《读资本论》，李其庆、冯文光译，中央编译出版社2001年版，第107—108页。

我把这种立场称为文化唯物主义。"① 威廉斯认为，不但实物的生产是一种劳动实践，而且智性活动和作为想象性产品的文化的生产也是一种劳动实践，具有改变、影响、介入人们生活的物质作用。由此，威廉斯的文化定义是一个共同体概念，囊括了人们的日常生活和经验，并要求对文化的分析必须立足于一种综合和整体的视角，打破社会历史"背景"与文本"前景"的区别，揭示了主导意识形态在文本中的暗自渗透，寻找抵抗主导意识形态的蛛丝马迹。

威廉斯的文化唯物论强调文化在改变和影响社会生活方面所具有的物质实践力量和能动性，强调文化作为一个有机整体与社会、历史、政治、经济等的复杂关联性。"社会"对威廉斯而言同样也是一个结构性总体概念，文化在塑造阶级意识的同时也被社会总体结构所规定。威廉斯指出，"文化"概念融合了"两种反应：其一是，承认某些道德与智性活动实际上有别于那些推动新社会发展的力量；其二是，强调这些活动——作为集中体现人类兴趣的领域——其地位不仅高于那些注重实效的社会判断过程，而且它们本身还具有缓冲和整合后者的作用"②。威廉斯既强调文化所具有的改变和影响现实社会的物质实践性和能动性，又看到了社会与文化间的区别，以及社会对文化在一定程度上的规定性，使文化唯物论富含合理的辩证色彩。

威廉斯、汤普逊和霍加特等人在批判刻板的经济决定论的同时，格外推崇文化在社会发展过程中的能动作用，这成为英国文化研究的重要传统。随着霍尔等人用葛兰西霸权理论对英国文化研究"文化主义"与"结构主义"范式之争作出调停之后，英国文化研究在20世纪80年代受到各种"后学"思潮的冲击和影响，逐渐转向"后现代"，开始密切关注女性问题、种族问题和性别问题等新社会运动，以新葛兰西主义的姿态雄霸西方学界。

霍尔从福柯、拉克劳等人的话语理论中汲取了相应的研究方法和视角，又兼取德里达的"延义"思想，构筑出以语言—符号学为基础的一套理论话语，如"表征""接合""身份政治"等，将文化理解为符号、

---

① Roymand Williams, *Marxism and Literature* (Oxford New York: Oxford University Press, 1977), p. 5.

② ［英］雷蒙·威廉斯：《文化与社会》，高晓玲译，吉林出版集团2011年版，第6页。

表征系统或"意义之图",认为社会、经济、政治都是通过文化意义得以界定和建构的,各社会集团间的利益之争便是利用符码和意义定义自身、他人的位置以及为世界争夺命名权益的意义之争。文化在霍尔等人那里发挥了更重要的建构作用和自主性,具有能动地塑造和组织经济、社会、政治关系的实践能力,甚至文化的自主能动性被抬升到"准决定"的地位上,"文化总是一种在场,并且是第一位的,存在于经济、社会和政治实践之中,还从内部构建它们"①。在此,社会结构对文化的制约性和规定性似乎已荡然无存。可以说,霍尔几乎悬置"社会"(society)而不论,代之以"社会交往"②(the social,又被译为"社会性")概念:由话语和意义建构的身份位置及其随一定语境变化而不断被链接、再链接的一套变动不居的社会关系。

　　"The social"和"society"的词义十分复杂,甚至有时两者被混为一谈地为人们使用。威廉斯在《关键词》中指出,"society"现在有两个主要意蕴:"一方面,它是一个普遍的用语,用来表示一群人所属的机制(institutions)与关系(relationship)。另一方面,它是一个非常抽象的用语,用来表达这些机制与关系被塑形的状态。"③这里,"society"的普遍用语接近于"the social"含义,即人们之间复杂的相互关系,它的抽象含义接近马克思、阿尔都塞等人的社会总体结构概念。从社会学角度而言,这两个词具有各自的适用范围和含义,词义的变化依据不同学者的视角有所变化。社会学通常将"社会"(society)作为一个统一的、有着确定边界的实体,是本体论意义上的,而"社会性"(the social)只是作为这个物质实在的一个层面而存在。④"social"强调社会的集体性范畴而与个人"personal"相对,强调"个体与群体之间的社会互动模式与社会关系模式"⑤。因此"the social"又被译为"社会关系""社会范畴",均指

---

　　①　托尼·本尼特:《本尼特:文化与社会》,王杰等译,广西师范大学出版社2007年版,第204页。

　　②　"the social"在本书中被译为"社会交往",这一译法沿袭王杰等人在《本尼特:文化与社会》中的译法。但笔者认为,"the social"这个词译为"社会性"更精准些。

　　③　[英]雷蒙·威廉斯:《关键词:文化与社会的词汇》,刘建基译,三联出版社2005年版,第446页。

　　④　肖瑛:《回到"社会的"社会学》,《社会》2006年第5期。

　　⑤　[英]阿雷恩·鲍尔德温等:《文化研究导论》,陶东风等译,高等教育出版社2004年版,第7页。

涉构成"社会"的一个虚拟维度而与"the economy""the political""the national"并置。①

　　霍尔的"the social"也指涉人们之间的复杂互动关系，但这种关系主要是以符号和意指系统为基础的"身份位置"关系，或者说是由话语、文化意义建构的主体身份如种族、性别、阶级、民族等的社会关系。霍尔宣称："然而我却要说，社会（the social）'如'语言般运作。当语言之比喻是重新思考许多基本问题的最佳方式时，就会有一种从认识其效用和力量到认识它实际就是如此的滑移。"② 霍尔意义上的"社会关系"在这里融入文化意义上的、变动不居的一套意义关系之中，由此抽空了"the social"概念中非意义指向的人们的实际社会行为，其结果是，不但文化建构并规定着"the social"，而且基于变动不居的意义关系之上的"the social"取代了社会（society）和社会结构等实体性概念。以霍尔为代表的英国文化研究为规避经济决定论而一味夸大文化和意义对社会、经济、政治等的建构作用和能动性，完全抹杀了经济和社会对文化的结构性规定作用，致使文化研究走向唯文化、意义分析的唯心主义认识论。

二

　　针对文化研究的文化唯心主义，贝内特以治理性视角重新审视文化与社会交往（the social）的关系，明确提出对文化、社会交往的理解必须重新回归物质性、实践性的方向，试图扭转当代文化研究存在的唯意义论、唯文化论的唯心主义误区。

　　以霍尔为代表的新葛兰西主义虽然也吸收了福柯的话语分析，但贝内特却指出，霍尔对福柯的话语理论的吸收并不全面。霍尔将福柯的话语分析与语言学的意指系统所发挥的作用结合起来，以支持自己的文化对社会具有结构性作用的认识，却没有注意到福柯的话语分析背后有一整套技术、知识、权力等的干预和支撑，正是后者在建构主体性和社会交往、赋予世界意义方面发挥着至为关键的作用。贝内特认为，有效的分析方式应当从话语所受到的一整套权力技术干预层面而非仅话语的意义表征起步，

---

① 这里参考了肖瑛《回到"社会的"社会学》，《社会》2006 年第 5 期。
② ［英］斯图亚特·霍尔、陈光兴：《后现代主义、接合理论与文化研究：斯图亚特·霍尔访谈录》，http://staffweb.ncnu.edu.tw/hdcheng/articles/postmandcs.htm。

这些权力技术、知识在具体历史情境下"建构了具体的人,并且同样重要的是,建构了标准相同的某种具体的社会结构"①。

如此一来,贝内特便把文化和社会交往之间的关系探讨从思想精神层面的语言、表征这一问题域转移到知识—权力和技术实践干预等形成话语和意义的社会历史条件上。换言之,如果说,文化研究坚持话语创造现实和建构主体性的话,那么,贝内特则认为语言和意指系统反而是某种权力统治现实的技术手段之一。对贝内特而言,这个权力便是"治理性",语言和文化不仅仅是一种释义现象,它们更是治理的智性技术,文化则是治理技术和治理手段之一。主体性的构成是治理技术与知识以及程序、手段的结果,重点应该是对这些技术、程序和手段以及运作机制作出历史性的描述,而非解释语言在建构身份和位置差异关系过程中所发挥的作用。与此相应,"the social"也不是霍尔等人认为的为文化和意义所建构并被文化表征的差异性身份关系,相反,它是治理性借助各种技术(包括文化技术)所针对的一系列关系和行为领域,这些关系和行为领域依据特定治理目标以特定方式被问题化,成为治理的对象和领域。② 这些被问题化的关系和行为源自真理游戏,嵌入它们中的社会装置以及一定的治理规划,它们构成了具体专业知识和各种权力技术手段所针对的平面。因此,社会交往(the social)依据不同的治理规划和不断被问题化的行为领域而历史地变化着。

贝内特这里的"the social"是指治理性视角下的、被问题化和须组构的社会行为领域,与福柯对"the social"的界定一致。福柯认为"the social"指"为谋求某一群体人们的福祉和社会保障而应该被加以组织的社会行为"③。贝内特与福柯意义上的"the social"概念强调治理性与社会行为领域,而霍尔的"the social"所突出的人们之间复杂的互动关系却完全基于语言意义层面,缺少社会行为的实体维度。相比霍尔,贝内特的"the social"概念更具实体性和历史性意味。

---

① 托尼·本尼特《本尼特:文化与社会》,王杰等译,广西师范大学出版社2007年版,第206页。

② Tony Bennett, *Critical Trajectories*: *Culture*, *Society*, *Intellectuals* (Oxford: Blackwell Publishing, 2002), p.78.

③ 参见王杰、徐方斌《美学·社会·政治:托尼·本尼特访谈录》文中的注释②,《文化研究》2011年第3期。

那么，如何说明治理性视角下的文化与社会交往的关系？贝内特认为，文化首先是一套对社会交往（the social）产生影响，进而改变某些社会行为的自我治理技术。而社会交往则是依据不同治理目标和策略而不断发生变化的、被问题化的一些态度和行为。文化之所以能作为治理技术，是因为以人口的生命、健康、福祉为目标的治理性必然需要把文化作为治理的手段；且文化的人类学意义使文化与社会交往的关系以一种不变的和适应所有历史和社会的形式而被理论化：正是在"文化即人们的整体生活"这一预设下，治理性才能以文化的名义依据不同的治理目标，将某些被问题化的社会行为纳入需要治理的范围。因此，"文化是一套特定的技术，通过具体目标对社会交往起作用"[1]。

文化作为治理技术与其他治理技术相比，有自己较为突出的特征：文化技术是与统治技术相关的符号技术与自我技术的融合。贝内特围绕"文化"，对福柯关于真理游戏采用四种主要技术理解人类自身的论述作了进一步发挥（福柯的四种技术观上章已详述），指出福柯对"文化层面"（the cultural）的探讨与符号系统技术、权力技术和自我技术联系了起来。福柯认为，任何技术包括符号技术都不能独存，它们只有与其他技术尤其是权力技术相关联才能运作，"这些技术都是训练和改变个体的特定方式，不仅改变某种技巧而且要求改变某种态度"[2]，它们使主体客体化进而影响社会交往。[3]

据此贝内特指出，文化层面便是"自我技术"，即"个体以自己的手段或借助他人的帮助，对自己的灵魂、身体和存在方式发挥作用，达到某种幸福、纯洁、智慧、完美或者不朽的状态"[4]。但文化层面的自我技术必须与符号技术与权力技术融合才能运作，换言之，文化主要是自我技术，它借助符号技术通过对自我行为的改变最终作用于社会交往。治理性视角下的文化技术机制的运作主要是与符号技术和一定的治理规划相关

① 托尼·本尼特：《本尼特：文化与社会》，王杰等译，广西师范大学出版社2007年版，第212页。
② Michel Foucault, "Technologies of the Self," *Ethics：Subjectivity and Truth —Essential Works of Michel Foucault*, 1954 –1984 , edited by Paul Rabinow (New York：The New Press, 1997), p. 225.
③ Tony Bennett, *Critical Trajectories：Culture, Society, Intellectuals* (Oxford：Blackwell Publishing, 2002), p. 81.
④ Michel Foucault, "Technologies of the Self," *Ethics：Subjectivity and Truth —Essential Works of Michel Foucault*, 1954 –1984 , edited by Paul Rabinow (New York：The New Press, 1997), p. 225.

的，它对自我行为的可能性领域（the conduct of conduct）施以影响进而改变社会交往。

三

确定了文化与社会交往的关系，以及文化作为治理性的自我技术的特征后，贝内特还须在理论上进一步说明文化作用于社会交往的具体机制，这个问题实际涉及文化领域内的权力—知识如何建构文化对社会交往的干涉界面。福柯经验研究的核心论题主要探讨权力与知识的共谋关系，但他没有在理论层面阐明知识是如何与权力结合的，更未对权力—知识对文化与社会交往施以作用的具体机制给予明确说明。

法国学者拉图尔等人的行动者网络理论（actor-network-theory，简称ANT）对科学知识实践的运作和对社会交往的建构等论题为贝内特思考知识、文化与社会交往三者的联系机制提供了理论支撑。在行动者网络理论的启迪下，贝内特结合治理性视角，完成了以下两项工作：首先，把文化和社会交往看做动态的物质实践过程，在本体论意义上赋予两者更具物质性和实践辩证的含义，提出文化是各异质因素聚合过程的结果的观点，贝内特将这一过程称为"聚合中的文化"（Assembling Culture）。其次，阐明知识实践行为建构文化层面并作用于社会交往的机制运作原则。贝内特更富物质和实践辩证意味的文化观，在本体论上挑战了把文化作为经验、表征等精神层面的主流观点，从而推动了"文化研究的物质转向"；同时就理论创新而言，在文化研究领域深化发展了福柯关于知识—权力这一核心论题。

行动者网络理论（actor-network-theory）是以法国拉图尔（Bruno Latour）、卡龙（Michel Callon）和约翰·劳（John Law）等为代表的科学知识社会学的巴黎学派所提出的一种新的理论纲要。行动者网络理论的核心体认是，任何个体，无论有生命的人类还是无生命的物质，包括人、实验仪器、机器、植物、动物、文本、建筑……都以各自的存在和活动积极参与对社会交往（the social）和现实世界的建构。行动者网络理论的问题域主要围绕科学实践展开，它将科学实践理解为一个动词，一个在实践中的建构过程和各种异质因素聚合的动态网络。在这个异质因素集合的网络的建构过程中，人与自在自然都以行动能动者的姿态积极介入、相互磋商、彼此依赖，重塑客体和主体。安德鲁·皮克林提出："我们应该把科学

（包括技术和社会）看作是一个人类力量和非人类力量（物质）共同作用的领域。在网络中人类力量与非人类力量相互交织并在网络中共同进化。在行动者网络理论的图景中，人类力量与非人类力量是对称的，二者互不相逊。"① 这种异质性聚合的网络总是不断发生变化的，其中每个因素的变化都会导致整个网络的变化，各因素通过与其他因素的关系变化而被不断重新界定，为此这个网络总是际遇性、历史性的聚合。正是通过这种建构，知识、社会、自然的区分开始形成，并得以暂时的稳定化。

拉图尔反对将人与非人、科学与社会强行划分为不同的领域，而是视两者为对称性结构，其中任何一方都没有绝对优先权，"因为一个争论的解决是社会得以稳固的原因，因此，我们不能用社会来解释一个争论是如何解决和为什么解决了的。我们应当对吸收人类资源和非人类资源的努力加以对称地考虑"②。拉图尔认为，社会是科学知识建构的结果而非原因，在知识实践建构过程中很难区分何者为自然因素何者为社会因素，它们彼此交融互构，构成一个异质因素集合的动态网络。为此，分析的重点不应是用社会或自然的结果说明科学实践，而应追踪科学知识的行动和形成中的社会，说明科学实践如何重构社会与自然的过程。行动者网络理论以整体论的视角重构科学与社会的关系，认为科学与社会是共生互构、不可分割的无缝整体，这为分析两者间的互动关系提供了有益的视角。它鲜明的实践辩证维度和对整体性、物质性、历史性的强调，为贝内特扭转文化研究的文化唯心认识论，以更历史性与唯物性的视角审视知识、社会交往与文化三者间的联系机制提供了线索。

贝内特在 ANT（actor-network-theory）和科学研究视角的启示下，强调文化与社会交往都是一个实践辩证的概念，一个以物质和人类等为能动者互动共构的物质过程，一个自然、社会、技术等异质因素聚合的动态网络。在这个异质因素的聚合过程中，各种人与非人的异质因素相互作用、磋商再通过转译逐渐获得了暂时稳定状态的文化层面与社会交往层面。这就是说，不能从结果而要从过程本身认识文化与社会交往的含义，文化不是由表征、意义、言说等文化材料构成的，社会交往也不是社会实体，而

---

① ［美］安德鲁·皮克林：《实践的冲撞——时间、力量与科学》，邢冬梅译，南京大学出版社 2004 年版，第 11 页。

② ［法］布鲁诺·拉图尔：《科学在行动：怎样在社会中跟随科学家和工程师》，刘文旋等译，东方出版社 2005 年版，第 418 页。

是由各种异质能动者聚合和建构的结果。文化的出现是人与非人等行动者相聚合的产物，正是这一聚合过程使文化成为有别于社会交往、经济的构形，这便是贝内特意义上的"聚合中的文化"概念："……文化的聚合（assembly）也与经济的生产有相似的机制，用约翰·劳的话说就是，这种聚合是一个在物质形态上异质因素的网络，由零碎的谈话、建筑、身体、文本、机器等构成，它们相互作用，建构和形成'文化'，并组构文化与经济、社会交往和政治等层面的关系。"①

由于文化、社会交往、经济、自然等都是人与非人行动者异质聚合过程建构的结果，它们间的区别不是本体论的而是公共组构手段所致：各异质因素聚合与再聚合的不同方式和地点，使得事物、人类、文本、建筑、技术等的相互关系发生变化，从而引发了各因素彼此关系重新被界定并由此产生不同的领域：文化、社会交往、经济等②。在生产文化的同时，也相应生产了与文化相联系的社会交往、经济领域及相互关系。在整个过程中，知识起着准动力的重要作用，正是知识拆解旧的聚合组织，发动新的聚合过程，而新聚合过程中生成的客体又采取一定的权力相互博弈、协商，建构或重塑文化、社会交往、自然、经济等层面及其相互关系。

就文化与社会交往的关系而言，"聚合中的文化"的生产过程不仅建构、重塑了"文化"，同时它也是一个用建构出的"文化"作用于社会交往界面的生产过程，或者说，生产文化的同时也生产出被知识格式化的、依据具体治理规划，使得文化以特定方式作用于社会交往的界面的过程。③ 例如，美学作为一种知识实践，它的生产过程便是通过文化聚合网络建构和形成艺术品与艺术实践的，起到为某种治理规划改造某些问题化的生活方式的作用。可以说，文化知识实践等智性活动界定与等级化了文化实践的价值，例如，"文化批判"（德语 Kulturkitik）这一智性实践几乎囊括了所有的文化知识话语（人类学、艺术史、物质遗产研究、民间文化研究、考古学、历史、自然科学、美学、文化等），这些知识在话语／机构的使用与部署中，通过文化批判这一智性实践的操作、技术程

---

① Tony Bennett, "Making Culture, Changing Society: The Perspective of 'Culture Studies'," *Cultural Studies*, Vol. 21, No. 4–5, July/September 2007, p. 617.

② Tony Bennett, "The Work of Culture," *Journal of Cultural Sociology*, 1 (1) (2007), p. 5.

③ Tony Bennett, "Making Culture, Changing Society: The Perspective of 'Culture Studies'," *Cultural Studies*, Vol. 21, No. 4–5, July/September 2007, p. 625.

序，构成一个异质性网络，并按照不同的治理规划和策略生产出特定的文化实践和形式，用以规约个体的身体践行，卷入治理所问题化了的社会交往的关联中。总而言之，知识实践通过异质性因素的聚合网络，捕获和建构活生生的现实，也建构文化、社会交往及其相互关系，"从科学研究角度看，新的社会能动者的生产和'作用于社会交往的界面'都源自具体知识体系中的智性和技术程序"①。

知识实践如何具体建构文化格式化（作用）的社会交往界面？贝内特对此并未再给予详细的理论阐述，只是勾勒了几条简要的原则纲要：

1. 从实践过程本身而非结果看待"文化"与"社会交往"及其区别。文化与社会交往的区别不是已然成形的文化材料或社会材料，相反，两者都是人类与非人类能动者异质聚合网络过程的结果，其区别主要是因公共组构的方式、地点的差异而形成的不同层面，这并非本体论上的差异。这样，贝内特不但把文化、社会交往理解为实践过程，还将两者置于同一平面上，而非一个是前景（文化）一个是背景（社会）的深度模式的关系，也非一个是表征一个是现实的镜像关系。

2. 制作"文化"并使之区别于"社会交往"的关键因素是机构的作用。因为正是在机构内，文化被生产并被文化知识格式化为可作用于社会交往的界面。机构内的一系列手段如分化、排序、积累等编码行为，赋予某些特定的材料与实践以"文化性"。贝内特想要强调机构是文化聚合网络的"必经点"的重要地位，即在文化聚合过程中，各种异质因素资源通过"转译"，其角色定位、位置关系、兴趣利益被重新问题化并组合、界定、构成文化性的形式与实践，机构是各异质行动者得以成功转译，进而成为文化形式或者文化客体的必经之点。"转译"和"必经之点"都是行动者网络理论的关键概念，用来说明网络链接的具体方法，"转译将两者完全不同的存在形式——自然和文化——混合起来"②。转译是角色的转换和界定，"只有通过转译，行动者才能被组合在一起，建立起行动者

---

① Tony Bennett, "Making Culture, Changing Society: The Perspective of 'Culture Studies'," *Cultural Studies*, Vol. 21, No. 4–5, July/September 2007, p. 626.

② ［法］布鲁诺·拉图尔：《我们从未现代过：对称性人类学论集》，刘鹏等译，苏州大学出版社 2010 年版，第 12 页。

网络，在网络之中，行动者之间被期望能建立起稳定的关系"①。"必经点"是转译过程和转译能否成功的必要条件，它能汇集各种因素和资源，动员各种转译方法达成改变各因素角色、塑造新的角色位置的目标。拉图尔曾说"给我一个实验室，我能举起世界"，这意味着实验室对拉图尔而言是整个社会的必经点。同样，贝内特也认为文化机构是文化领域的必经点，在文化生产过程中起着动力的作用而非无关紧要的环境背景。

3. 一旦文化通过聚拢过程暂时获得静止的制度化形式，便和与它有别的社会交往关联起来：（1）实施聚拢的文化知识同时也形塑所聚拢之物的文化特征。（2）社会科学的认识论和技巧为了解、刺探和格式化社会交往的界面提供了可能，并为作用于社会交往的行为提供了可能。（3）文化和社会相关的知识实践生产出可运行于社会交往的界面。如胚胎科学数据通过辨别和分析男性酗酒者，直接改变了英国的家庭社会。②

四

相比以往的文化认识论，作为异质聚合过程和动态网络意义上的"文化"，其特征何在？笔者认为主要有以下几点：首先，在本体层面，突出文化构成中的非人类物质元素的重要地位，如机构、技术、建筑、仪器……它们不但是文化的本体构成因素，而且还具有积极的建构作用。而以往的文化认识论虽然承认文化符号的物质载体，但这个物质载体仅是意义的外显和附属，不具任何能动的建构性质，"文化"的本体存在仍是精神层面的意义、经验、表征、话语等。相比文化研究的文化意义论，贝内特的文化观在本体论上更具物质性维度。

其次，贝内特把文化看做一个动词，一个在实践中行动的过程，一个知识实践生产文化的生产过程，文化即是异质因素聚合的过程和动态网络，网络"这个概念比系统更加韧性，比结构这一概念更富历史性，比复杂性这一概念更富经验性"③。这与以往的文化认识论从结果和成品理解文化的观点截然不同。前者强调文化形成过程的历史性、境遇性、偶然

---

① 郭俊立：《巴黎学派的行动者网络理论及其哲学意蕴评析》，《自然辩证法研究》2007 年第 2 期。

② Tony Bennett, "The Work of Culture," *Journal of Cultural Sociology*, 1 (1) (2007), p. 6.

③ ［法］布鲁诺·拉图尔：《我们从未现代过：对称性人类学论集》，刘鹏等译，苏州大学出版社 2010 年版，第 4 页。

性和实践性，后者则将文化理解为固定不变的既定成品和实体，其构成不具历史性和实践辩证意味。

最后，贝内特意义上的动态网络和过程的文化观，强调实践和生产过程中非人类的物质要素在建构文化领域和文化作用于社会交往界面的积极能动性，凸显人类与非人类的物质间共融互构的整体性、能动性、过程性。这既突出了文化本身的构成过程的物质性，也强调了文化对社会予以建构的物质实践性。而文化研究以往的文化观，不论是霍尔的语言建构论还是威廉斯的文化唯物主义，在对文化的物质性强调上，都仅从文化意义和意指实践具有建构作用这一结果上体认文化的物质性与实践性，没有从文化的生产过程认识其间的物质实践性。

与霍尔等人建立在语言学模式上的文化观相比，贝内特的文化论更具唯物主义和实践辩证的色彩。这表明贝内特意图扭转文化研究的文化唯心认识论，在文化研究领域拓展新的唯物主义和历史主义路径，体现了贝内特将文化概念从精神层面的意义表征转向物质实践方向的大胆尝试。

贝内特将文化、社会交往、经济、自然等看做一个无缝之网的整体，一个处于同一层面的异质因素聚合的动态网络和过程。"文化、社会、经济的区别不是实体性的，而是部门性的，聚合过程中的所有物质碎片在本体上都是物质碎片，都由同样的异质因素构成"①，瓦解了上述各领域间鲜明的界限和深度等级模式。

贝内特从治理性视角，适当吸收行动者网络理论的有益思想资源，以知识实践如何作用于文化与社会交往为问题核心，在文化研究领域沿着福柯的知识—权力的思路，在理论上开创性地探讨了权力与知识如何结合、两者如何作用文化与社会交往等具体机制，无疑推进和拓展了当代学界对知识—权力这一重要议题的新颖视野。就文化研究领域而言，贝内特对文化是一个异质因素聚合网络和生产过程的强调，是对文化研究长久以来过于倚重文化消费、忽视文化生产而陷入范式危机的诊疗方案。且贝内特的文化生产观绕开了经济生产路径，另辟蹊径地从知识、权力、异质因素聚合的动态生产网络入手，这种不同于政治经济学模式的文化生产观，为文

---

① Tony Bennett, "Making Culture, Changing Society: The Perspective of 'Culture Studies'," *Cultural Studies*, Vol. 21, No. 4–5, July/September 2007, p. 619.

化研究从经济政治学模式之外思考文化生产提供了新的线索。

第四节　政策改良主义的政治:策略性逆转的抵抗和文化技术工

一

文化研究虽以跨学科、反学科和后学科著称,但其自我身份的定位始终围绕"从事政治批判"的目标而展开,"文化研究不仅以描述、解释当代文化与社会实践为目的,而且也以改变现存权力结构为目的"[①]。它自愿站在边缘立场,为被压迫者、边缘群体、少数人做辩护发言:"文化研究为被剥夺者辩护,代表被压迫的、沉默的、被支配的个体和群体的声音,为在统治性话语中没有声音的人们以及在统治性政治与经济等级中没有地位的人们说话。"[②] 文化研究这种"为天地立心,为生民立命"的强烈伦理维度和高远政治抱负是其界定自我身份的核心因素。它从社会关系的总体地图中解释文化实践和文化文本,在与政治和经济的相互关联中使文化得以说明,揭示文化使阶级、种族、性别及其他不平等的社会关系和统治秩序得以合法化、自然化的状况,挖掘边缘群体的各种文化反抗资源,制定改变现存不合理的权力结构和统治秩序的文化政治抵抗策略。因此,文化研究给予文化与权力的关系以中心位置,贝内特就将文化权力视为文化研究的不严格定义,认为文化研究虽存在纷乱的政治立场和理论,"尽管这些立场在其他方面大相径庭,但却都从它们与权力错综复杂的关系角度并从这种关系内部共同致力于考察文化实践"[③]。

关注文化与权力的关系,并将之理论化是所有文化研究者一致认同的共同主题,[④] 但就对权力的性质及文化与权力关系的认识而言,贝内特与主流观点保持了距离。文化研究对权力向来持批判态度,对权力所代表的任何东西都秉持一种公然敌对的立场,并将意识形态理解为文化权力斗争

① [英]阿雷恩·鲍尔德温等:《文化研究导论》(修订本),陶东风等译,高等教育出版社 2004 年版,第 43 页。

② 转引自陶东风、和磊《文化研究》,广西师范大学出版社 2006 年版,第 16 页。

③ 托尼·贝内特:《置政策于文化研究之中》,罗岗、刘象愚编:《文化研究读本》,中国社会科学出版社 2000 年版,第 92 页。

④ 陶东风、和磊:《文化研究》,广西师范大学出版社 2006 年版,第 19 页。

的场域而加以理论化。

英国文化研究自创立开始，便与意识形态概念难解难分，文化研究又被称为"文化马克思主义"，指的就是文化被逐渐作为意识形态而得以分析，以致詹姆逊·卡雷说："英国文化研究可以被非常容易地，可能是更为准确地描绘为意识形态研究，因为他们以各种复杂的方式，把文化归结为意识形态。"① 文化研究的政治规划和抵抗策略也无不从意识形态角度出发并得以理解，可以说，文化研究所言的权力和政治是关于意识形态的权力和政治，意识形态是政治斗争的关键场域。文化研究先后吸收阿尔都塞、葛兰西、福柯、后结构主义等的相关思想，细化和深化意识形态权力理论，围绕阶级、种族、性别等，解析文化和意识形态中的权力斗争的复杂性，制定和实施相应的抵抗策略，试图通过文化和意识形态领域的政治斗争实现社会民主解放的政治抱负。但是由于受到社会理论所流行的"语言论转向"和德里达的解构说等后结构主义的影响，文化研究越来越走向"文本的陷阱"。它致力于从意义和建构自身生活体验所依赖的主观解释当中，而不是从"阶级抵抗"和社会关系已经产生的真实的社会政治角度②理解文化与权力、政治与抵抗的问题。文化研究对意识形态和表征层面的文化政治的过度依赖，越来越远离了对现实政治的体察。

贝内特正是在这样的背景下提出自己的文化政策研究的，意欲用文化管理和政策研究协调文化政治与社会政治间的不平衡关系，为文化研究提供一项修正方案，"即论证文化研究需要在与政府的政策关注点的密切联系之中发展起来，并在与发展一种更加平实的实践概念作为手段的行业的联系中发展"③。

对贝内特来说，所谓文化研究的平实政治，便是要将文化研究政治日程的重点置于文化的管理领域和制度化的权力逻辑及其运作机制的考量上。或言之，放在文化政策研究上，"同那些在特定文化机构或文化管理领域内的工作的人们建立恰当的关系"④，与意识形态国家机器展开积极

---

① 转引自罗岗、刘象愚编《文化研究读本》，中国社会科学出版社 2000 年版，第 10 页。

② ［英］保罗·史密斯等：《文化研究精粹读本》，陶东风编，中国人民大学出版社 2006 年版，第 22 页。

③ 托尼·贝内特：《走向文化研究的语用学》，吉姆·麦奎根：《文化研究方法论》，李朝阳译，北京大学出版社 2011 年版，第 42 页。

④ 同上书，第 52 页。

对话,介入非国家机构或国家机构的文化政策制定和管理过程,与之建立一种顾问、建议、咨询的关系。同样,从事文化研究的知识分子需要进入治理实践中,他们最好被理解为"文化技术工",参与治理的工作,用技术调停有关治理的部署和文化资源的配置,以改变文化的功能,达到实现社会民主解放的政治目的。显然,贝内特的政治立场是改良主义的而非革命性质的。

贝内特具改良主义性质的文化政策研究的政治旨趣,对文化研究的政治批判传统颇具挑战性,它的立论依据是福柯的"治理性"概念所蕴含的如下逻辑预设:如果权力并不仅仅具有压迫性,它也具有能产性、建设性和积极性的话,那么就"可以积极地看待文化与权力的某些关系,而不是把文化与权力的任何关系都看成天然的压制性的"①;如果国家机器并非统治阶级的统治工具,它绝非权力的源头,而是治理技术的效果,那么,"统治的工具和方法最初是形成于国家之外的,主要是地方的和自治的管理和统治,国家方面的统治后来才将其吸收进来并加以发展"②,国家的治理性不为治理生产任何实质的或联合的阶级整体,这暗示着与国家无关的甚至作对的某些言行都可能是治理权力的一种表现;如果治理权力在当代主要表现为以追求人口的福祉、幸福、健康、生命为目标的生命权力,那么,它并非仅是压迫性的暴力权力和规训权力;如果当代社会的主要权力形式是治理性的,那么,诚如福柯本人所言:"事实上,治理术的问题和治理技术已成为唯一的政治问题,已成为政治斗争和政治竞争的唯一空间。"③

据上述治理性概念的逻辑预设,贝内特用改良主义的政策隐喻取代文化研究的革命修辞,转而提倡机会的均等、机会的获得等公民文化权益就不足为奇了。文化政策的改良主义政治正如斯图亚特·库宁安(Stuart Cunningham)所极力宣扬的:"文化研究的政策定位一方面使文化研究的命令修辞离开了抵抗、进步和反商业主义,一方面远离民粹主义,转向机

---

① 托尼·贝内特:《走向文化研究的语用学》,吉姆·麦奎根:《文化研究方法论》,李朝阳译,北京大学出版社 2011 年版,第 47 页。

② [澳]马克·吉布森(Mark Gibison):《文化与权力:文化研究史》,王加为译,北京大学出版社 2012 年版,第 202 页。

③ Graham Burchell, ed., *The Foucault Effect: Studies in Governmentality* (Chicago: The University of Chicago Press, 1991), p. 103.

会的获得、平等和机会的强化等，以适时行使文化领导权。"① 政策研究
的改良主义政治导向也必然会重估文化抵抗与知识分子的角色和职责。

二

抵抗是文化研究的核心命题之一，对抵抗的理解与对权力的认识密切
相关。权力通常被认为是由支配阶层自上而下发出的消极否定的、压制性
的异己力量，而抵抗则是被支配阶层对权力的自下而上的反抗和抵制，它
自身的反抗性使其成为一种外在于权力统治的力量。对文化研究而言，权
力与抵抗发生在文化领域，源自支配阶层的文化权力压制下层阶级，并使
之屈从于自己，下层阶级在文化上对前者予以抵制或策略性反击和躲避，
抵抗的资源必须身处支配性权力之外。文化研究的任务之一便是解释抵抗
资源及其不同的分布，提供抵抗应对策略。可以说，文化研究的抵抗逻辑
是一种强制性逻辑：权力与抵抗互不兼容。

在关于抵抗论题的研究中，伯明翰学派的《仪式抵抗》当属其中的
一部力作，它对抵抗的阐释便基于统治权力与抵抗间的二元关系建构起来
的。《仪式抵抗》围绕抵抗主题，广泛研究了英国 20 世纪 60 年代后期到
70 年代初期工人阶级的亚文化如光头党、嬉皮士、摩得族（Mods）。研究
者对这些离经叛道的"反文化"作出独特理解：亚文化通过对工人阶级
母体的紧张和不安，体现出对中产阶级价值观这一支配性文化的象征式的
抵抗，在文化政治层面具有一种真正的批判性力量。可以说，亚文化外在
于支配阶层的意识形态霸权的统治，是工人阶级的一处反抗空间，它有自
己相对稳固的文化结构和空间边界，"这种边界和形式是以独特的行为、
核心的关切以及领土空间聚合起来的。当这些被牢固定义的群体同时通过
年龄和代际得以区分时，我们就称它们为'青年亚文化'"②。

抵抗作为一个独立于权力结构的外部空间的认识在米歇尔·德赛都的
《日常生活实践》中消失了，德赛都用日常生活变化不定的、流动的、情
境性的、体验性的"诡计"取代《仪式抵抗》所表述的抽象宏大的政治
抵抗。德赛都承认抵抗并非来自于权力结构之外，而是居于其间，又创造

---

① Stuart Cunningham, "Cultural Studies from the Viewpoint of Cultural Policy," *Critical Cultural Policy Studies: A Reader* (eds.), Justin Lewis and Toby Miler (Blackwell Publishing, 2003), p. 21.

② [英] 阿雷恩·鲍尔德温等：《文化研究导论》（修订本），陶东风等译，高等教育出版社 2004 年版，第 340 页。

性地挪用、改变和重组被科层制权力结构控制的日常生活,"策略(诡计)只具有他者性的地位,正是因为没有固定场域,策略才由具体时间所决定,它们必须与事件进行交涉,从而产生对自己'有利的机会'"①。

在贝内特看来,《仪式抵抗》和德赛都的《日常生活实践》均建立在权力与抵抗间二元对立的预设上,研究者们只看到权力的消极和压制性的一面,未能认识到权力同时也是生产性和积极性的,后者集中体现在福柯的治理性概念中。贝内特尤其指出,德赛都的《日常生活实践》夸张性地解释了福柯的规训社会,而无视福柯意义上的治理性权力的存在,德赛都提倡的抵抗是:"原子式的抵抗,完全剔除了任何自治的生活,和发展自己文化空间的可能性。其实福柯也说过治理性,和他对规训权力的解释相反。"②

贝内特认为,依据治理性概念对权力的理解,抵抗并非外在于治理权力的反抗空间,而是治理技术的策略和手段之一,是治理实践的策略性逆转,即治理实践有时可翻转为具体的抵抗行为,以便为治理性重新设定新的目标、对象和相应手法。作为策略性逆转性质的抵抗事实上是某个具体的治理目标和采用的手段之间存在着断裂的征候表征,它不但是治理性存在的前提条件,而且可以强化治理权力自身的力量。例如,作为一种知识运动和政治规划的文化研究的批评行为自身,便是卷入文化领域中的某种治理手段。③ 可以说,文化抵抗和文化批评内在于治理性权力中,是治理性的策略和手段:

> 现代社会自由治理的机制部分地自身为反治理的要求负责,因为它没有满足它所引发的需求,正如伯切尔所指出的,"治理的政治技术构成人们的存在形式,我们,个体还是群体,以这种存在的名义,支持或者反对国家。"④

---

① [奥地利] 雷纳·温特:《文化研究和后结构主义理论与后现代日常生活中的"抵抗社会性"》,张道建译,《江西社会科学》2009 年第 12 期。

② Tony Bennett, *Culture: A Reformer's Science* (Sydney: Allen and Unwin: London and New York: Sage), p. 177.

③ Ibid., p. 187.

④ Ibid., p. 177.

如此，贝内特剥去了政治抵抗和文化批评外在于权力的骄傲和自负，承认所有的事情无不受到治理技术这一原则的控制，即便可能存在着的某些矛盾如抵抗和批判等无法被恰当地用技术手法来解决，这些矛盾也首先是统治技术自身引发的问题，并会在调适和整合过程中被适当地逐渐加以解决。① 但是，仍然需要多元的抵抗，它作为治理策略，能解决某个具体的治理目标与手段间存在的矛盾，这反过来也强化了治理性的力量。

贝内特将抵抗和文化批评理解为治理性自身的策略性逆转，这是从生命权力的积极性、建设性而非规训权力的压制性角度来认识当代自由资本主义和后工业时代的政治抵抗的。事实上，福柯也曾指出："抵抗依赖于（生命权力）投入之物的支持，也即依赖于活生生存在的生命和人的支持。"② 任何关于对资本主义制度的反抗者和政治抵抗，如马克思主义、女权主义、后殖民主义等，无不以实现公正、美好生活为政治抱负和目标，而后者的实现则须由经济生产力和生命权力作支撑，任何抵抗实则是治理性的技术手段。因此，以生命权力为形式的治理性内在地蕴含着自身的矛盾分裂因素——政治抵抗。

三

认识到文化研究的批判实践和抵抗实践在特定时期无不卷入治理统治过程中，是治理的某种手段和技术，承认文化研究身处的制度和机构背景，使贝内特及其追随者们呼吁文化研究介入现存的文化管理网络，参与文化管理和制度的制定、执行过程中："文化研究要与现存的实际见识、议事日程和支持者打交道，它们在文化政策论争与形成的不同领域里，很明显是由政府的相关部门、文化与媒介机构的实践所构成的。"③ 文化研究知识分子不再是居于超越位置之上的，仅从事批评工作的有机知识分子，而是身处在特定的权力制度中，处在权力机制中的某个具体位置上，以自己的专业知识，策略性地改变权力机制的运作逻辑和方向。这样的知

---

① ［澳大利亚］马克·吉布森（Mark Gibison）：《文化与权力：文化研究史》，王加为译，北京大学出版社 2012 年版，第 203 页。

② Michel Foucault, *The Foucault Reader*, (eds.) Paul Rabinow (New York: Pantheon; London: Penguin, 1984), p. 266.

③ 托尼·贝内特：《走向文化研究的语用学》，吉姆·麦奎根编：《文化研究方法论》，李朝阳译，北京大学出版社 2011 年版，第 51 页。

识分子是地方化的技术专家而非普遍化的人文学者,是在实践中有所作为的文化技术人员,而非仅在意识层面摇旗呐喊的文化批评者:"不让知识工作者作为改变意识的工具开展文化批判,而是让他们根据政府的部署运用技术调节的手段来修改文化功能。"①

因为文化研究中那些以批判实践为职能的有机知识分子通常无视自己身处的机构场所,往往站在一个超越的位置上,试图在意识上形塑一个能协调和联结各社会集团利益的彩虹联盟,但这种依靠政治想象为支撑而非付诸实际行动的政治规划在当今多元复杂的现实中已不可能实现。并且,秉持批判传统的知识分子如詹姆逊、萨义德等人以及文化研究领域的文化批判者们,其理论预设往往从一个先在的乌托邦式的普遍性假设出发,建构批判话语和统一的政治主体,在主体意识而非现实层面实施改变社会的政治规划,并以精英者的姿态启蒙大众,否定现实,这种概念先行的批判模式缺乏对社会历史条件的真正考察和行动方面的介入能力。更重要的是,文化研究包括每个知识分子事实上都身处特定的制度内,在特定的权力结构中工作并受到权力结构的束缚,他们无法承担那样一种超越性的宏大政治任务:

> 在体制上的定位不容许它做那种工作,在这一领域里工作的那些人——就我们全体而言,由于凭我们的工作所确立的社会地位属于小资产阶级知识分子,无论我们个人的经历背景和可能凭借的是什么——都不具备做那种工作的资质或能力。②

因此,文化知识分子要承认自己身处特定的权力结构内的真实现状,继而以之为据点,利用一切可以利用的资源和工具如专业知识和文化技术等,策略性地改变文化资源的配置和运作功能,进而动摇甚或颠覆不合理的权力结构,实现在文化上夺取霸权的目的。质言之,身处权力制度中的文化技术工应当在自己身处的权力机制中的某个具体而特定的位置上,策略性地改变权力机制的运行逻辑,而非仅在认识论层面揭示意识形态霸

---

① 托尼·贝内特:《走向文化研究的语用学》,吉姆·麦奎根编:《文化研究方法论》,李朝阳译,北京大学出版社 2011 年版,第 48 页。

② 同上书,第 50 页。

权，进行真理话语真伪与否的批判工作。

与此相应，在政治能动者的问题上，贝内特也与文化研究传统持不同意见。文化研究知识分子历来以"有机知识分子""公共知识分子"和下属集团政治利益的代言人自居，致力于在认识论和思想意识层面组织联盟工人阶级、少数族裔、妇女的政治运动，坚持这些下属阶层才是政治行动的真正能动者。贝内特则认为阶级、人民是政治目标的建构物，"我认为'人民'这个词保持一种需要填充的空概念——或者相对而言如此——依照变化的政治语境需要而填充它们"①，"人民"不是实际存在的实体，而是依据不同政治规划被不断建构和定义的，尽管这种建构的再现是真实存在的。但这种被建构出的虚幻革命统一主体自身不是能动者，反而在很大程度上阻碍了特定而直接的政治行为和设想。贝内特认为，相反，促动政治进程和规划的政治能动者是文化管理所涉及的真理体系、知识形式、程序手法、机构操作等非人格化力量，因为正是它们才最终生产了某一群体争夺共同政治利益的基本条件和前提。这些非人格化的能动者

> 可能指服务于特定文化行动群体的细致和集中的工作。可能指计划在特定文化制度内操作程序和政策过程内部进行更多的战略干预的知识工作。可能指用以使某些问题变得可见的艰难统计工作，这种艰难统计工作以某种方式使这些问题在政治争论的层面上出现或影响决策进程，以促进能够提出这些问题的行政管理程序的发展。②

简言之，文化政治的能动者是介入和修改权力机制逻辑的具体知识、技术和策略，是非人格形式的文化制度模式而不是人格化的"人民""阶级"。贝内特就此否定了长期以来尤其是马克思主义传统赋予被支配阶层以政治能动者地位的认识，同时也取消了知识分子"代表"下属阶层利益，拥有代言权的合法性。

笔者认为，贝内特对下属阶层的能动性和对知识分子"代表"地位的双向"取消"，以及转而指认权力机制予以干预的技术、程序等非人格

---

① Tony Bennett, "The Politics of 'the Popular' and Popular Culture," *Popular Culture and Social Relation* (Milton Keynes: Open University Press, 1986), p. 8.

② 托尼·贝内特：《置政策于文化研究之中》，罗岗、刘象愚编：《文化研究读本》，中国社会科学出版社 2000 年版，第 109—110 页。

力量为政治能动者的作法，丧失了对政治伦理的基本关怀。因为就文化政策研究中的治理性概念而言，"福柯的治理性概念没有提供'为'政府工作和'与'政府工作之间区别的重要机制"①。悬置"为谁"的问题，以及未设定文化技术"干预"权力逻辑的伦理标准，使得贝内特引领的文化政策具有浓重的工具主义倾向，这成为它在文化研究内部引起持久争议的主要诱因。

贝内特提出的"文化技术工"是对福柯所言的"特殊知识分子"思想在文化研究领域内的重申与运用。笔者认为，他们两人的知识分子观在"知识分子的位置和根基"以及"代表"（representation）两个重要方面直接挑战了批判型人文知识分子的传统认识。这种挑战在理论层面上可以看作是以萨特等人为代表的"人文批判"式的知识分子与福柯的"特殊知识分子"间的分歧和对立；在现实层面则表征着20世纪后半叶知识分子事实上存在着的分化和身份危机，即"显示了当代知识分子由单数的大写的知识分子向复数的小写的知识分子转化的轨迹"②。

美国学者布鲁斯·罗宾斯曾指出，当今社会像卡尔·曼海姆描绘的那种"自由漂浮的""非依赖性的"知识分子已不复存在，知识分子前所未有地被束缚在权力制度和公共机构中。③ 人们普遍发出在当代社会中那种内心放逐、超然而独立的知识分子已搁浅的哀叹。刘易斯·科泽尔不无遗憾地写道："在过去的三四十年里，非依附性知识分子已经相对地较少……这是知识日益体制化，特别是知识日益学院化的必然产物。"④ 在文化研究领域，人们也逐渐意识到普遍有机知识分子与自身所处的体制化的具体环境间的张力关系，"发达资本主义社会的主导意识形态和大学里的官僚和行政机构把知识分子锻造成企业家，他们的技能与才干投入到自身事业的发展之中"⑤。在知识分子日益被体制化和职业化的当下，知识分子的根基如何得到阐释？知识分子的政治责任以及它与其他社会阶层和

---

① Jonathan Sterne, "Bureaumentality," *Foucault, Cultural Studies, and Governmentality*, (eds.) Jack Z. Bratich (Albany: State University of New York Press, 2003), p. 115.

② 曾军:《文化战略：把政策引入文化研究》,《西北师大学报》2008年第5期。

③ ［美］布鲁斯·罗宾斯:《知识分子：美学、政治与学术》,王文斌等译,江苏人民出版社2002年版,第3页。

④ 转引自布鲁斯·罗宾斯《知识分子：美学、政治与学术》,王文斌等译,江苏人民出版社2002年版,第1页。

⑤ 谢少波、王逢振编:《文化研究访谈录》,中国社会科学出版社2003年版,第124页。

社会力量的关系该如何重新定位？

传统的人文批判知识分子坚决拒斥知识分子所依附的机构环境，坚持知识分子的自主性、批判性，如拉塞尔·雅各比在《最后的知识分子：学术时代的美国文化》中就猛烈抨击知识分子融入大学机制里，指出这意味着"他们不仅丧失了其传统的叛逆特性，而且在某种程度上已不能成其为知识分子"[①]。人文批判知识分子认为，真正的知识分子应当具有一定的自主性，站在真理立场上，以超越性的位置敢于"向权力说真话"，能为民代言请愿，扮演具预见性和启示性能力的先知角色。知识分子的职能就是运用批判意识，揭示意识形态的蒙蔽和霸权，组织压迫者进行政治反抗活动。

福柯则认为，真理体系是特定话语实践和权力机构的效果，知识分子具有一定的依附性，他们的实践无不在话语、体制和欲望的网络中，知识分子难以逾越其身处的特定权力结构和真理体系的局限。知识分子所做的"不是矫正谎言或创造更多的真理，而是在可能的情况下改变真理体系"[②]。因此，知识分子总是身处一定的权力制度中而非居于某种超越性的位置上，是地方化的、局域性的特殊知识分子（相对于普遍知识分子而言）。

特殊知识分子与普通知识分子不同，他在微观水平上工作，产生具体的知识，没有对总体性、普通性如人类解放这样的宏大叙事的幻觉。他们虽身处权力制度中并是其中的一部分，但他们能充分利用所占据的特殊位置，使权力在隐蔽的地方显现出来，并"更多的是同那些把他们既当控制对象又当做工具的权力作斗争，即反对'知识''意识''话语'的秩序"[③]。特殊知识分子虽为国家或资本主义服务，但策略性地占据其中，改变权力机制的运作方向和功能，从事地方性的、特殊的政治斗争，承担越来越重要的政治责任。

由此可知，福柯所言的"特殊知识分子"和贝内特笔下的"文化技术工"都将知识分子的根基定位在知识分子所依附的权力机构中，并竭

---

① ［美］布鲁斯·罗宾斯：《知识分子：美学、政治与学术》，王文斌等译，江苏人民出版社 2002 年版，第 7 页。

② ［美］保罗·博维：《权力中的知识分子：批判性人文主义的谱系》，萧莎译，江苏人民出版社 2005 年版，第 307 页。

③ ［法］米歇尔·福柯：《福柯集》，杜小真编选，上海远东出版社 1998 年版，第 206 页。

力分辨其中何者为发展条件、何者为限制条件①，以展开对权力逻辑的抵抗策略。承认知识分子的现实根基而非"自由漂浮"的自主性，这种对知识分子去神秘化的认识与葛兰西的有机知识分子观一致。

葛兰西通过传统知识分子与有机知识分子的对比暴露了自主的、公共的传统知识分子的思想基础，指出知识分子来源于特定的社会集团，他说："每个社会集团既然产生于经济社会原初的基本职能领域，它同时也有机地创造出一个或多个知识分子阶层。这样的阶层不仅在经济领域而且在社会与政治领域将同质性以及对自身功能的认识赋予该社会集团。"②

葛兰西的有机知识分子的"有机"包含两层含义：一指与知识分子"有机"联系的那个阵营，即阶层或利益集团，并很鲜明地为自己所属的集团服务；二指与大众的"有机性"，知识分子与大众的统一、理论与实践的统一。知识分子不仅仅教育和启蒙大众，其自身的发展与群众运动也是紧密相连的，在和人民群众的有机联系中进一步提高了他们的文化水平，同时也扩大了他们的影响力。③ 正是在第二层含义即知识分子与大众的联系，有机知识分子"代表"从属民众的利益说话，是其合法代理人这一层面上，以葛兰西为代表的有机知识分子观与福柯、贝内特的特殊知识分子观间存在尖锐分歧。

马克思曾用"代表"（representation，"表征、再现"）这个词解释法国小农拥护拿破仑三世的原因："他们不能代表自己，一定要别人来代表他们。"④ 由于下属阶级的支离破碎，以及身处社会底层的状况，他们无法自己代表自己，只能由别人代表自己。葛兰西继承了马克思的观点，认为下属阶级的不统一性，很容易为统治阶级在经济或文化上所收编，造成反霸权的艰难性。为此，有机知识分子便在领导、组织民众反霸权的过程中扮演重要角色，他们要与下属阶级有机统一为一体，用自己的哲学引导民众的常识，教育、启蒙民众，"使之提高认识自己和世界的能力，最终能够'代表'自己，'再现'自己，去赢得反霸权斗争的胜利"⑤。

---

　　① ［美］布鲁斯·罗宾斯：《知识分子：美学、政治与学术》，王文斌等译，江苏人民出版社 2002 年版，第 5 页。

　　② ［意］安东尼奥·葛兰西：《狱中札记》，曹雷雨等译，中国社会科学出版社 2000 年版，第 1 页。

　　③ 汪民安：《文化研究关键词》，江苏人民出版社 2007 年版，第 451—453 页。

　　④ 《马克思恩格斯选集》第 1 卷，人民出版社 1995 年版，第 678 页。

　　⑤ 陶东风、和磊：《文化研究》，广西师范大学出版社 2006 年版，第 66 页。

葛兰西的有机知识分子观成为文化研究知识分子界定自我身份的基本指向，他们十分重视知识分子在开启、教育下属阶层的思想意识、实行反霸权斗争中的重要政治作用。亨利·吉罗在《文化研究的必要性：抵抗的知识分子和对立的公共领域》这篇文化研究知识分子自我宣言式的文章中，对知识分子日益官僚化、体制化的现状进行了思考，并据此重新作出了自我定位："我们关于文化研究的观念这一解放目标的中心问题是对西方学院内外的知识分子的角色的重构。我们同意葛兰西关于用政治术语看待知识分子重要性的论述。知识分子不仅是文人，也不完全是思想的生产者与传输者。知识分子同时也是仲裁者、立法者、思想的生产者和社会实践者，他们天生就起着非常重要的政治作用。"[①]

但由于葛兰西的"阶级中心论"已不符合当代从属民众的多元性和异质性身份，吉罗提倡在葛兰西的有机知识分子基础上发展出"抵抗的知识分子"，这样，知识分子来自并活跃于任何群体，反抗任何压迫性权力。"抵抗的知识分子"传承了有机知识分子以教育职能为抵抗策略的核心功能：从对压迫性权力的批判实践出发，策略性地运用身处的大学机构的各种条件，例如实施批判的教学法和将学术研究重新政治化等，从事教育、启蒙民众的道德、政治等霸权斗争。同时，"抵抗的知识分子"也适当吸纳了福柯的知识分子观，体现出文化研究学者将"特殊知识分子"与"有机知识分子"有机融合在一起的努力，既无奈地接受知识分子身处的体制性环境和专业化现状，又注重充分发挥身在权力机制中的知识分子的能动性，在权力机构内策略性地对抗官僚科层制的异化和同质化压迫，强调知识分子的教育和启蒙职能的政治必要性。

与葛兰西和文化研究学者们的意见相反，在民众与知识分子的关系上，福柯质疑知识分子"代表"下属群体的合法地位，反对知识分子传统的"启蒙者"心态。首先，因为知识分子本身是权力制度的一部分，他们无法逾越自己所受的特定真理体系的范围，他们关于"意识"、民众合法"代言人"的观念均在特定的真理体系和权力制度的范围内，"只要知识分子试图领导斗争的民族或赋予他们的合法性，他们对于后者就始终

---

    ① ［美］亨利·吉罗：《文化研究的必要性：抵抗的知识分子和对立的公共领域》，刘象愚、罗岗：《文化研究读本》，中国社会科学出版社 2000 年版，第 85 页。

是一种威胁"①。可以说,启蒙心态中的权力—知识体系自身构成了对民众的压制。

其次,福柯认为,"五月风暴"的历史经验表明,民众已"清楚地掌握了知识,甚至比他们(指知识分子——笔者)掌握得更好;而且群众能好好地表达自己。"②民众不但能很好地代表自己,还能进行自我抵抗。故而知识分子与民众的关系不再是"启蒙"与"被启蒙"、"代言"与"被代言"、"代表"与"被代表"的关系,而是作为反抗权力的同盟军在自己具体的位置以及权力机制内部与权力作斗争,为民众开辟言说的新空间。③

与福柯一致,贝内特拒斥批评型知识分子视民众为"无知"者而以精英者的姿态在思想意识上进行教育启蒙、为民众代言的作法。贝内特希冀文化知识分子从对"真理"的吁求和意识形态批判转向改变"真理体系"及其权力逻辑方向等更为实用的具体工作,扩大和开辟民众平等参与文化活动的途径和范围。

在《分类的惯习:布迪厄著作中的审美与政治》(Habitus Clive: Aesthetics and Politics in the Work of Pierre Bourdieu)一文中,贝内特以布迪厄为批判型人文学者的典型个案,通过对布迪厄的"习性"概念和理论前提的矛盾的分析,指出以布迪厄为代表的批判型人文学者的启蒙心态事实上与等级化的权力结构形成共谋关系,可"理解为对西方审美话语传统的推进,它重复了剥夺工人阶级的政治权利和政治能力的话语"④。

"习性"是布迪厄社会学思想的核心概念,是分析文化象征领域与社会空间的结构性对应关系的关键纽带。"习性"有两个层面:客观社会空间的区分结构和规则内在化为个体主观的性情系统;内在化了的习性作为生成性结构又生成个体的具体实践、行为和感知,反过来强化和再生产客观社会空间的区分结构和规则,使后者呈现为似乎是自明的自然状态,因

① [美]保罗·博维:《权力中的知识分子:批判性人文主义的谱系》,萧莎译,江苏人民出版社 2005 年版,第 307 页。

② [法]米歇尔·福柯:《福柯集》,杜小真编选,上海远东出版社 1998 年版,第 205 页。

③ 罗岗:《"被压迫者"的知识如何可能:知识与知识分子问题之再思》,许纪霖主编:《公共性与公共知识分子》,江苏人民出版社 2003 年版,第 112—115 页。

④ Tony Bennett, "Habitus Clive: Aesthetics and Politics in the Work of Pierre Bourdieu," *New Directions in American Reception Studies*, (eds.) Philp Goldstein and James L. Machor (New York: Oxford Press, 2008), p.58.

此习性是"被建构的结构"（structured structure）和"建构中的结构"（structuring structure）。习性概念揭示了文化、趣味和符号等文化象征领域通过习性这一身体性机制行使合法化、维系和再生产社会权力结构的功能。

贝内特指出，布迪厄以"阶级"为原则，使社会生活空间等级结构和个体的文化习性、文化趣味的区分取得了内在的同构性和统一性，社会空间据此被分为资产阶级（bourgeois）、小资产阶级（petit-bourgeois）和工人阶级（working-class），文化趣味相应地也被分为"与众不同的"资产阶级文化趣味、小资产阶级的文化愿力（cultural will）和工人阶级的"必需性"（the necessary）文化趣味。贝内特通过对布迪厄提供的社会统计数据和调查的重新检审，发现工人阶级的文化趣味并不必然与其阶级地位和社会生活空间一一对应。所有的数据都表明，这种不对应的文化趣味比基于阶级空间所对应的文化趣味更为普遍。这就意味着，不但布迪厄的"习性"概念中的同构性和统一性原则难以对多元复杂的文化趣味现象作出合理解释，而且在文化趣味和习性上，工人阶级也并不低于资产阶级和小资产阶级，并由后两者加以启蒙和指导。

贝内特进一步指出，布迪厄对文化趣味的区分理论基础源自康德的美学话语，这种美学话语"采用了资产阶级非功利审美气质（ethos）和工人阶级必需性趣味间二元对立的形式，以及由这种对立所引起的自相矛盾"[1]。布迪厄在《区隔》中曾指出，康德美学话语中的审美无功利性通过排斥和区分机制，将资产阶级的优雅文化趣味与工人阶级粗蛮的文化趣味区分开，并使这种区分合法化，进而使社会权力结构合法化。但在其《艺术法则》的后记中，布迪厄又呼吁知识分子和艺术家用"审美无功利性"的艺术自治来抵抗市场和国家权力的侵蚀，在文化艺术领域内，率先承担为政治自由和普遍主体而斗争的政治责任，在此，审美自律作为一种自由实践被布迪厄视为抵抗权力压迫的有力工具。与之相反，贝内特却认为，所谓审美自律的自由实践，实则铭刻着社会历史条件的他律性因素和权力印记，审美自律作为一种个体自我管治和自我形塑的手段，属于治

---

① Tony Bennett, "Habitus Clive: Aesthetics and Politics in the Work of Pierre Bourdieu," *New Directions in American Reception Studies*, (eds.) Philp Goldstein and James L. Machor (New York: Oxford Press, 2008), p. 71.

理权力的自我技术，审美自律和审美无功利性的自由实践一样是权力机制的一部分而非外在于权力。

布迪厄用审美无功利性排斥了工人阶级的文化趣味，将工人阶级的文化视为"必需性"，使其作为一个消极的固定参照建构其他文化趣味，其结果是，在对工人阶级审美趣味予以否定的同时，否定了工人阶级的政治能力和获得条件：他们没有足够的政治能力而需要具有更高审美判断能力的其他阶层如知识分子和艺术家的教育、启蒙和代表，"工人阶级的文化匮乏既使他们需要做这种授权，又导致它服从于某种代表普遍价值的知识分子的领导"①。布迪厄的观点无疑暗中支持和强化了其中隐含的权力结构：资产阶级审美趣味高于工人阶级的文化趣味，需要以前者的标准来启蒙和教育后者，且知识分子能为工人阶级提高审美自我技术提供有力支持。

贝内特以布迪厄为批判个案，其意图很明显，就是反对文化研究和批判型知识分子视工人阶级为没有审美判断力和缺乏自主性的庸俗大众，因此需要他们的启蒙教育和代表，才能获得解放的认识。贝内特认为，知识分子们应当意识到，从属阶层本身具有良好的文化趣味和政治能力，不需要知识分子在意识思想上启蒙他们，在政治上代表他们。文化研究知识分子应当参与文化机制和文化政策的建设和完善，为民众开辟自我言说的通道和扩大平等参与文化活动的机会与途径，实现社会民主的政治意图。

福柯与贝内特的"特殊知识分子"观将当代知识分子的根基定位在其所依附的具体权力机构及其政治价值上，承认知识分子的非依附性和非自主性，这点已得到人们的普遍认同。但在当代知识分子是否还能为民众合法代言这一问题上，人们还存在着巨大的分歧。福柯、贝内特和美国学者保罗·博维等人坚持说"不能"，因为人文主义及对抗性批评实践"都是在话语、体制和欲望的网络内进行运作；而且，在地位最高、影响最大的批评方案中我们看得尤为清楚，话语、体制和欲望的网络总是通过反民

---

① Tony Bennett, "Habitus Clive: Aesthetics and Politics in the Work of Pierre Bourdieu," *New Directions in American Reception Studies*, (eds.) Philp Goldstein and James L. Machor (New York: Oxford Press, 2008), p. 78.

主的实践，以及反民主的形式自我复制的"①。博维指出，知识分子与权力谱系所具有的共谋关系成为人们的危险事物，与其说知识分子是民众代言人，不如说是一种压迫工具。在某种程度上，他们正是在"僭取评判和构想其他有效的选择的权利和权力时成为了压迫工具——我们可以怀疑，正是这一过程以牺牲他人为代价维系了知识分子领袖的地位"②。

相反，以萨义德、詹姆逊和大部分文化研究学者为代表的人文批判型知识分子则坚持知识分子"需要代表（再现）民众"。部分原因在于，知识分子与民众的关系是"有机代表"而非"强制代表"，知识分子在与原子式的个体在有机联系的过程中，并未否定其异质性，反而给予原子式的群体以同质性，使其意识到自身在经济和政治领域的作用③，这种有机结合体现了"差异的同一性"与"同一的差异性"之间的辩证关系。更重要的是，与民众的有机关系和为民众代言赋予知识分子的工作以伦理关怀的维度，为知识分子的社会职能指出了重要的政治方向。

在文化研究领域，贝内特的"文化技术工"观点同样遭到人们的质疑和批判。人们指责贝内特用生物权力的主体"人口"取代革命政治意味的"人民"，并一味强调文化权力机制中非人格化的操作、实践和部署等技术手段为政治能动者，却对文化政策为谁工作、代表谁等重要的伦理参照三缄其口，这就使文化政策研究极易沦为官僚工具理性的帮凶。乔纳森·斯特恩（Jonathan Sterne）便毫不客气地批评贝内特工具主义的文化政策研究"将权力关系的结果、伦理、政治和人格等问题加了括号，这完全与官僚科层制的精神一致。韦伯认为，官僚科层制的首先目标之一便是如此"④。

的确，笔者也认为，尽管贝内特想要强调文化技术的积极一面，它能为民众获得民主政治和谋得生活福祉提供动力上的支持，用美国学者卡尔·博格斯的话说就是"技术体现了一种合理化的解放动力，这种动力

① ［美］保罗·博维：《权力中的知识分子：批判性人文主义的谱系》，萧莎译，江苏人民出版社 2005 年版，第 2 页。

② 同上书，第 299 页。

③ ［美］布鲁斯·罗宾斯：《知识分子：美学、政治与学术》，江苏人民出版社 2002 年版，第 109 页。

④ Jonathan Sterne, "Bureaumentality," *Foucault, Cultural Studies, and Governmentality*, (eds.) Jack Z. Bratich (Albany: State University of New York Press, 2003), p. 122.

往往将工人引向抵抗，引向反资本主义的政治"①。但技术和科学等工具也同样能将资本主义生产关系合理化，这点早已为马尔库塞和哈贝马斯等人强调过。局限在文化技术层面的文化政策研究与非人格化的"文化技术工"倘不能确立一个坚实的伦理基础，不设置评定政策是否恰当的人文标准，贝内特的文化政策研究就可能沦为权力的帮凶和同谋。伦理维度的缺失也许是贝内特工具主义式的文化政策研究在一定程度上失败的主要原因！

①　[美]卡尔·博格斯:《知识分子与现代性的危机》，李俊等译，江苏人民出版社2006年版，第204页。

第五章

博物馆研究:作为治理
技术的博物馆

难能可贵的是，贝内特在理论上提出的文化治理性、文化政策研究和"聚合中的文化"等突破性思想观点，绝非纯粹抽象的理论推演，而是在他进行的关于博物馆的大量经验研究的基础上升华出的理论总结，是理论观照与实践分析相结合的产物，显示了贝内特所传承的英国文化研究中理论观念构成与经验实践分析并重的学术品格。贝内特对博物馆这一文化机构实体予以格外关注，纠结着客观和主观方面的多重因素。

首先，贝内特对博物馆这一机构实体的关注与其学术思想的逻辑理路的发展直接相关。贝内特最初从事文学研究时，从文学文本的社会性使用和功能变化角度，重新回答了"什么是文学"这一基本命题。他对文学文本功能效果的变化格外关注，注重揭示形成它们的可能性社会历史条件，这逐渐形成他独特的逻辑理路，那就是从社会学功能主义角度思考文学、艺术和文化实践的历史性问题。20世纪80年代末至90年代初，贝内特进一步将制约文学文本功能变化和可能性条件的历史动因，归结为"文学制度"这一权力形式。随后，贝内特又将文学制度的研究论题拓展到文化研究领域，开创了文化政策的研究方向。在具体考察文学艺术与文化实践的制度性条件时，贝内特的注意力集中在对权力凝结于"机构"这一物质实体的运作方式的考察，突出权力分析的唯物主义方向，力避抽象的唯心主义式思辨。

其次，在贝内特一生对文化、文学艺术作出的历史性分析中，"机构实体"始终占据重要一席，这是贝内特学术思想最独特的一面。之所以如此，是因为贝内特希望对意识形态、权力机制、文化（文学艺术）与社会间复杂关系的说明能落实在具体的物质维度上。如在20世纪70年代末期，贝内特受阿尔都塞意识形态国家机器的影响，对学校教育机构投入过相当的热情，八九十年代又在葛兰西"市民社会"框架中理解通俗文学、大众传媒机构，90 年代初期更是在福柯的知识—权力观的启发下，明确提出建构一种以"文学制度"为视角的新型文学社会学，格外强调"制度"一词所包含的作为物质层面的机构实体及其间的权力实践、文化政治等问题，而他随后提出的文化政策研究也须落实在机构实体中方能得以说明。如此一来，当贝内特将福柯的治理性引入对文化实践的理解时，他主要以机构实体（博物馆）为研究对象，在经验现象分析上思考文化治理性问题便毫不奇怪了。

再次，从主观的个体经验而言，贝内特自小多次随父参观、游览过各种趣味横生的展览会（fair）和博物馆。及至年事稍长，对博物馆的眷恋与日俱增，他把参观博物馆的每一次经历都视为一种奇特的文化旅行。博物馆对贝内特正如玛格丽特点心对于普鲁斯特一样，这个独特空间熔铸着贝内特儿时的记忆和成年后的独特文化体验，"博物馆的文化之旅要求一种熟悉的新惯习，感知它就像感知家一样。参观博物馆和展览会这样的活动，总是如此吸引着我"①。

但是，倘若仅从上述方面解释贝内特研究博物馆的动因，就流于肤浅了，也无法真正洞悉贝内特的学术生涯中始终以机构实体及其所蕴含的政治为核心的学理动机，更不能说明贝内特的博物馆研究的政治意义和学术突破点了。

笔者认为，贝内特一生的学术核心始终围绕着文化机构制度展开的深层动因，主要还在于人们已普遍意识到的某些私人性机构②在当代社会政治语境下越来越多地与权力纠缠在一起，构成文化实践必不可少的制度语境，它有着不同于强制性国家机器的运作方式。尽管人们在机构权力的属性和运作方式等问题上存在分歧，如葛兰西的市民社会上层建筑化、阿尔都塞的意识形态国家机器、福柯的装置（ dispositif /apparatus）概念等，

---

①　Tony Bennett, *The Birth of the Museum*：*History*，*Theory*，*Politics*（Routledge：London and New York, 1995），p. 13.

②　此处指的"私人性机构"取自葛兰西"市民社会"概念所指涉的机构实体和民间组织，如教会、贸易联盟、学校、传媒、工会等，它们由社会成员根据自身需要和社会关系形态自发组成。私人性机构与强制性国家暴力机构如政府、军队、警察、监狱等相对。本书中"私人性机构"的称谓主要参考了周兴杰《批判的位移：葛兰西与文化研究转向》，中国社会科学出版社2011 年版，第 29—33 页。

但都一致承认机构的制度语境便是某种权力形式。

贝内特关于"机构"的认识和他的博物馆研究，便是对机构实体蕴含着权力维度这一当代认识在理论和实践上的呼应。贝内特自己也曾提出，鉴于当代社会的权力形式以治理性为主，对文化研究领域而言，须关注两个条件：（1）文化的概念必须从治理性视角得到说明；（2）对文化治理性的理解须放在对文化机构实体所凝结的权力和权力实践的考察上。因为文化机构实体直接影响社会行为，"文化在治理性视角中所指的东西需要被限定到构成'文化联合体（cultural complex）'的那些机构的运作上。在'文化联合体'中，特定的知识和技能将文化资源转换和组织成作用于社会的方式上，目的是使行为发生特殊变化或持久不变"①。

同时也要指出，贝内特90年代初期的博物馆研究是从文化批判角度考察博物馆的，重在分析其中的权力政治问题，这种以文化批判的视角切入博物馆研究，也是对80年代末期新兴的新博物馆学运动的积极回应。新博物馆学运动是当代一些博物馆学者鉴于当代经济科技一体化、政治文化多元化、自然环境与人的关系日益紧张的情势，对博物馆的社会功能、方法论和目标设定重新予以定位而发起的一场学术运动，意欲揭示博物馆的社会性建构方式——意义的制作、意义的交流和再生产等，凸显博物馆的社会功能及与公众的互动关系，强调其社会历史语境。新博物馆学以1984年《魁北克宣言》为诞生标志，后在1989年由博物馆学家彼得·弗格（Peter Vergo）和一些文化研究学者共同编辑出版的《新博物馆学》一书的推波助澜下，形成迄今为止已席卷全球、方兴未艾的一种知识批判和改革运动。具体而言，新运动要求博物馆"与社会科学与人文科学联盟携手，充分利用陈展设计和交流技巧，改变博物馆机构与大众间的关系"②。彰显多元文化，关怀社群和社区的需求，"将生态博物馆、社区博物馆、邻里博物馆和地区博物馆等等纳入博物馆类型之中"③，希冀博物馆学能积极解决社会问题，成为推动社会变革和发展的促进剂。为此，在方法论上，新运动不满意于旧博物馆学仅局限在藏品的收藏、陈展和存档

---

① 托尼·本尼特：《本尼特：文化与社会》，王杰等译，广西师范大学出版社2007年版，第267页。

② Randolph Starn, "A History's Brief Guide To New Museum Studies," *The American Historical Review*, Vol. 110, No. 1（February 2005）, pp. 71–72.

③ 《魁北克宣言》，于鸣放译，《中国博物馆》1995年第2期。

等技术操作层面的方法与描述性手法上，而忽略了博物馆的社会目的，要求以一种社会批判性视角重新审视博物馆的社会功能、陈展实践、政治意味，因为"博物馆不仅仅是一处用于研究、教育或娱乐目的的场所，其收藏活动也具有政治的、意识形态的和审美的维度，它们不能被忽视掉"①。质言之，新博物馆学重视博物馆空间的文化政治，注重它与大众的双边互动关系，力图发挥其思考和变革社会问题的教育功能和社会效能。

新博物馆学运动着力凸显博物馆的政治和权力问题，为文化研究和社会学以文化批判的视角介入博物馆研究提供了契机。其结果是，"博物馆围墙外"的文化研究学者、社会学家与"围墙内的"博物馆专家学者彼此协作相互渗透，形成一股强劲的博物馆文化批判研究之势。从笔者目前掌握的资料来看，文化批判视角的博物馆研究路径主要有三种：以葛兰西的霸权理论为主要范式，探究博物馆、意识形态和身份建构间的关系，博物馆在此是一处在表征、意义上进行的霸权与反霸权的身份斗争场所；以布迪厄为代表的、秉持阿尔都塞意识形态国家机器理论范式的途径，（艺术）博物馆被看做一个再生产社会关系和维系象征权力的国家机器；以福柯的知识—权力为理论参照依据，视博物馆为文化装置，主要勘察知识—权力凝结在博物馆机构这一"硬件"内部的权力实践和运作方式，贝内特是这一途径的积极倡导者和最具影响力的代表人物，他的观点对当代博物馆研究影响巨大，正如海伦·格雷厄姆（Helen Graham）所评价的："贝内特把治理性引入博物馆研究和文化研究领域，视博物馆实践为一种政治形式，其著作意义重大。"②

贝内特的博物馆思想从揭示博物馆内的权力关系及其社会功能两个方面展开，显示了自己思想的独创性价值和鲜明特色：（1）视博物馆为文化治理的自我技术。③ 公共博物馆是在现代文明化过程中出现的，它通过陈展技术、建筑环境对人们的行为编入市民化符号，让其自我管理，其行为、思想、禀性趋于文明化标准，由此对社会行为的控制予以远距离的调

---

① Peter Vergo, ed., *The New Museology* (London: Reaktion Books, 1989), p. 2.

② Helen Graham, "Scaling Govermentality," *Cultural Studies*, Vol. 26, No. 4, July 2012, p. 585.

③ 在此须注意不是规训权力，这就与另一位福柯主义博物馆学者艾伦·霍普—格林赫尔（Eilean Hooper-Grenhill）保持了距离，后者认为博物馆是规训技术。——笔者

控，实现对人口的治理目标。所以现代博物馆的权力关系的主要形式是治理性，而非意识形态或规训权力，其运作机制是"治理装置"。（2）强调博物馆作为权力制度的"机器"部分，即机构实体物质层面，以及有关博物馆的知识生产如何转换为权力技术并作用于社会层面，以说明博物馆的社会功能，博物馆在此过程中承担了建构主体身份的"实验室"的重要地位。

这两个核心观点分别体现在贝内特的《博物馆的诞生：历史、理论、政治》与《超越过去的记忆：进化论、博物馆、殖民主义》两本专著和一些散论里。《博物馆的诞生：历史、理论、政治》主要聚焦于现代博物馆作为治理装置及其现代治理构形特征和其间的各种治理技术；《超越过去的记忆：进化论、博物馆、殖民主义》在拉图尔等人的行动者网络理论的启示下，侧重考察知识生产过程，阐述与博物馆治理装置相关的知识如何转化为治理技术，及由此作用于社会交往（人们的社会行为）的具体过程。值得一提的是，《超越过去的记忆：进化论、博物馆、殖民主义》以进化论自然博物馆为例，考察了与自然博物馆有关的进化论、分类学、自然科学等知识实践和权力结合的过程，详细分析了知识如何生成新的社会实体、作用于被治理性问题化的社会交往等的具体过程，得出"博物馆如同实验室"这一在当代博物馆研究领域颇具影响力的结论。可以说，贝内特从经验事实研究入手，在知识生产角度深化了福柯的权力—知识理论范式。

第一节　文化机构实体的权力维度

当代诸多人文思想家已越来越深刻地意识到私人性机构所蕴含的权力维度，由于对权力属性认识上的差异，人们关于私人性（文化）机构的权力及其运作方式也存在分歧。在对私人性机构所蕴含的权力的诸多认识中，最具影响力和原创价值的莫过于葛兰西，葛兰西对文化机构权力的探讨与他的"市民社会"概念密切相关。"市民社会"（Civil Society）一直以来是西方社会学和政治学极为重要的概念，它是一个历史范畴，其意指随着社会政治和经济关系的变化而不断发生变化。一般而言，现代意义上的"市民社会"通常指私人自治领域，与政治社会相对，以指涉个人的日常经济活动。黑格尔便是从市场经济活动角度理解市民社会的，市民社会被表述为需要的体系及其满足方式，是一个劳动和生产财富的私人领域①，他承认市民社会相对于国家的独立性，首次确立了市民社会的内涵是现代资本主义市民社会。马克思吸收了黑格尔以市场经济活动为基础性的市民社会的认识，但他剔除了黑格尔从精神发展角度理解市民社会的客观唯心主义色彩，而是把市民社会确定为资本主义社会的物质生产关系和相应的物质交往关系，作为经济基础与作为上层建筑的国家构成深度模式的对应统一关系。

葛兰西继承了马克思的认识。他通过对发达资本主义的统治方式和无产阶级革命道路的深刻反思，从文化和意识形态实践角度重新阐释市民社会概念，指出构成私人生活领域重要部分的文化和意识等上层建筑，对资产阶级统治起着堑壕和堡垒的作用，"国家不过是外在的壕沟，其背后是堡垒和工事"②。在葛兰西看来，强制性国家机器与造就人们意识的机构和组织（即市民社会）都属于上层建筑，两者都是"完全国家"（政治社会＋市民社会）行使霸权的工具，它们是相互补充、彼此渗透的关系，而非纵深的决定与被决定关系。葛兰西认为，正是当代资产阶级取得了市民社会领域中的文化意识形态的领导权，才使得资产阶级得以稳固生存和成功统治。

至此，市民社会概念在葛兰西那里发生了"上层建筑化"的转换：转向了经济组织之外的其他庞杂社会机构和物质生产关系之外的其他社会关系。葛兰西的"市民社会"的构成要素主要指私人性的机构和组织，如教会、贸易联盟、学校、传媒、工会等自发形态的组织、社会群体。③针对发达资本主义国家中市民社会上层建筑化日益凸显和资本主义对意识形态霸权的强化，葛兰西提出无产阶级要取得革命胜利，需要从以往武装革命策略转向用成熟的阶级意识武装自己，在文化意识形态领域与资产阶级展开霸权斗争，最终达到赢得国家政权胜利的目的。可以看出，文化机构如博物馆、学校、媒体等市民社会的公共领域在葛兰西那里，不但是意

①　陈燕谷：《文化研究与市民社会》，http：//www.culstudies.com/plus/view.php？aid=659。

②　［意］安东尼奥·葛兰西：《狱中札记》，曹雷雨等译，中国社会科学出版社2000年版，第194页。

③　周兴杰：《批判的位移：葛兰西与文化研究转向》，中国社会科学出版社2011年版，第29页。

识形态权力的重要载体和工具，还是各阶层相互竞争，争夺霸权的动态性斗争场域。

将私人性机构所蕴含的权力认识予以理论化的第一人是阿尔都塞。阿尔都塞把葛兰西的市民社会系统化为意识形态国家机器，通过对市民社会构成中的私人性机构实体的强调，凸显意识形态的物质性。他说："据我所知，我现在走的路以前只有葛兰西有所涉足。他有一个'引人注目的'观念，认为国家不能被归结为（镇压性）国家机器，按他的说法，还应包括若干由'市民社会'产生的机构，如教会、学校、工会等等。令人遗憾的是，葛兰西没能系统地讨论这些机构，只留下了一些精辟而又零散的笔记。"① 阿尔都塞认为虽然市民社会中的私人性机构是私人的，但其功能与镇压性国家机构一样，都再生产社会关系、支撑维系统治阶级的统治，只不过两者的手段不同，前者使用意识形态发挥功能，后者运用暴力手段。在充任意识形态国家机器职能的私人性机构中，阿尔都塞特别指出，在当代社会中，占支配地位的是教育机构机器。教育机构主要通过文化实践和意识形态，再生产被支配阶级对现存统治秩序的服从，生产支配阶级的统治地位得以合法化的意识形态。显然，教育机构也包括学校和现代公共博物馆，虽然阿尔都塞本人没有直接谈及博物馆，但深受阿尔都塞影响的布迪厄在其社会学研究中，深入探讨了学校和博物馆等教育机构如何再生产了现存社会的区隔和等级关系。

在《艺术之爱》这本专著中，布迪厄用社会学经验研究集中考察了当代欧洲艺术博物馆中的文化消费实践。布迪厄以大量实证性数据和问卷调查表明，博物馆貌似对所有人以免费或花费极低廉的民主方式开放，但它同样遵循着其他文化符号（电视、广播等）的消费逻辑：其间的文化艺术品只对那些能够理解或破译其信息、艺术价值的个体才具有意义。也就是说，艺术博物馆实则是一个社会区隔和社会排他性空间，"事实上，对信息独一无二的价值的破译能力意味着将人们不平等化和差异化了"②。布迪厄进一步指出，这种不平等表面看是由于个体先天传承的审美天分和艺术情趣的差异使然，但事实上，这种克里斯玛意识形态合法化再生产了

---

① ［法］路易·阿尔都塞：《哲学与政治：阿尔都塞读本》，陈越编，吉林人民出版社2003年版，第334页。

② Pierre Bourdieu, *The Love of Art: European Art Museums and Their Public*, translated by Caroline Beattie (Cambridge: Polity Press, 1991), p. 71.

社会生产关系和社会的不平等，它掩饰了个体文化性情或艺术情趣并非先天品质而是教育等后天社会文化结果的事实。在布迪厄看来，艺术博物馆是一个承载着克里斯玛意识形态的社会差异化空间，克里斯玛意识形态通过艺术博物馆达到文化区隔和社会排他性，有着维系或再生产社会关系的功能。由上可以看出，布迪厄对艺术博物馆的认识基本上继承了阿尔都塞意识形态国家机器的观点：文化机构（如博物馆）以意识形态的方式行使维系统治秩序、再生产社会生产关系的功能。

　　由于阿尔都塞的功能主义很容易将个体能动者完全化约为结构的承担者而抹去其能动性，意识形态国家机器在功能上完全与镇压性国家机构一致，文化机构几乎未给各阶层能动者实施反抗、争取霸权以任何自由空间，招致文化研究者如霍尔等人的反对。霍尔深切地意识到，各种非国家性的私人机构对当时撒切尔主义的蔓延及其赢得霸权起了重要的支撑作用，霍尔更愿意用葛兰西的充满动态竞争和斗争意味的市民社会而非结构性的意识形态国家机器解释私人机构，希冀把市民社会的"自由空间"视为解放之所在，同时也能阐明"在历史变革的关头，撒切尔主义提出的问题是如何把已经长期习惯于某些位置的主体重新安置在新的话语所设定的位置上"①。由此，霍尔强调市民社会包括私人性机构等的相对自主性和多样性，要求严格划分市民社会与国家的界限。以葛兰西霸权为范式的文化研究倾向于把博物馆概念化为一种霸权机器和反霸权斗争的场所，着重通过对博物馆表征实践的分析，窥视其中的赞同心理机制与身份建构。

　　尽管阿尔都塞的意识形态国家机器范式和葛兰西的市民社会范式，在关于机构实体是结构性力量还是动态斗争空间这一问题上存在分歧，但两者都承认文化机构是意识形态权力的工具和载体，它以文化表征的方式合法化、自然化了支配性权力，向被支配阶层传递灌输着支配性的价值体系与意识观念。其结果是，文化机构实体被视为传递意识思想的中空工具，一个外部因素和意识形态权力的载体，却忽视了不同于意识形态的其他权力如文化管理、文化制度等，更无视机构实体自身便是一种权力实践技术的事实。用贝内特的话来说就是，"无论就一般来说将博物馆看作霸权机

────────────

　　①　陈燕谷：《文化研究与市民社会》，http://www.culstudies.com/plus/view.php? aid = 659。

器这种观点多么有用，它却不能将博物馆特有的特定政治形式理论化，也不能在实践上有效地与在博物馆政治内部操作的实际力量（agents）发生密切关系"①。

针对从意识形态权力角度理解文化机构所存在的不足，贝内特提出，文化在特定权力关系中的运作，总是依赖于它被铭刻于其间、同时形成权力一部分的机构制度。换言之，文化机构既是文化权力运作的载体和工具，也是权力的一部分，它是关于文化的权力技术，它所关涉的权力关系不能用意识形态予以说明。因为文化不能仅在文本及其意指的意义上被界定，还包括文化实践（如意指实践）和其所依赖的具体条件（如机构制度条件），后者不能用语言符号学模式阐明界定。文化形式和文化实践既有文本维度，又包括机构维度，这两个维度彼此交叉互相依存构成一套互动的过程——文化的生产、分配和效果等过程。② 为此，对文化领域中的权力关系的理解就不应仅限于文本意指实践，还应包括与机构制度领域有关的权力关系。贝内特提出："能恰当表述文化这种兼具话语与机构维度集合体和多元构成的术语是'文化技术'或'文化装置'（cultural apparatuses，又被译为文化机器——笔者），也就是福柯的 dispositif（部署、装置）概念。"③ 质言之，贝内特认为，文化装置或文化技术这个词能较好地说明文化构成的多元性：文化是制度的，是社会和物质的过程，同时文化也是社会与符号相互关联的。贝内特的上述四思想得益于福柯的"装置"概念。

福柯对机构实体的权力关系的认识体现在他的部署、装置（dispositif）概念中。据意大利学者阿甘本的认识，"部署（dispositif）这个词，或者说英文的'装置'，在福柯的思想策略中是一个决定性的技术术语"④，尤其在 70 年代之后福柯开始集中关注治理性时，这个词成为关键性术语。福柯对 dispositif 概念的解释是：

> 首先，它是一套异质性集合体，由话语、制度、建筑形式、调控

① 托尼·贝内特：《置政策于文化研究之中》，罗岗、刘象愚编：《文化研究读本》，中国社会科学出版社 2000 年版，第 105 页。

② Tony Bennett, "Cultural Studies: A Reluctant Discipline," *Cultural Studies*. 12 (4) 1998, p. 537.

③ Ibid.

④ ［意］吉奥乔·阿甘本：《什么是装置?》，王立秋译，《当代艺术与投资》2010 年第 9 期。

决策、法律、行政措施、科学陈述、道德的、哲学的、慈善的命题等构成。这些都是装置的要素。装置自身是由这些要素建立的关系体系。其次，我试图在装置中辨明这些异质性要素彼此联系的确切属性……无论是话语还是非话语要素，其位置总是不断变化和其功能相应改变的。最后，我把"装置"理解为一种构成（formation），它在特定历史时刻具有回应危急的主要功能。因此，装置有一个主要的策略功能。……装置就是这样的：它是支持，或为特定的知识型所支持的力量关系之策略的集合／设定。①

福柯试图用"装置"这个词指涉社会实践中所存在的机构和话语等异质因素彼此在某个特定时刻被策略性集合的网络体，这种策略性集合是知识—权力所为。为此，装置总是坐落在某种知识—权力关系中，它连接各种异质因素，是使之有效运作的关系体系。福柯用"装置"这一术语考察社会实践中机构制度的、话语的各种异质因素如何运作，揭示使之合理化运作的知识—权力关系。机构实体对福柯而言，便是装置网络中的一个重要成分，它不仅仅是一个中立的机构和建筑形式，而是与某种权力策略及其运作方式密切相关，在与各种话语与非话语等异质因素的关系网络中界定自身的功能，与它们共同支撑着某种权力关系并被权力关系所支撑。可以说，机构实体不但是权力—知识的物质载体，更是权力—知识的一部分，它铭刻着装置的各种因素：话语、知识、真理、权力、建筑形式、社会实践、制度等，与它们一起行使某个特定的权力策略功能。

贝内特在福柯的"装置"概念的启发下将文化机构表述为文化技术或文化装置，强调文化机构实体是话语与非话语等各种异质因素的策略性集合，试图揭示其间的各种具体权力手法和运作机制。这种文化装置既包括文化表征、意指实践等意识形态权力，还包括机构实体这一"硬件"凝结的权力关系和实践，后者有着不同于意识思想的运作方式和逻辑策略，不能化约为单向度的意识形态权力。那么，作为权力一部分的文化机构实体的权力关系具体是什么呢？贝内特认为是治理性，即施于行动的可能性领域的被精心计算、筹划、盘算、反思过的行为。它有多元的目标和

① Michel Foucault, *Power/Knowledge: Selected Interviews and Other Writings, 1972 –1977*, (ed.) C. Gordon (New York: Pantheon Books, 1980), pp. 194–196.

实现这些目标而设定的多元手段，作用于人的行为的可能性领域，使个体自愿作用于自己的思想、行为、身体、感情，影响社会交往并最终起到治理人口的目的。因此，文化机构如现代公共博物馆是文化治理装置。

第二节　现代博物馆的治理技术

长久以来，现代公共博物馆通常被认定为保管有价值的物品、进行科学研究和全民教育的功能。这种认识以真理话语的形式不断重复和强化。如 1956 年国际博物馆联合会对博物馆的定义是"基于研究、教育和赏玩目的而收藏、维护、陈列具有文化或科学价值的物件的常设机构"①。1973 年国际博物馆联合新草案对博物馆的说明："一家服务于社会的非营利机构。为了研究、教育、乐趣等目的，它力求获取、保存、传达、展示人类与自然的进化过程中的见证物件。"② 在当代，虽然以强调社区身份和多元文化为主的新博物馆运动已成主流，但其对博物馆的上述核心职能的认同并未改变，如乔治·埃里斯·博寇（G. Ellis Burcaw）所言："当代博物馆（这仍是最恰当的叫法）正经历着管理、专业研究以及活动策划技术的改变，但其基本性质并未改变。"③

贝内特的博物馆研究正是通过对现代博物馆（自 19 世纪诞生以来）真理知识话语的谱系学考察，揭示出现代公共博物馆不但是储藏、研究、教育、娱乐之所，它还是凭借权力—知识的力量，组构出一个使人口趋于文明化、市民化的治理空间。这个治理空间动用视觉、建筑、表征等技术和策略，施于人们的行为的可能性领域，让其自我管理、自我进步，使其身体、思想、行为等符合现代启蒙理性所设定的"市民"身份，最终达到对整个社会的行为施与有效治理，使之趋于文明化的目的。现代博物馆就此而言，更是治理技术。

在《博物馆的诞生：历史、理论、政治》这本专著中，贝内特以谱系学方式考察了现代公共博物馆作为治理技术的诞生、其现代构形、治理策略技巧和博物馆政治理性等，思考和回答作为治理技术的现代博物馆是

---

① ［美］乔治·埃里斯·博寇：《新博物馆手册》，张云、曹志建等译，重庆大学出版社 2011 年版，第 10 页。

② 同上书，第 13 页。

③ 同上书，第 14 页。

怎样的这一核心问题。

贝内特的论述主要集中在西方 18 世纪末到 20 世纪公共博物馆的现代构形上,指出 18 世纪末到 19 世纪初,收藏机构和博物馆发生了重大结构性转型,即它从传统的王室收藏机构转换为以启蒙理性为主旨的现代公共博物馆。从形态上看,博物馆的现代形式是一个复杂的过程,它融合了早期收藏机构,创造性地修改和吸收了各种展览会、集会(fair)、国家展览会甚至商店等形式。但是,这些外观因素并不能说明博物馆现代构形的出现、发展的真正原因,因为博物馆在形态上的现代变化,主要归因于 18 世纪末出现的一种新权力形式——治理性。换言之,现代博物馆出现的一个根本动因是治理权力的结果:"文化逐渐被当作治理的手段,成为新权力形式的实施工具。只有从这个角度认识博物馆的现代构形,才能充分理解它。"①

18 世纪末管治科学兴起,福柯指出,这一阶段家庭模式的治理策略逐渐兴起,它以呵护每个人和所有人的财富与行为为主要特征,国家对人口的监督和控制如同家长对家庭成员的呵护照顾一样。后来文化领域逐渐卷入治理权力中,1849 年,英国社会改革家詹姆士·西尔克·白汉金(James Silk Buckingham)等人提议文化和道德要以人口的利益为出发点,艺术馆、图书馆、公共讲座等的建设与发展都要以提升"人"内在的生命为主,正如现代的城镇设计以提高人口的健康为目的一样。如此,文化成为人口治理的资源和工具,实现社会管理的目的。此后,类似的提议和规划层出不穷,博物馆和图书馆成为塑造"现代市民"身份必不可少的精神道德工具。

但是,只有到了 19 世纪中后期,高雅文化艺术品才真正被招募用来履行治理任务,文化治理就此获得现代治理形式:以高雅文化艺术为工具手段,治理下属阶层的习惯、信仰、行为方式(人类学意义上的"文化"),使之成为文明化、市民化的人口。文化的现代治理形式意味着高雅文化可以改变人口的内在生活、行为甚至生命本身,它容许那些染有各种恶习如酗酒、嗜赌的下属阶层个体自我规范和自我改变,以一种自由治理的内在形式而非外在强制方式改变自身。文化(高雅文化)就此成为

---

① Tony Bennett, *The Birth of the Museum*: *History*, *Theory*, *Politics* (Routledge: London and New York, 1995), p. 19.

自我治理的技术，一种自由的、远距离的自我改造手段，"文化作为一种资源，用以规范社会行为，它赋予个体自我监督和自我规范的能力，此后，文化领域和自由治理的现代形式交互关联"①。

文化治理的现代形式在博物馆机构中得到重申和强化，美国著名博物馆专家乔治·布朗·古德（George Brown Goode）在19世纪提出著名的"现代博物馆思想"，认为博物馆是"无情的改革家"，在博物馆历史上首次明确界定教育是博物馆的主要功能。古德的思想影响深远，在19世纪中下叶几乎赢得了世界性的赞同，如英国博物馆专家亨利·科尔爵士（Sir Henry Cole）就认为，博物馆有助于男性工人阶级选择一种更为严肃的道德生活，离开慵懒的床铺和酒馆的诱惑。

高雅文化在治理性中的功能不同于它在封建时期的司法—推论权力装置中的功能，后者有一个权力的始源点如主权或君权，高雅文化主要将此类权力象征化、仪式化，向人们展示外在化的王权、主权，使人观看并听命于它。到了18世纪末和19世纪初，规训权力和治理权力开始出现。相比司法—推论权力，治理权力有多元的具体目的、多元的技术手法、多元的权威和理性，它以人口生命和个体生活条件为最终目的而具体实施多元性规划。高雅文化实践被卷入其中，治理权力以高雅文化为工具，实现多元规划：酗酒的解毒剂、暴乱的平息者和使人口的道德行为趋于文明化。更重要的是，由于治理权力的运作要求以更为经济化、精密化的方式进行，它以细节化的计算和手法作用于人们行为的可能性领域，高雅文化由于其自身的"非功利性""审美自律性"等超然地位，反而更有利于促成治理机器的精密运作，成为其主要工具之一：使个体自我改变、自我管理。

高雅文化卷入治理机器的精密运作中，至少部分是通过博物馆实现的。在这一过程中，博物馆不但成为教育大众的机构，而且具有倍增文化管理的效力和教化人口的效用，它是一种有效的文化分配的微观系统和使治理权力弥漫整个社会肌体的节点，"文化分配的微观系统的新发展有利于在人们中培养一种自愿的自我控制能力"②。许多19世纪的现代博物馆

---

① Tony Bennett, *The Birth of the Museum*: *History*, *Theory*, *Politics* (Routledge: London and New York, 1995), p. 20.

② 托尼·本尼特：《本尼特：文化与社会》，王杰等译，广西师范大学出版社2007年版，第239页。

改良者，如古德、杰文斯都倡导将公共博物馆、免费图书馆以及其他类似机构看做改善人口生命质量的必需条件，将它们与公共卫生设施、救济院相提并论，认为博物馆、艺术馆等机构可以增加教化民众的效能。为合理有效地扩大现代博物馆的治理效能，改良者们精心筹划它的地理位置、建筑形式、陈展物品。如托马斯·安文思用计量方法权衡美术馆处于郊区还是城市更有利于履行教化功能。罗斯金、弗格森等人研究按照价值单元的分布把文化分成若干部分，让大众从低质量的艺术中受益，高质量的艺术则容许受过良好教育的阶层进行"纯粹凝视"。这些功能主义者们还采取展品巡回展示、艺术品的复制新技术、宣传手册等方式，在取得经济利益的同时也获得一种文化和政治的回报，文化改变人们行为思想的教化效果迅速散布于社会肌体，产生一定的社会效应——下层阶级如工人阶级通过文化，自我改造为"审慎的主体"，他们的行为举止更为温雅得体，成为文明化进程中的现代"市民"。

博物馆的文化功能倍增的作用在两个方面扩展了文化的管理作用：（1）高雅文化为治理工具改造个体内在自我和行为，它是改造内心世界机制的一部分。（2）"它发展了文化传播的新型微观系统，人们筹划的这个系统能够毫无阻碍地在社会内部扩大文化的影响范围。"①

由于现代博物馆越来越多地卷入治理权力中，是治理装置极为重要的部分，它也逐渐成为现代公共领域和社会空间中的一员，其属性与从前的私人性收藏机构完全有别。这主要体现在三个方面：（1）从社会排他性收藏机构转变为大众用以学习文明化行为的公共空间，通过它的经济高效性运作，治理弥散于社会肌体中。（2）这一空间的表征原则从表征惊异之物变为表征启蒙理性思想。（3）现代博物馆不但实施意识形态霸权，还直接规范游客的身体践行，以符合一定的行为规范标准。②

贝内特主要通过对17世纪前的贵族收藏机构与18世纪末至19世纪现代公共博物馆的对比，在上述三个方面彰显博物馆身份的现代转变和治理特征。具体来说，首先，就博物馆社会空间的变化而言，在封建王朝和文艺复兴晚期之前，欧洲王族的收藏实践主要以象征君权、维护君主权力

① 托尼·本尼特：《本尼特：文化与社会》，王杰等译，广西师范大学出版社2007年版，第260页。

② Tony Bennett, *The Birth of the Museum*: *History*, *Theory*, *Politics* (Routledge: London and New York, 1995), p. 24.

为目的，物品的陈列展示意在将君王权力圣化、合法化，使人们臣服其统治。藏品一般均是有价值的物件，它们代表着权力自身，在统治阶层内部组织和传递权力而非在大众面前展示权力。因此，这个空间具有极强的社会排他性：只有极少数的人有资格入内，"以至于展品与其说象征着权力，不如说宣称主人拥有保存有价值的物品的权力和严格限制他人观看的权力"①。

到了 18 世纪，博物馆被组构为资产阶级的公共领域的一部分，博物馆内的高雅文化作品和实践脱离了王族收藏馆的功能而与新的社会政治目的相关联：参与民主理性地讨论公共事务，形成某种公共舆论以批评对抗压迫性的国家权力。博物馆被整合进公共领域，为文化实践遵循治理逻辑奠定了基础。同时，文化市场化以及科学技术的发展，促使文化产品脱离原初语境，在其广泛流传、普及过程中，文化产品被赋予资产阶级消费者的新的意指和价值，不但参与到理性地批评国家的政治行为中，还为高雅文化脱离司法—推理权力的部署，成为治理工具提供了物质条件。在博物馆还未真正成为治理技术之前，作为公共领域一部分的博物馆尽管在理论上遵循普遍主义和平等对话原则，但在实践上仍具有阶级和性别上的社会排他性：资产阶级行为符码被刻入普通人的行为方式中，通过设定大众文化为消极指涉点的"他者"，建构出资产阶级公共领域的理性、文明等自我身份。

19 世纪中叶，博物馆作为治理规划的文化资源，其策略相应地发生了调整，博物馆不再以排斥大众为主要原则，而是面向全体人开放，它是一个在身体践行上学习示范的空间，容许那些粗鲁无知的大众尤其是工人阶级学习文明化行为，通过模仿资产阶级，以内在化的方式形塑自己的行为。

其次，表征实践和原则的转变。十六七世纪王族收藏馆的表征实践主要以惊异为原则，体现对宇宙的好奇和对宗教的狂热，单个的珍稀展物凝聚着宇宙整体的特定内容，而能洞察其中奥秘的人仅限于有能力和权力来探寻它们的人。18 世纪，随着自然历史展览的出现，启蒙理性原则取代了惊异原则。自然历史展览馆以普通的、寻常的、唾手可得的自然文化物品为展物，它以科学理性为原则，力图表征普通事物背后的普遍规律。在

---

① Tony Bennett, *The Birth of the Museum: History, Theory, Politics* (Routledge: London and New York, 1995), p. 27.

启蒙理性原则下，博物馆不再以象征化、仪式化国王的王权为主要职能，而是重在叙述民族的历史、国家的历史和大写的"人"的历史，在这种叙事中，"不是国王而是公民，他既是演员也是元叙事者。结果是，民族公民与艺术融为一体，将民族表征为既是主体也是客体"①。博物馆的历史叙事表征同时也重置了游客的位置，游客不再是国王的臣民，他更是公民和国家的一员，公共博物馆成为教导大众沿着历史叙事的步骤成为"公民"身份的"历史系列技术"，其表征方式力求易读性、透明性，正如古德所要求的："博物馆的教育功能有效与否，体现在其教育性的解说牌上，同时每一个解说牌都应辅以精心选择的佐证性的标本。"② 就此而言，"博物馆是早期乌托邦的继承者：社会是完美而自明的，为此也是自我规范的"③。

最后，对启蒙理性自明性、透明性的追求也体现在博物馆的建筑空间上，后者有利于视觉权力技术的运用，以规范游客的身体行为和建构"市民"身份。19 世纪中叶，一些社会改革家和建筑设计师如詹姆士·西尔克·白金汉（James Silk Buckingham）、罗伯特·欧文（Robert Owen）等人，提出以启蒙规划的几何透明原则建筑公共设施空间，如图书馆、博物馆、艺术馆、戏剧院等，因为透明性的建筑方式"更有利于操控空间与视角的关系，让个体受制于彼此的凝视，形成道德的自我规范"④。这种热望体现出社会自身是自明、自我控制的乌托邦理念，它几乎蔓延到欧洲所有群体性聚会性质的建筑领域，如庆典集会、节日聚会、商店、博物馆。建筑空间的透明性不仅使展物作为被观看的对象，而且让个体成为他人观察的对象：在他人目光的凝视下，个体自我规范和表演，以使自己的行为举止符合市民化的标准，成为市民主体。正是由于建筑上的透明性，传统的民间集会场所如娱乐性展览、民间节日的混乱性得到治理而趋于秩序化。

由以上可知，贝内特是从权力角度而非外在形态来解释博物馆现代形

---

① Tony Bennett, *The Birth of the Museum: History, Theory, Politics* (Routledge: London and New York, 1995), p. 38.

② ［美］G. Ellis Burcaw（乔治·埃里斯·博寇）：《新博物馆手册》，张云、曹志建等译，重庆大学出版社 2011 年版，第 13 页。

③ Tony Bennett, *The Birth of the Museum: History, Theory, Politics* (Routledge: London and New York, 1995), p. 47.

④ Ibid. , p. 48.

式的出现及其结构性变化的。对贝内特而言，权力形式从司法—推论更迭为治理性，这是私人收藏机构转换为现代博物馆，以获得现代形式的一个重要因素。那么以治理性为基础的现代博物馆，其权力关系的运作方式究竟是怎样的？贝内特通过将现代的各类展览机构如自然博物馆、历史博物馆、国际展览会、拱廊街、商场等通称为"展览综合体"（the exhibition-ary complex），对之进行详细考察，以说明展览综合体是治理权力装置，具有诸多治理技术和手法。

在贝内特之前，从权力装置角度认识展览综合体的权力运作的学者还有道格拉斯·克伦普（Douglas Crimp）。不过道格拉斯·克伦普跟随福柯，将展览综合体视为规训权力装置，认为它们是禁闭空间。而贝内特则更愿意把展览综合体看做治理空间，即现代展示机构群的出现与新知识话语、治理权力以及新的视觉技术的发展密切相关，或者说现代展览综合体是一个话语与非话语、权力与知识集合的治理权力装置。

贝内特之所以认为展览集合体主要是治理空间而非仅是规训空间，是因为博物馆与福柯笔下的监狱等禁闭空间的权力运作方向正好相反：后者在王权时期用断头台和身体惩罚场景在大众面前展示权力。但从18世纪开始，这种惩罚方式逐渐隐藏起来，甚至逐渐消失而代之以监狱机构，监狱以更为内在化的权力形式渗透和蔓延至身体内部，使之驯服。与此同时，展览综合体从早期封闭的私人性机构逐渐面向大众开放，容许大众观看传达权力信息的表征和展物。这两种类型的机构尽管与知识—权力关系的方向相反，但它们几乎同时在19世纪中叶得到迅猛发展，如法国1840年出现了梅特赖（Mettray）监狱这一新型机构，英国在1842年出现了本顿维尔监狱。不到10年，也相应地出现了1851年的世博展。① 几乎在同一时期，这两类机构同时出现，它们互相补充，彼此渗透，都是对秩序的回应，有着共同的目的：针对人口。虽然监狱机构的权力关系是规训权力，博物馆的权力关系则是治理权力，它们也有着不同的具体手法，但两者都对个体的身体践行施加影响，并由此渗透、弥漫进整个社会肌体里。在展览综合体里，"并不意味着没有监察技术，而是它用一套复杂的权力

---

① The Great Exhibition，第一次世博展，也称"水晶宫"（the Crystal Palace Exhibition），是在伦敦举行的。

关系生产的、新的更为精微的景观方式在运作。"① 更确切地说，展览综合体和监狱一样，都以秩序为目的，但它们的方式不同于规训机构：

> 展览综合体以文化为领域，力图赢得心灵和思想，正如规训权力驯服身体一样。为此，展示机构颠倒了规训装置，它让公众目睹秩序的原则和力量，将公众改造为公民，而非相反。它也不是让公众目睹受罚的社会身体以展示权力。相反，它们容许对展物中的权力的学习，这一权力成为公然展示而命令、排置物件，它们让大众而非个体了解而非被了解，成为知识主体而非知识对象。②

质言之，展览综合体作为治理装置主要属于文化领域，权力和秩序施于展物，通过展物的有序排列，让大众从中认识到秩序和规范，达到自我规范和自我管理的效果。为此，就展物而言，大众是认识展物的主体，但就权力而言，他们又是权力所认识的客体，且这种权力已是被个体内化了的权力。与其说大众是权力认识的客体，不如说是个体将这种权力内化为对自我的规范，个体是自我认识的客体，它以内在化的权力之眼凝视自我，监察、规范自我，使其达致符合现代市民标准的身份。

这种权力凝视技术还隐含着治理权力的修辞效果：权力对展物予以秩序化和规范化，展物不但是权力的客体，而且是大众观看的客体，权力将大众即公民置于自己一边，生成一种大众也参与到秩序管理中的修辞效果，成为权力的合谋者。博物馆的权力修辞效果和福柯笔下的法庭与公众的关系之修辞如出一辙，都有使公众似乎站在正义、真理一边但实则有与权力暗自合谋的效果。如 19 世纪的博物馆通常将机器和工业产品组构为进步的叙事序列，用国家集体的成就这一修辞让大众成为帝国主义的权力合谋者。

展览综合体内的治理技术，除上述凝视视角技术与权力修辞外，还有景观与监控。贝内特认为，在博物馆等展览机构中，展示权力的景观并未如福柯所说的由规训权力的全景主义完全取代而随之消失，而是景观与全

---

① Tony Bennett, *The Birth of the Museum：History，Theory，Politics* (Routledge：London and New York，1995)，p. 61.

② Ibid.，p. 63.

景并存：展物展示权力，人们之间相互监督，彼此互为权力的主体和客体，个体不但是认识展物的主体，也是被监视的客体，且这种监视的"看"被个体内在化了，是自我监察的"看"，个体成为自己的客体，人们以内在化了的权力之眼控制着自身。因此，"展览综合体完美地体现了主体和客体可相互交换位置的自我监督的'看'的体系……这种民主的权力之眼实现了边沁的理想，中心的视角可随时看到大众，社会通过自我观察达到自我规范"①。

同时，现代博物馆表征空间的构成与一系列新知识的出现密切相关，如历史、艺术史、考古学、人类学、生物学等。这些知识所支撑的权力不但把博物馆建构为"展示和讲述"线性历史的空间，还通过线性的进化叙事，秩序化了各种文化和自然物品，让个体在观看进化叙事的展示中，逐渐自我规范为线性进步的"现代人"。各种历史知识对博物馆的线性组构和对个体的市民化规范，不仅体现在思想意识上，而且它还为游客的行为编码，规约其身体。法国大革命之后，美术馆内的建筑依照线性进步方式组建的"进步画廊"和"阶段展屋"便是一例。同时，展览综合体的线性进步叙事也隐含着等级化结构：处于时间开端的他者是被殖民者、土著、妇女，处于"进步"时间顶端的则是白人男性，它们被表征为"现代文明人"。

总之，以治理性为基础的展览综合体与以规训权力为原则的监狱机构同时作用于个体的身体践行和社会肌体，它们运行的领域不同，权力技术也不同，但两者相互补充、彼此影响。由此可知，现代资本主义社会的权力—知识运作，既需监狱这样的规训机构来驯服人们的身体，又需要博物馆这样的自我治理机构容许人们自愿规范自身，这意味着"如果不遵循博物馆权力的自我规范和教诲，那么后果将是监狱的惩罚"②。

但是，资本主义政治下的现代博物馆内部自身存在着一定的矛盾——民主、自由、公正的政治目的之修辞，与实际上博物馆作为治理技术的理性运作方式之排他性、等级化的具体实践等存在着矛盾张力，使得现代博物馆的政治目的与其理性运作手段逻辑的矛盾断裂空间衍生出博物馆的政

① Tony Bennett, *The Birth of the Museum: History, Theory, Politics* (Routledge: London and New York, 1995), p. 69.

② Ibid., p. 88.

治理性问题。所谓政治理性,是贝内特借用福柯的术语,意指现代治理权力技术"有它们自己的理性特征:它们形成明确而特定的权力运作形式,产生它们自己的政治问题和政治关系的具体领域,而非构成一般化权力实施的例证"①。福柯认为,由于支撑这些权力技术的目标之修辞与政治理性的实际运作并不匹配,便为无止境的改革话语进入这个断裂空间提供了条件。如监狱,不断有改革话语要求达到最初设定的目的之修辞,如人道、公正等,但是,这些改革被证明均是无效的,因为监狱自身的政治理性与其说是为了实施改革,不如说是管理罪犯,将之区隔为亚人口。②

其实贝内特在此引用的福柯的政治理性,不过是治理性概念中的"策略可逆性"(strategy reversibility)内涵。由于治理技术具有精于计量和反思的理性特征,它的运作依从自己的权力逻辑而非某个外在的目标,为此,治理技术和手段总是与治理规划存在裂缝和沟壑的,这便为不断要求达到治理目标的改革话语和政治抵抗打开了空间。但是,这种裂缝和改革话语恰是治理性存在的条件:治理实践也可翻转聚焦于政治抵抗,但这种抵抗不过是治理的策略和手法的一种,用以设定新的目标,重构新的治理实践和对象。

贝内特认为,就现代博物馆而言,其政治理性和相应的改革话语主要集中在两个基本目标修辞上:公众权利,即博物馆对所有人平等开放;充分表征,即博物馆应当视所有文化具有同样的价值,能充分表现各种不同的文化。但博物馆治理技术的实际运作和手段有自身的权力逻辑和理性,它主要以区隔大众为主,其有限的空间与性别、阶级、种族等的排他性权力逻辑等因素使之不可能充分表征各种不同的文化,无法真正实现博物馆表现人类的普遍主义这一目的修辞。比如现代艺术馆,一方面声称为所有人开放,容许人们平等地观看艺术品;另一方面却将大众身体当做改革的对象,排斥其粗鲁行为,使之模仿资产阶级的文雅行为,实施治理技术上的排他性逻辑,"博物馆不但是市民教育的手段,还是规范化的功能"③。这就引出博物馆的政治理性问题:在这个断裂的空间里,不断有要求改革

---

① Tony Bennett, *The Birth of the Museum: History, Theory, Politics* (Routledge: London and New York, 1995), p. 90.

② Ibid.

③ 托尼·本尼特:《本尼特:文化与社会》,王杰等译,广西师范大学出版社 2007 年版,第 232 页。

的政治话语介入，以及政治目的与权力技术实施手段间永无止境的裂缝。

贝内特从治理性角度对现代博物馆进行了谱系学考察，他把博物馆现代构形的形成原因很大一部分归结为治理权力的卷入，在理论和经验层面探讨了现代博物馆的出现、形成、治理技术、相关的政治社会问题和人口文明化的启蒙理性话语等。这为从治理性角度认识现代博物馆的政治和权力问题提供了新的思路。而且，从博物馆学角度而言，贝内特将谱系学方法引入博物馆学历史书写中，打破了以往博物馆学线性进步的书写方式，也打断了博物馆历史叙事的连续性和稳定性幻觉，引入了断裂性、差异性和多元性，"这种激进的观点转变了博物馆学的主流，此研究方法自身已成为（当前）博物馆研究的主导"[1]。

但是，由于贝内特也相应继承了福柯的"权力决定论"，治理权力下的博物馆并未留给个体能动地抵抗治理的结构性压力以空间，个体在治理权力面前仅消极地被牵制着，即使有政治抵抗，也不过是治理策略性逆转的效果。为此，阿兰姆·A. 延戈扬（Aram A. Yengoyan）在评价贝内特的《博物馆的诞生》时不无遗憾地指出，贝内特融合福柯和葛兰西关于国家的观点，却更倾向于福柯的文本。延戈扬认为更应该把博物馆视为葛兰西意义上的市民社会领域，视它为一个动态的霸权斗争领域，一个创造政治积极价值的领域。[2] 延戈扬的指责不无道理，至少从个体能动性方面而言，葛兰西意义上作为市民社会一部分的博物馆，为个体的能动和抵抗留有一定的空间，而治理性意义中的博物馆却将个体完全置于权力的结构性阴影下被动地挣扎着。

第三节　博物馆作为"市民实验室"

在《博物馆的诞生：历史、理论、政治》一书中，贝内特用谱系学方式详细分析了现代博物馆这一治理装置的现代构形和治理技术。但在深入考察这一治理装置的运作机制时，贝内特发现福柯的装置概念在对以下问题的回应上存在重大疏漏：装置概念中知识和权力为一体的关系，它们

---

①　Randolph Starn, "A Historian's Brief Guide to New Museum Studies," *The American Historical Review*, Vol. 11, No. 1 (February 2005), p. 72.

②　Aram A. Yengoyan, "Universalism and Utopianism. A Review Article," *Comparative Studies in Society and History*, Vol. 39, No. 4, Oct., 1997, p. 795.

引发了诸种权力技术和手法,可是装置概念在解释知识—权力如何转换为各种可操作性的技术这一问题上,存在一定的空白,即知识如何转换为权力技术和手法,福柯对此没有作过多的说明。同时,福柯的治理性概念也存在一定程度的断裂,即在微观权力如何过渡为宏观权力这一问题上,福柯未予充分说明。福柯试图用治理性概念在主体性角度解释微观物理权力与宏观层面的统治间联系的问题,即"研究具自控能力的自主个体如何与政治统治和经济剥削相关联"[1],或用福柯本人的话说就是:"对他人统治的技术与自我技术的联结可称之为治理性。"[2] 但福柯的经验分析并未在理论上真正解决微观权力如何最终与宏观的社会统治权力相结合的问题。

出于以上原因,贝内特积极引入拉图尔在科学知识社会学意义上提出的行动者网络理论对知识生产过程的强调,贝内特认为,解决福柯的权力装置概念和治理概念中的上述两个问题的关键是"知识生产"问题,因为借助行动者网络理论这一"理论上的和方法上的指导,以寻求识别在特殊的治理程序的语境中,特别的文化知识如何被转换成特定的技术形式……使新实体得以产生和支持,并对行为规则产生影响"[3]。正是知识生产过程,不但将特定知识组构为特定的权力技术手段,还相应地生成了新的实体,后者作用于被治理性问题化了的社会行为(即社会交往)。通过知识生产过程,机构实体中的微观权力运作与宏观社会权力得以结合,治理装置技术手段的产生也得到了说明。

在贝内特看来,拉图尔的行动者网络理论关于科学知识生产过程的强调不但能填补福柯对知识生产的疏忽,而且拉图尔等人的实验室思想对知识生产、实验室和社会建构三者关系的探讨也能解决文化机构中微观权力运作与宏观社会统治权力间的关联问题。

拉图尔和卡龙等人对赋予知识生产过程中的实验室工作以极为核心的地位,认为实验室是知识生产和社会建构的必经之地。拉图尔通过对实验

---

① Thomas Lemke, "Foucault, Governmentality, and Critique," *Rethinking Marxism Conference*, University of Amherst (September 21–24, 2000), p. 11.

② Michel Foucault, "Technologies of the Self," *Ethics: Subjectivity and Truth—Essential Works of Michel Foucault, 1954–1984*, edited by Paul Rabinow (New York: The New Press, 1997), p. 225.

③ 托尼·木尼特:《本尼特:文化与社会》,王杰等译,广西师范大学出版社 2007 年版,第 267—268 页。

室内处于实际工作过程中的科学家和工程师所作的人类学考察，试图从社会语境角度理解"正在行动着的科学"。拉图尔发现，科学和社会难分难解地纠缠在一起，"当我们研究工作中的科学家和工程师时，惟一不能提出的问题是：自然到底是什么，社会是由什么构成的？"① 在科学活动过程中，人类与非人类行动者相互作用。在此，没有一方被赋予特定的优先性，各行动者通过相互协商、依赖等关系将各自的兴趣转译出来，逐渐形成一个彼此关系得到重新界定的稳定状态。正是"行动着的科学"过程在一定程度上建构了"社会"和科学事实。

实验室在这一过程中的重要地位在于，它是各行动者获得转译成功的必经之点。它能招募各种能动者，动员各种转译方法和资源，汇集诸多力量行使转译的行为，成为远距离操控支配行动者网络中其他地方的中心，或者说是运筹中心"在那里累加循环启动了；在那里各种类型的标本、地图、图表、航行日志、调查问卷和表格累计起来，而且被科学家和工程师用以推进证据竞赛。"② 在一定程度上，科学事实是在实验室中被建构而成的。

更重要的是，实验室的成功转译和新科学事实的建构可以重塑社会关系和社会行为。拉图尔以 19 世纪末法国巴斯德微生物实验室为例，说明科学实验室与社会关系的共生互动关系。巴斯德以实验室为必经之点，成功建立了一个人与非人等异质因素聚合的行动者网络，各行动者的利益在此得以转译和支持，建构了新的科学事实（细菌）并由此重塑了社会关系。"当巴斯德主义者供给他们的细菌时候，这种细菌是一个对自然和社会两者来说都未曾预料的新定义：一种把人和动物以不同方式结合起来的新的社会联系。"③ 可以说，现代实验室便是整个社会的必经之点，它聚合、发动各种社会行动者，转译它们的利益，重构了社会关系。

贝内特在拉图尔等人实验室思想的启发下，提出博物馆如实验室一样工作，在文化知识的生产过程中具有核心的地位，它是整个现代社会的必经之点。这一论断体现出贝内特通过博物馆，试图将智性实践、社会行为管理与文化联系起来，重新理解博物馆的社会功能的努力。具体而言，现

---

① ［法］布鲁诺·拉图尔：《科学在行动：怎样在社会中跟随科学家和工程师》，刘文旋等译，东方出版社 2005 年版，第 240 页。

② 同上书，第 377 页。

③ 同上书，第 239 页。

代博物馆是市民实验室，具有生成新的文化实体，形塑身体性主体，重构社会关系的重要作用："现代博物馆生产和发动新文化客体形式，达到以特定方式规范、秩序化市民管理的目的。"① 现代博物馆在 19 世纪末期已铭刻上教育市民的主要功能，如博物馆协会建立伊始，现代博物馆便成为"市民发动机"，管理着男性市民。博物馆被隐喻为"市民发动机"表明，博物馆如实验室一样具有技术性操作能力：将特定知识生产、专家的实践和社会管理相联系，在认识论和技术上发挥人口"市民化"的社会职能。

贝内特指出，现代博物馆与实验室有以下几方面的类似关系：

1. 生成新实体，重塑社会关系。博物馆与实验室一样，都是人与物等能动者循环圈中的运筹中心，相关的每种科学知识必须通过这个循环圈才能运作，产生一定的现实效力，运筹中心远距离地调控行动者网络中的其他点。实验室和博物馆都能将各种异质能动者积聚在自己这一特定空间里，使客体脱离原初的语境，打断客体的自然过程，对之施于各种手段和介入式程序，重置各客体之间的关系，由此生成某种可感知的、具能动作用的新实体，这一新的实体主要用来形塑或重构社会关系。如不同类型的博物馆能生产出一系列不同的新实体，如纯艺术、社区、史前民族历史等。博物馆生成的新实体重构了社会空间和时间秩序，它们为博物馆围墙外的社会管理提供矢量，是管理、移动人口的重要时空坐标。② 在博物馆这一建筑空间内，通过对人与物的各种操作与介入，生成了执行各种市民化规划的新实体。

2. 两者内的技术自身积累着权力。博物馆和实验室等机构的权力体现在将各种能动者聚拢和编织为新实体的能力上，如拉图尔曾说"波音747 不会飞，是航空公司在飞"③。这句话表明航空公司可以吸收、操纵各种人与物，使其成为"机构客体"的因素。博物馆亦然，它的各种技术自身累积着权力和能力：将不同时间、地点的能动者整合在一起，使它们聚合，并使它们依照特定的方向移动。就艺术博物馆内的艺术品而言，是博物馆而非艺术家使其成为艺术品。

3. 相似的科学程序。博物馆与实验室一样，都力图使其内的客体摆

---

① Tony Bennett, "Civic Laboratories: Museums, Cultural Objecthood and the Governance of the Social," *Cultural Studies*, Vol. 19, No. 5, September 2005, p. 525.

② Ibid.

③ Ibid. , p. 528.

脱自然秩序，它们组构出一种实验性的环境，让人与物彼此重新相遇，为某个特定的研究目的重新排置人与物的关系。博物馆中的科学程序主要是用来对市民进行观察的，它动用了社会学、心理学等学科，采用了调研访谈、时空计量等量化或质化方法，评估、衡量关于市民方面的数据和研究，可以说，博物馆是关于市民的实验室，它在一系列评估测量基础上，产生使人口"市民化"的结果。博物馆和实验室内的上述科学操作程序是一个永无止境的开放过程，不断有新的知识意志和科学探索介入其中，对它们不断重新操作和重置。

4. 都具有"关系物质性"（relational materiality）和"操演性"（performativity）这一行动者网络的主要原则。约翰·劳拉（John Law）曾指出，行动者网络原则有两个特点："关系物质性"和"操演性"。前者指涉物质与非物质行动者间的关系性构成，正如语言符号间的关系性一样，实验室内生成的新实体"源自各行动者间的关系，这意味'它们通过并在彼此关系中得以操演'，结果'每件事都是不确定和可逆转的，至少原则上，事物间并无先在的秩序'"①。操演性原则涉及实践中的事物如何各得其所而逐渐获得稳定状态，其中，制度维系和调节着各行动者的关系，使之获得持久的存在样态。博物馆亦然，正是在博物馆内聚拢的各个客体间关系的变化形成了新实体，比如艺术、史前史、社区和民族遗产等。

由于新实体的生成主要源自各客体间的位置关系变化，这就要将博物馆生成的新实体理解为是按照某种特定秩序对客体间的关系予以重新排置的产物，"通过对各物质客体间关系的制度性排序，它们得以稳定和实体化，这个具化领域的运作方式正如米歇尔·斯特思（Michel Setrres）所言，它如同如下准客体所起的作用：客体稳定化以构成社会关系"②。在微观层面运作的博物馆中，新实体源自各客体间的秩序关系，这与宏观的社会管理和秩序化人口取得了某种程度上的同构性和关联性。因为在博物馆内，客体间的位置关系是依照某种秩序被重新排置的，从而生成了新的实体，这一秩序也同时排置着某类社会群体所占据的社会位置以及排置这类社会群体的身份构形。在艺术博物馆中，博物馆对艺术史的表征便是一

---

① Tony Bennett, *Past Beyond Memory*: *Evolution*, *Museums*, *Colonialism* (London and New York: Routledge, 2004), p. 67.

② Tony Bennett, "Civic Laboratories: Museums, Cultural Objecthood and the Governance of the Social," *Cultural Studies*, Vol. 19, No. 5, September 2005, p. 529.

例。艺术博物馆对艺术品按照历史的深度结构以等级化秩序进行排列，每个艺术品成为线性等级的时间因素，其所承载的历史信息符码越大，就越能"传唤"出后启蒙规划的普遍性自我。倘以"纯艺术"理念而非艺术史方式排列客体间的秩序，由于"纯艺术"理念表示无任何瑕疵的完美作品，既有的作品几乎都试图追寻这个永不可能实现的完美之境和艺术的深度结构，于是，每个客体依照是否接近"纯艺术"的完美程度而被排序，这是一种历史内在化的等级序列：作品自身分裂为完美的自我与既在的、不完美的自我，前者规范后者。而内在分化的作品同时也组构了人的内在分裂：经验自我与理想自我，由此形成人的自我治理过程，理想自我不断规范、改造不完美的经验自我，乃至永无止境。

由此可知，博物馆如同实验室，是现代社会的必经之点，它聚合所有的行动者，改变其关系结构，生成新的实体，后者重构了社会关系，从而改变着社会秩序。"在博物馆实践内，由于特定知识的部署，生成了事物间的新关系框架，新关系相应形塑出社会交往（the scial）层面，一旦得到博物馆围墙之外的行动者的发动，新实体和新关系便成为用于特定社会管理规划的积极能动者。"①

在对博物馆社会功能的上述理论阐述外，贝内特还以自然历史博物馆为案例，在经验分析层面说明"现代博物馆是公民实验室"的论断。《超越记忆的过去：进化论、博物馆、殖民主义》一书集中体现了贝内特从经验性研究角度考察作为治理装置的博物馆，及其知识生产过程与社会治理性之间的联系机制。贝内特的视角集中在19世纪到20世纪初的英、美、澳等国的自然历史博物馆上，详细分析了这三个国度的自然历史博物馆内的文化智性实践如何建构出"史前史"这一超越人类文本记忆的新实体，指出自然历史博物馆对"史前史"的建构与19世纪末期出现的自由治理密切相关，"史前史"的生成被用来实施市民的自我治理规划，尽管依据不同国度的具体治理目标，其方式和手段有所不同。

19世纪末，英、美、澳等国的自然历史博物馆对史前史的建构与当时新自由主义的自由治理的政治语境不无直接关系。新自由主义在19世纪中叶后的西方英语世界里逐渐兴起，它从关注福利和社会保障的社会治

---

① Tony Bennett, "Civic Laboratories: Museums, Cultural Objecthood and the Governance of the Social," *Cultural Studies*, Vol. 19. No. 5, September 2005, p. 534.

理逐渐扩展到文化领域，形成了文化治理形式。新自由主义的治理策略主要以培养、提高所有个体的自我治理能力和自我监督能力为主。与古典自由主义诉诸国家机构等强制手段的治理模式不同，新自由主义采取更为自由和间接的方式，为个体自由治理提供相应的资源和语境等协助性条件，清除自我治理中的各种障碍。各种教育机构成为新自由主义实施治理策略的重要工具，也由此引发了一场反对强制性教育，提倡以直观体验式教育为主的新教育运动。赫胥黎的著作在这一过程中起了重要作用。赫胥黎提出："国家在文化、道德和教育上的职能是形塑和引导个体自我治理，发展国有博物馆、图书馆、艺术馆、游乐场等公共空间实施教育作用。"① 在教学方法上，赫胥黎强烈反对学校教育机制中的强制式学习方法，期许一种更为自由和自治的方式，要求从以文本为主导的教学法，转向对学习对象本身更为直观的感受和体验。

19世纪末期，在新自由主义的自由治理策略、新教育运动、人道主义理念等多重因素的诱发下，博物馆被置于教学机构的前沿，成为成人教育的工具。与此同时，各种历史学科如地质学、人类学、民族志、考古学在这一时期兴起，并日益取得了主导性的知识话语的地位，它们彼此整合，共同建构出一种普遍化的总体性历史，以表述进化论意义上的地球史、人类史、文明史等。这一切为自然历史博物馆的诞生并成为自由治理工具提供了语境的支持。

贝内特在对自然历史博物馆内的知识话语和智性实践的考察中发现，19世纪博物馆以进化论为主要知识范式。这类博物馆内的各种新知识形式均以历史知识的面目出现，如历史地理学、人类学、艺术史、考古学、生物学等，它们以进化论为知识框架，遵循"推测历史"的原则，建构出"史前史"这一新的实体。所谓推测历史原则，指用因果律从现在回溯性地推理、演绎出遥远的过去，认为从当下可识别和阅读出"过去"，因为"当下"由"过去"的多重沉淀物层层累积而来，每一层沉淀都代表着过去的某个特定时段，保留着这个特定时期的信息。推测法被广泛应用于各种历史学科，所有这些学科都致力于建构一个早于历史书写文本意义上的古远的、非文字的地理时间、自然史时间和人类史时间等史前历

① Tony Bennett, *Past Beyond Memory: Evolution, Museums, Colonialism* (London and New York: Routledge, 2004), p. 29.

史。如地质学将历史追溯到地球史，史前考古学将当下殖民地视为史前人类的符号表征，从而建构出欧洲的深度历史，并用各种历史遗物使历史变得可见，人种学在赫胥黎等人知识话语的推动下，把人类历史整合到自然地理历史中，人类学将殖民地时间看做静态的零度时间，从而也把被殖民者他者化、边缘化了。

各个历史学科知识都致力于建构"史前史"，追求一种普遍化的总体进化时间，"它为植物系、动物系以及人工制品提供了共同的年表"，其具体建构程序主要发生在博物馆这一"市民实验室空间"内。在这里，产生了行动者网络的协商、转译过程："人类（原始人、现代人、祖先而不是古人）与非人类（化石、遗迹、遗失链）之间发生了一整套新的关系。通过拉图尔称为的代表机制，非人的物品使死去很久的行动者的行动现在可能活跃起来。相应的，这又使现在的机构'动员力量在成千上万年以前，在遥远的地方启动'。"① 可以说，博物馆是运筹中心，将各种来自远距离空间的植物、动物群聚集起来，用知识实践对之重新予以组构整合。

在以博物馆为行动者网络的必经之点参与建构"史前史"这一新实体的诸多具体程序方法中，分类法至为关键。因为它把各种人工制品沿着一条从简单到复杂的发展轴线，分门别类地予以秩序化和稳定化，构成以基于进化论的等级方式为主的新实体——史前史，表征从起源到当下的文明化过程这一总体化历史叙事和线性发展历程。在其中，物品不再具有私人收藏馆的唯一性和不可取代性，而是可由某同一阶段的任何其他物品所替代。同时，分类法还容许不同物品相互流通，以填补进化序列中某一时间缺口，尽管这个进化时间缺口永不可能被补全。分类法的上述可替代性和可重复性原则，将地域上毫不相干的物品安排到既定的同一个序列中，以展示进化的发展过程，让其不但表征遥远的进化序列和方向，还让其在博物馆中被具化为可触可见的现实实体——史前史。分类法是博物馆知识实践的"黑匣子"，它建构完新实体后，便抹去了自己的任何操作痕迹，"由历史科学构造的新的实体，在转换为博物馆陈列时，以自己的权利被扭送出去，从构建它们的努力中释放出来"②。

---

① 托尼·本尼特：《本尼特：文化与社会》，王杰等译，广西师范大学出版社 2007 年版，第 273—274 页。

② 同上书，第 282 页。

对治理性而言，自然历史博物馆所建构的"史前史"这一新实体意味着什么？贝内特指出，"史前史"是博物馆的知识实践按照进化论范式对各种人工物品的关系，予以按时间等级的重新排序，这实则是对社会空间与时间的重构，它"为社会管理规划提供时空矢量，使人口依照所提供的时空坐标轴线移动和被管理"①。换言之，博物馆在建构"史前史"这一新实体时，已将权力（治理性）铭刻在"史前史"的时空坐标上。

具体来说，各物品间的关系按照进化论的时间序列依次排列，体现出对历史深度结构（贝内特又称之为考古学结构）这一启蒙理念的追求。这表明，处于低级发展阶段的物品势必缺少历史的深度结构，而处于高级阶段的物品对自己的深度历史结构的表征是以否定前者来获得的。"史前史"的线性等级排序本身已体现出时间意识形态：高级阶段的历史永远比低级阶段的"过去"更深刻、先进和文明，而通常被安置在低级阶段的，都是对现存社会秩序具威胁性的他者。由于各国治理规划不同，部署为低级阶段的具体物品和手段也不同，比如英国 19 世纪末的治理规划主要针对的是工人阶级和女性，为了这一治理规划，英国自然历史博物馆通常用展物的排置操作来表征一个自我分裂的个体：习惯性的自我与趋于文明化的完美自我。博物馆将低级阶段的物品设定为个体的自我习惯性机制，认为正是它阻碍着个体趋于文明自我的过程，需要予以清除，如此，自我分裂成历史结构上的原始自我和现代进步自我的二元对立，后者是前者的治理手段。澳大利亚的治理任务是澳洲土著人，在澳大利亚自然历史博物馆内，澳洲土著人通常被放置在历史的起点上，表征着零度的、无历史的、非理性的时间刻度，需要处于高阶段的现代文明白人对他们进行治理。

自然历史博物馆的智性实践不但建构"史前史"，确立了新的社会时空坐标，其中铭刻着权力和意识形态的印记，它还将时间组构为一看便可被消费的"全景时间"：人类时间和地球时间彼此整合为新的总体时间和世俗时间，将抽象而不可见的时间组织为可见、可触、可被感知的现实实体，它"是管理和规范的技术，其机制主要通过否定政治上可能会威胁到资产阶级、男性和帝国主义的某些主体，将后者的历史凝固起来"②。

---

① Tony Bennett, "Civic Laboratories: Museums, Cultural Objecthood and the Governance of the Social," *Cultural Studies*, Vol. 19. No. 5, September 2005, p. 525.

② Tony Bennett, *Past Beyond Memory: Evolution, Museums, Colonialism* (London and New York: Routledge, 2004), p. 25.

自然历史博物馆面向观众展示"史前史"的过程，也是"史前史"被制度化、规范化、稳定化的过程，这是行动者网络"操演性"原则的体现。博物馆组构的"史前史"在取得实体性形态后逐渐稳定化和制度化，成为社会性时间，进而侵入个体生命中，内化为个体的生命时间，这便是诺伯特·伊莱亚斯（Norbert Elias）所说的"时间道义"概念，它"描述具体的社会制度时间从外部的力量如何转换为个体生活的自我束缚"①。

自然历史博物馆内的智性实践和历史知识话语所建构的"史前史"这一新实体，既是微观层面的权力—话语机制运作的结果，又是19世纪末期英、美、澳新自由主义用来治理宏观的社会行为的平面，它有效联结了微观的知识话语操作与宏观的社会治理。因为一方面"史前史"的建构源于一系列复杂的历史知识实践和微观权力的铭刻，另一方面，它体现出物品间的历史深度结构的秩序，也内在地组构出原始自我与进步自我这一"自我考古结构"，秩序化着人口的社会位置关系，将个体自我分裂性地安置在历史不同阶段的时间刻度上，通过进步自我对原始自我的自由治理，实现对社会行为的管理。"'自我考古结构'的出现首先与历史科学相联系，历史科学试图在大众教育与博物馆的情境中将这种结构安排为自由管理程序的部分，它通过生产与安排自我的原始与进步成分之间的张力，以支持后者能统治前者的辩证法的发展，从而有助于社会的进步。"②

被当代博物馆学家普遍誉为"进化机器"的自然历史博物馆的诸多研究中，贝内特的切入角度格外独特，因为他弃绝以意识形态霸权解读博物馆的方法，而是紧随福柯的权力装置观点，将博物馆理解为治理装置，细致入微地剖析博物馆内的智性实践的具体生产过程，解析博物馆对个体进行自我治理的具体机制。

尤为重要的是，为阐明博物馆内的智性实践的具体生产过程，贝内特吸收了拉图尔的行动者网络理论，打破了以往人与物的既定界限，视两者同为生产新实体的积极能动者，相比仅从文化表征角度解读博物馆的意识形态霸权，贝内特的认识更具唯物主义色彩。

---

① Tony Bennett, *Past Beyond Memory*：*Evolution*，*Museums*，*Colonialism*（London and New York：Routledge，2004），p. 24.

② 托尼·本尼特：《本尼特：文化与社会》，王杰等译，广西师范大学出版社2007年版，第284页。

同时，博物馆也被贝内特认为是知识生产过程中实验室和重塑社会关系的必经之点。这便较成功地将微观层面的知识—权力机制与宏观的社会治理结合在一起，推动和深化了福柯的治理性概念在博物馆研究中的应用。

贝内特的视角无疑也挑战了当代博物馆研究的传统视域，他引入的非历史主义的谱系学方法，所提出的博物馆治理性，或者说博物馆是自我治理的技术的观点，深刻影响了同时代的博物馆研究，目前基本上已形成从文化批评视角切入博物馆研究的范式。人们普遍承认在追随福柯意义上的权力装置的研究方法上，"澳大利亚学者托尼·贝内特的影响最大，他政治性地聚焦于现代博物馆的谱系学，洞察这些机构所承载着的辩证性的政治问题"①。

---

① Sally Gregory Kohlstedt, " 'Thoughts in Things' Modernity, History, and North American Museums," *Isis*, Vol. 96, No . 4 (December 2005), p. 594.

第六章

结　　语

近年来，贝内特除对博物馆研究给予格外关注外，还在布迪厄开拓的文化资本理论基础上，用社会学、统计学的经验分析法分别对澳大利亚和英国的文化区隔与文化趣味进行了详细入微的考察，其目的是用布迪厄的文化资本概念分析澳大利亚和英国的文化不公平问题，为文化政策的制定、实施趋于公正、平等提供可参照的量化分析数据。

关于这方面的研究成果集中在贝内特与他人合作的著作或参与的一些大型课题项目中，如《文化、阶级、区隔》（*Culture，Class，Distinction*）（2009）一书是托尼·贝内特、迈克·萨维奇（Mike Savage）、伊拉莎白·席尔瓦等人（Elizabeth Silva）共同承担的英国的"文化资本与社会排他性"（Cultural Capital and Social Exclusion）项目的阶段性成果；《解释趣味：澳大利亚日常文化》（*Accounting for Tastes Australian Everyday Cultures*）（1998）一书是贝内特任澳大利亚"文化与媒介政策中心"主任时，引领澳大利亚学者约翰·弗柔（John Frow）、迈克尔·埃米森（Michael Emmison）等人，以布迪厄的文化资本和文化区隔概念为理论参照，对澳大利亚的日常文化实践进行广泛的数据分析、访谈调查等社会学经验性研究。与此同时，贝内特还相继发表了一系列学术论文，分别在学理层面和经验分析角度探讨文化政策与文化资本、文化实践、阶级理论间的相互联系，如《关于电视的区隔：文化资本和电视节目的社会空间》（Distinction on the Box：Cultural Capital and the Social Space of Broadcasting）、《后记：文化资本和不公平：改进政策运筹》（Postscript：Cultural Capital and Inequality：Refining the Policy Calculus）、《导言：文化资本和不公平：政策问题与语境》（Introduction Cultural Capital and Inequality：Policy Issue and Contexts）等论文。

上述著述的主旨在于试图在文化政策、文化资本和文化实践三者间建立起相互关联的可能性领域，认为文化政策的制定、实施须关注文化资本和不平等间的关系，"制定文化政策，要与在各社会区隔间运作的文化资本和经济资本有所关联，而非仅集中在单一的生活方式空间"①。这些研究成果可以看做贝内特以布迪厄的文化资本概念为环节，在文化政策与政治经济学间确立起某种内在关联性的尝试，在一定程度上弥补了其早期文化政策研究缺乏从资本逻辑角度考量文化实践、阶级构成和文化政策间的关系的弊端。尤为重要的是，虽然布迪厄的文化资本和文化区隔概念是上述主旨的重要理论框架，但贝内特对这两个概念的借用并非生搬硬套，而是依据澳大利亚和英国的特殊时代背景与现实语境，在学理和实践上超越和突破了这两个概念的本质主义。贝内特一方面着手消解布迪厄的阶级中心论，提出用年龄、性别和种族等因素补充文化资本概念的阶级决定论；另一方面，分别赋予"习性""文化场域""文化资本"以多元论色彩，因为就当代多元化、差异化的社会现实而言，"文化资本概念在《区隔》中所依赖的文化'自主性'和'抽象文化'等'现代主义'概念，已不适应当下的商业化、消费化、新自由主义时代"②。

纵观托尼·贝内特三十多年的学术思想可以发现，贝内特在每个历史阶段所关注的问题域、提出的概念、借鉴的思想资源、方法论思路和涉猎范围等的侧重点各有不同，但每个阶段间都有着逻辑上的连贯性，因而也彰显出贝内特思想的独特性。与霍加特、威廉斯和霍尔等人一样，贝内特也是最先从文学领域涉足英国文化研究的，但与上述学者侧重文本分析的思路不同，贝内特更关注从社会学功能主义的角度，阐释文学审美的社会历史构成条件及其复杂关系；在文化研究领域，贝内特讲求文化研究的实用性和实效性价值，这与文化研究的批判性价值保持了一定的距离。不论在文学领域还是文化研究领域，贝内特独特的学术思想都具有鲜明的理论开拓性、实践参照性、政治实用性，因而也具有可资借鉴的重要启示意义。

---

① Tony Bennett, "Postscript: Cultural Capital and Inequality: Refining the Policy Calculus," *Cultural Trends*, Vol. 15, No. 2 / 3, June / September 2006, p. 244.

② Tony Bennett and Mike Savage and Elizabeth, *Culture*, *Class*, *Distinction* (London and New York: Routledge, 2009), p. 23.

　　具体而言，贝内特学术思想的独创性和价值主要体现在以下几个主要方面：

　　其一，贝内特的学术思想更注重历史唯物主义分析方法，在社会学功能主义角度，历史地、社会地分析文化、文学审美的复杂性、文化的"多元决定"关系，发展出不同于传统马克思主义的一种"新型"马克思主义文学社会学理论。

　　20世纪70年代末期，贝内特以马克思主义者的身份在西方马克思主义文学理论内部，率先从理论的学理角度着手清理教条马克思主义的形而上和本质主义残余。他从"什么是文学"这一基本问题入手，消解马克思主义的文学本质论和审美自足论，极度强调文学和审美的社会历史条件，将文学审美的社会历史性从传统马克思主义的文学生产条件移至阅读消费的特定语境上，在文学消费阅读领域确立了"文学"的本体空间。显然，贝内特对文学审美的社会历史条件的探索不同于马克思主义传统的历史分析，他不但以文学文本在阅读消费过程中的社会性功能变化和效果来取缔"文本本位主义"传统，还规避从经济决定论去认识文学审美的社会历史性的教条作法。同时，这种从文本消费的社会功能角度而非文本意指实践探讨文学审美的历史性条件的社会学方法和思路，也有别于文化研究的"文本分析"方法，奠定了贝内特以后学术思想的发展、深入始终以社会学为依托背景探讨文学、文化的历史性问题的独特风格，诚如贝内特本人所言："事实上，从我早期涉足文学理论到1998年回到英国后更为积极地重新参与到社会学论争中，这是贯穿我的著作的一根红线。"①

　　80年代，贝内特将对文学文本因社会接受语境变化而产生的功能效果变化的考察理论化为"阅读形构／互—文性"概念，突出文本接受过程中的历史语境和社会条件变化对文学文本的多元决定力量，通过文本的社会性功能效果的变化说明文学文本形成的可能性社会历史条件，将文学与社会间复杂关系的理论说明与互文性概念完美地结合起来。90年代，贝内特进一步深化从社会学的功能主义角度探究文本接受的社会功能变化及历史动因，对其间的权力机制给予格外关注，将之理论化为"文学制度"。在对西方马克思主义文学传统的认识论、历史观、社会概念、经济

---

　　①　托尼·本尼特：《本尼特：文化与社会》，王杰等译，广西师范大学出版社2007年版，第28页。

基础／上层建筑等基础性理论话语加以全面颠覆的同时，重新定义出
"文学"的概念：文学是因文本的社会性使用而使其意义、审美经验事实
被一系列特定的历史、社会性制度话语所调节的表征空间。简言之，"文
学这个术语，可用于指称一种特定的社会组织的表征空间，其特殊性在于
选定文本在使用和部署时，为制度和话语所调节"①。用"文学制度"重
新理解文学的社会和历史条件，完全有别于马克思主义文学传统从文学生
产条件认识文学的社会历史性的决定论作法，这便为建构新型马克思主义
文学理论开拓了可能性空间，在这个空间里，既凸显了文学的社会历史性
和实践手段，也坚持了文学的特殊性。可以说，贝内特在文学接受领域确
立了文学本体空间，用"文学制度"突出文学的社会历史性的努力，在
事实上，开创了一种新型的马克思主义文学理论形态，这是贝内特文学研
究最具创新性的地方和理论贡献所在。

　　其二，为文化研究提供了"治理性"这一新的理论范式，开拓出
"文化政策研究"的新领域。

　　由于贝内特始终坚持从文本的社会功能的变化角度勘察文学、文化实
践的社会历史条件和其间的权力机制，他提出的"文学制度"概念，标
志着贝内特逐渐走出专注于文本意指实践的意识形态理论范式，而趋于对
实体性和调控性的权力模式如制度、机构等的考量和关注。在 20 世纪 90
年代中期，贝内特借鉴福柯的"治理性"思想，进一步将文化、文学制
度的运行机制予以深化和系统化，在文化研究领域率先引入"治理性"
概念，提出文化政策研究，不但为文化研究的权力分析提供了另一个重要
的理论范式，而且开拓出文化研究的新型方向和领域：文化政策研究。在
文化分析的生产、消费、表征、身份等传统维度的基础上，增添了又一新
的维度——调控，从而成功地将文化分析与文化政策联系起来。贝内特的
文化治理性的理论范式和文化政策研究，是当代文化研究的一个重要学术
事件，具有极为重要的理论开拓性和学术实践意义。

　　其三，注重文化政治的实用性价值。对文化、文学实践的社会功能、
效果的始终强调，使贝内特学术思想具有明显的实用主义色彩。同时，由
于贝内特深受后现代思潮消解具本质主义倾向的真理认识论的影响，提倡
一种更富情境色彩与多元论特征的真理效果说，这一思想成为贝内特理解

---

① 　Tony Bennett, *Outside Literature*, (London and New York：Routledge, 1990), p. 141.

文化政治的立论依据，使贝内特的文化政治理念带有非常明显的实用主义印记。

我们知道，文化研究的政治规划始终占据其核心地位，它"要靠给予批评和社会变革以中心位置的政治项目来说明"①，不仅以描述、解释当代文化与社会实践为目的，还复制、抗争、改造现存权力结构。这就使文化研究具有强烈的干预主义和行动主义色彩。贝内特在20世纪70年代末至90年代的文学研究时期，就一度反对虚幻的总体化革命和认识论革命主体的特权地位，提倡一种更具现实意义的"介入式文化批评政治"，要求文学批评者积极介入真理效果的话语场域，生产出文本的特定政治效果，干预能建构革命主体的权力机制。在90年代文化研究时期，贝内特对文化政治的实用取向更为鲜明。因为在贝内特看来，以介入和抵抗为主旨的文化研究知识实践，事实上在很大程度上是和真实的政治世界相脱离的，它以认识论上的批判和美学风格为标志，在思想意识领域承诺社会变革和建构革命的意识主体，却完全忽视了更加平实的现实政治实践，它与政策制定、制度语境及行政等实际的政治实践完全脱离，丧失其实践介入的动力。反之，贝内特认为文化研究者须介入或参与文化政策的制定实施，改变文化的功能、效果，实现文化的公平、平等等政治诉求，"不让知识工作者作为改变意识的工具开展文化批判，而是让他们根据政府的部署运用技术调节的手段来修改文化的功能"②。贝内特在文化研究领域宣扬的实用性文化政治，在一定程度上矫正了文化研究传统过于偏重英雄主义式的大而空洞的智性实践政治和未能真正有效参与到现实政治体制的改造工作中的缺憾。同时，在权力分析问题上，贝内特采取了不同于文化研究传统仅对权力采取批判性的态度，而代之以肯定权力的能产性和积极性的实用主义路向，敦促文化研究知识实践与政府或相关机构建立参与、合作关系，如提议文化研究与政府政策相结合，文化研究推动"文化创意产业"发展的建议等。③

---

① ［美］亨利·吉罗、戴维·季维等：《文化研究的必要性：抵抗的知识分子和对立的知识分子》，罗岗等编：《文化研究读本》，中国社会科学出版社2000年版，第90页。

② 托尼·贝内特：《走向文化研究的语用学》，［英］吉姆·麦奎根编：《文化研究方法论》，李朝阳译，北京大学出版社2011年版，第48页。

③ ［澳］马克·吉布森（Mark Gibson）：《文化与权力：文化研究史》，王加为译，北京大学出版社2012年版，第13页。

　　其四，贝内特的学术实践凸显了文化研究的实效性传统。文化研究向来以理论的开放性、方法的策略性和语境取向著称，它总是依据现实语境和现实问题的需要，在特定时期把特定的方法策略性地融入其思考的问题域内，解决现实问题，旨在能更好地理解文化与社会的关系，理解我们周围的世界，并重构一个更为美好的社会。故文化研究具有理论与实践上的实效性，其方法论和思想资源也有着鲜明的语境取向特征。可以说，文化研究依据特定现实语境和问题意识确定其方法论和理论话语，使之具有开放性、包容性和实践性，这也是文化研究的内在精神活力之所在，用劳伦斯·格罗斯伯格的话说就是："文化研究拒绝纯理论考虑的驱使，它的议程总是由首先处于自己的理论议程的事件和资源来构成。"①

　　在贝内特三十多年的学术思想发展中，其理论资源的挪用、方法论的变化和问题设定的位移，总是能以现实问题和具体语境的需求出发，绝不囿于既定的理论和问题框架，具有很强的实效性特征。如他对马克思主义文学的本质主义的批驳和修正，既有在文学领域对英国文化研究反经济决定论的呼应，又有在新的历史语境下，为重新激活马克思主义文学理论的活力与动力所作的努力，以使之适应多元化、差异化的当代社会现实。再如，贝内特毅然放弃了葛兰西的霸权理论范式，吸收了福柯和拉图尔的某些有益思想资源，他所提出的文化政策研究也是他到澳大利亚后，依据澳大利亚的现实政治氛围、后殖民状况和多元文化语境等特殊问题，提出的针对性解决方案。

　　以贝内特为代表的文化研究体现出的实效性特征和方法论的语境取向，对中国的当代文化研究和文学研究的建设具有极为重要的现实借鉴意义。因为诚如盛宁先生所指出的，中国的文化研究在当下正面临着困境和尴尬的重要原因之一，在于未能针对中国当代现实语境提出自己的问题和解决思路。换言之，没有国外文化研究的实效性维度和方法论策略性，而是一味沉溺在对国外文化研究的理论范畴和方法论的谈论上，忽视了自己的现实语境和问题意识，"把人家的'研究'当成了我们的研究对象，而不是去把我们自己要解决的问题作为研究的对象了"②。盛宁提议，我们

---

① 　[美] 劳伦斯·格罗斯伯格：《文化研究的流通》，罗岗等编：《文化研究读本》，中国社会科学出版社 2000 年版，第 68 页。

② 　盛宁：《走出"文化研究"的困境》，《文化研究》2011 年第 7 期。

需要汲取西方文化研究视文化智性活动为实践而非纯理论的空谈这个根本特征，重新回归经验现实和应用实践领域，依据国内的现实语境，旁采多元理论资源，以问题式切入这些理论方法资源，提高中国的文化研究在解决现实问题上的实效性和应用性的能力，达到"我们的研究和批判能否对现行文化价值观的重构产生积极影响"①的效果。

其五，高度重视学理分析，理论提升源自经验事实研究，理论分析与经验实践研究互动交融。贝内特的学术研究总能针对现实问题，积极汲取其他学者的研究成果，在理论和学理层面上深入探微，予以理论上的及时回应。

如贝内特对教条主义马克思主义的文学思想的批判和修正，便是在学理逻辑层面展开和深入阐明的，从理论上为马克思主义文学批评开辟了建构新型文学社会学的可能性空间。"阅读形构"概念的提出，也是贝内特基于学理辨析和理论阐述的结果，以抵制从文学生产条件推导阅读行为的决定论作法，因为对阅读行为中的文本功能、效果的认识，不能仅从政治经济学模式简单地推导出来，它们有自己的逻辑和历史条件，这些逻辑和历史条件需要在理论上加以说明。同样，贝内特开拓出文化政策研究，为在理论和实践两方面更具说服力，他用大量篇幅从理论和学理上阐明了文化治理性在当代社会的合理性和普适性。贝内特对基础性理论的高度重视和在学理上的复杂辨析等作法，被澳大利亚学者马克·吉布森评价为，贝内特的文化研究"迎合了人文科学中以'康德哲学'遗产、政府、美学和伦理学之间关系为基础的高度理论化的思想"②。

但贝内特绝非仅停留在抽象的学理论述层面，他还针对某些现实问题，在大量的经验分析基础上，提炼出理论观点，并从学理角度深入阐明。可以说，贝内特每个重要概念的提出和解决思路，源自他对文学审美现象和文化实践所作的大量经验性个案分析，他将理论总结与经验研究完美地融为一体。如贝内特以英国通俗文学的大众英雄詹姆斯·邦德为研究个案，使用了社会学、统计学、民族志等方法，分析詹姆斯·邦德形象在阅读消费领域所诱发的诸多文化现象，据此提炼出"阅读形构"这一理

① 盛宁：《走出"文化研究"的困境》，《文化研究》2011年第7期。
② ［澳］马克·吉布森（Mark Gibson）：《文化与权力：文化研究史》，王加为译，北京大学出版社2012年版，第198页。

论概念；他在对现代博物馆的经验研究基础上，锤炼出"文化政策研究"
的理论方向。贝内特学术研究的理论观点基于经验性的实践分析，这一实
践与理论互动交融的思路，对中国文化研究也具有一定的方法论启示
意义。

但是，也应该看到贝内特的学术思想中存在着的诸多不足。由于贝内
特本着不破不立的态度，在批判他人观点和建构自己的理论时，往往体现
出极端化的倾向，对所批判的对象和自己提出的观点未能给予辩证地对
待。这种极端化的作法几乎贯穿在贝内特的全部著述中，致使他苦心建构
的某些重要思想观念问题重重。

其一，贝内特在文学上意欲走出马克思主义生产论模式的文学社会学
传统，他从读者接受和文本的社会功能、效果等角度建构自己的马克思主
义新型文学社会学，虽开启了文学研究的新视角，但将文学完全置于阅读
消费领域，彻底否定文本的意指系统和文本生产领域的作法，难免有些因
噎废食。这是一种从文学现象的结果说明其原因的功能主义方向，它彻底
否定和排除了文学生产条件，因而是片面的文学观。

其二，在文化治理性问题上，贝内特深刻揭示出铭刻在文化现象和文
化实践上的管理维度，并予以理论化的说明。但在"文化"与"治理"
的关系上，贝内特瓦解了前者的相对自律性，使之完全被统辖在治理之
下，而事实上，文化在哪个历史阶段以及如何完全被统辖于治理之下这个
问题，贝内特没有明确说明。

其三，贝内特始终强调文化（文学）使用的"功能""效果"，将真
理相对化。一味追求达到某种效果的功能，否定普遍一致性所唤起的超验
价值标准，势必会使贝内特的思想体现出工具主义倾向。即使拒斥超验价
值标准的福柯也以"审美"作为内在的可能性标准，但贝内特连"审美"
所具有的这种内在标准也否定掉了，这种立场是否陷入了只求现实功效而
价值中空的虚无主义呢？

其四，彻底否定经济基础对上层建筑的决定关系，代之以"治理性"
为主的权力决定论；悬置对物质生产方式的探索，仅一味强化文化实践的
消费领域，在两者间未建立起适当的联系；断然拒斥任何总体性、同一
性、本质论和真理观，只承认差异性、偶然性、断裂性和真理话语效果；
将性、性别、族性等问题置于政治日程的中心，否定阶级中心论，无视阶
级问题与前三者间的内在关联；用文化政策研究的工具主义与实用主义取

缔文化研究的批判性与反思性，体现出他对普遍进步和解放观念等启蒙理性话语的怀疑。

我们也可以看到，贝内特的立场始终都是后现代的，是文化研究的后现代转向的一个典型代表人物。贝内特对西方马克思主义文学传统的本质主义批判、对经济基础与上层建筑关系的弃绝，对宏大历史和总体性的否定，他提出的相应解决方案策略，建构的一系列关键观念和张扬的文化政治等，都是以后现代思想的立场为前提预设的。笔者认为，贝内特可谓是一个不折不扣的后马克思主义者，一个坚定的后现代学者，他的学术观点所存在的上述诸种问题和不足，也暴露出后现代思想在分析、解释当代资本主义社会时，其理论思想存在着重大缺陷，同时其提供的相应解决策略也处于捉襟见肘的尴尬境地。

行文至此，笔者认为，文化研究领域在后现代转向后，以贝内特为代表的后现代文化研究学者所建构的理论框架、解决方案存在重大问题的根本原因在于，他们为规避经济决定论和还原论，彻底放弃了经典马克思主义的基本理论预设，未能从资本逻辑和物质生产方式这一基础性条件入手剖析当代资本主义后工业社会。这些后现代学者似乎忘记了，尽管"当代西方社会向着一种新形式资本主义的历史性转变——向着技术应用、消费主义和文化产业化的短暂、无中心化的世界转变"①，但资本的霸权仍然是当代西方社会组织的支配力量，甚至远甚于以往，经济压迫和剥削也仍然是造成当代社会诸种不平等的根本原因。用特里·伊格尔顿的认识来说，后现代思想家们对含混、不确定性、差异、多元、偶然性、身份、身体、文本、他性、欲望等的崇拜，不过是政治受挫后替代性想象的政治产物而已，"某些在政治现实中不再可能的冒险破坏还可以在话语的层面上替代性地培育"②。其虚幻性、不堪一击性和与现存权力结构暗中合谋等诸种弊端不言而喻。

以贝内特为代表的后现代学者们，因放弃经典马克思主义的视角，他们的某些理论观点和政治理念变得问题重重。这提示我们必须重新回归经典马克思主义的一些基本概念，要结合新的历史条件，重新解释资本主义

---

① ［英］特里·伊格尔顿：《后现代主义的幻觉·前言》，华明译，商务印书馆 2005 年版，第 1 页。

② 同上书，第 23 页。

生产方式与文化实践间的复杂互动关系，重新思考阶级、意识形态、历史、总体性、物质生产等概念与文化实践的相互关联。

贝内特的学术探索活动和身份嬗变（从西方马克思主义者转变为彻底的后福柯主义的支持者），也表征了当代西方人文知识分子在面临新的历史时期和复杂的现实语境时，传统身份正发生着危机，折射出他们在自我身份定位上的困惑、矛盾等情绪。随着西方现代社会制度化分工的加深和工具理性合理化的强化，知识科层化、技术化、专业化已成为不可避免的趋势，知识分子的活动也处于对制度化分工、技术理性的依赖和对创造性、开放话语和职业自主性的冲动的紧张二元性中。贝内特力主用实用性和工具主义的智性活动取代批判性智性活动的虚幻英雄主义，表征了西方知识分子的活动身处这种紧张的二元性张力的困境中，也表征了批判性知识分子的传统身份的危机。以贝内特为代表的后现代实用主义者们对批判性活动的主动放弃，也许正体现了部分知识分子在面临被工具理性、科层制和体制化吞噬时，无法掩饰的悲观情绪和对权力结构合法性的妥协甚至合谋，这应和了韦伯不可动摇的悲观信念："在现代社会条件下，批判性冲动注定要让位于包罗万象的工具理性。"① 同时，贝内特的实用主义和对批判性冲动的质疑，也提醒着批判性知识活动传统在后现代语境下，反思自己如何重新进行自我定位，思考如何真正有效制定出与多元统治形式进行斗争的方法策略。

无论如何，贝内特的思想观念、方法论和政治理念，对我们在新的历史阶段建设马克思主义文学、文化理论，具有极为重要的启迪意义和参考价值。贝内特本人的智性活动和实践经验，也为中国文化研究学者从国内现实语境出发，发现自己的问题，思考相应的解决策略提供了学习借鉴的榜样，因为正如美国学者特里萨·埃伯特所言："一切知识（包括文化理论和文化研究）的任务就是转变人类实践——将它放到一个更加错综复杂的水平上。"②

---

① ［美］卡尔·博格斯：《知识分子与现代性的危机》，李俊等译，江苏人民出版社2006年版，第212页。

② 谢少波、王逢振编：《文化研究访谈录》，中国社会科学出版社2003年版，第79页。

参考文献

一 托尼·贝内特的著述

（一）中文部分（以出版时间为序）

《科学、文学与意识形态——路易·阿尔都塞文学观念》，寿静心选译自
　《形式主义与马克思主义》第 6 章，《辽宁大学学报》1994 年第 1 期。

《托尼·贝内特谈文化研究与知识分子》，陶东风译，《文艺研究》1999
　年第 1 期。

《置政策于文化研究之中》，罗钢、刘象愚主编：《文化研究读本》，中国
　社会科学出版社 2000 年版。

《知识分子、文化与政策：技术的、实践的与批判的》，陶东风、周宪主
　编：《文化研究》第 2 辑，广西师范大学出版社 2001 年版。

《通俗文化与“葛兰西转向”》，陆扬译，《视点》2001 年第 1 期。

《马克思主义与通俗小说》，弗朗西斯·马尔赫恩编选：《当代马克思主义
　文学批评》，刘象愚等译，北京大学出版社 2002 年版。

《文本、读者、语境》，潘德重译，《视点》2003 年第 6 期。

《通俗文化与“葛兰西转向”》，汪凯、刘晓红译，《媒介研究的进程：经
　典文献读本》，新华出版社 2004 年版。

《走向文化研究的语用学》，阎嘉译，陶东风编译，《文化研究精粹读本》，
　人民出版社 2006 年版。

《本尼特：文化与社会》，王杰等译，广西师范大学出版社 2007 年版。

（二）英文部分（以出版时间为序）

1. 著作

Bennett, T. and Joyce, P. eds. *Material Powers: Cultural Studies, History and
　the Material Turn.* London and New York: Routledge, 2010.

Bennett, T. Savage, M., Silva, E., Warde, A., Gayo-Cal, M. and Wright,

D. *Culture*, *Class*, *Distinction*. London and New York: Routledge, 2009.

Bennett, T. *Critical Trajectories*: *Culture*, *Society*, *Intellectuals*. Malden, US, and Oxford: Blackwell, 2007.

Bennett, T. *Culture and Society*: *Collected Essays*. Beijing: Guangxi Normal University Press, 2007.

Bennett, T. Grossberg, L. and Morris, M. eds. *New Keywords*: *A Revised Vocabulary of Culture and Society*. Oxford: Blackwell, 2005.

Bennett, T. *Pasts Beyond Memories*: *Evolution*, *Museums*, *Colonialism*. London and New York: Rutledge, 2004.

Bennett, T. and Carter, T. eds. *Culture in Australia*: *Policies*, *Publics*, *Programs*. Melbourne: Cambridge University Press, 2001.

Bennett, T and Watson, D. eds. *Understanding Everyday Life*. Oxford: Blackwell, 2001.

Bennett, T. Frow, J. and Emmison, M. *Accounting for Tastes*: *Australian Everyday Cultures*. Melbourne: Cambridge University Press, 1999.

Bennett, T. *Culture*: *A Reformer's Science*. Sydney: Allen and Unwin: London and New York: Sage, 1998.

Bennett, T. ed. *Museums and Citizenship*: *A Resource Book*, *Special Issue of Memoirs of the Queensland Museum*, Vol. 39, part 1, 1996.

Bennett, T. *The Birth of the Museum*: *History*, *Theory*, *Politics*. London and New York: Rutledge, 1995.

Bennett, T. *Outside Literature*. London and New York: Routledge, 1990.

Bennett, T. ed. *Popular Fiction*: *Technology*, *Ideology*, *Production*, *Reading*. London and New York: Rutledge, 1990.

Bennett, T. and Woollacott, J. *Bond and Beyond*: *The Political Career of a Popular Hero*. London: Macmillan; and New York: Methuen Inc. , 1987.

Bennett, T. , Mercer, C. and Woollacott, J. eds. *Popular Culture and Social Relations*. Milton Keynes: Open University Press, 1986.

Bennett, T. *Formalism and Marxism*, London and New York: Methuen, 1979.

2. 文章（以发表时间为序）

"Habit, Instinct, Survivals: Repetition, History, Biopolitics," in, Gunn, S. and Vernon, J. eds. *The Peculiarities of Liberal Modernity in Imperial Brit-*

ain. University of California Press, 2010.

"Making andMobilising Worlds: Assembling and Governing the Other," in, Bennett, T. and Joyce, P. eds. *Material Powers: Cultural Studies, History and the Material Turn*. London and New York: Rutledge, 2010.

"Culture, Power, Knowledge: Between Foucault and Bourdieu," in, Silva, E. and Warde, A. eds. *Cultural Analysis and Bourdieu's Legacy: Settling Accounts and Developing Alternatives*. London and New York: Rutledge, 2010.

Bennett, T. , " 'Culture Studies' and 'the Culture Complex'," in, Hall, J. R. , Grindstaff, L. and Lo, M-C. (eds.) . *Handbook of Cultural Sociology*. London and New York: Rutledge, 2010.

Bennett, T. "Making and Mobilising Worlds: Assembling and Governing the Other," in, Bennett, T. and Joyce, P. (eds.) . *Material Powers: Cultural Studies, History and the Material Turn*. London and New York: Rutledge, 2010.

"Counting and Seeing the Action of Literary Form: Franco Moretti and the Sociology of Literature," in *Journal of Sociology*, Vol. 3, No. 2, July 2009.

"Museum, Field, Colony: Colonial Governmentality and the Circulation of Reference," in *Journal of Cultural Economy*, Vol. 2, Issue. 1–2, 2009.

"Making Culture, Change Society: The Perspective of Culture Studies," in *Culture Studies*, Vol. 21, Issue 4–5, 2007.

"The Work of Culture," *Cultural Sociology*, Vol. 1, No. 1, March 2007.

"Habitus Clive: Aesthetics and Politics in the Work of Pierre Bourdieu," in *New Literary History*, Vol. 38, No. 1, Winter 2007.

"Distinction on the Box: Cultural Capital and the Social Space of Broadcasting", in *Cultural Trends*, Vol. 15, Issue. 2–3, 2006.

"Civic Seeing: Museums and the Organization of Vision," in, MacDonald, S. ed. *Companion to Museum Studies*. Oxford: Blackwell, 2006.

"Cultural Capital and Inequality-Policy Issues and Contexts," in *Cultural Trends*, Vol. 15, Issue. 2–3, 2006.

" Postscript: Cultural Capital and Inequality-Refining the Policy Calculus," in *Cultural Trends*, Vol. 15, Issue. 2–3, 2006.

"Cultural Capital and Social Inequality," in *British Journal of Sociology*,

Vol. 56, No. 1, 2005.

"Civic Laboratories: Museums, Cultural Objecthood, and the Governance of the Social," in *Cultural Studies*, Vol. 19, No. 5, 2005.

"The Historical Universal: The Role of Cultural Value in the Historical Sociology of Pierre Bourdieu," in *British Journal of Sociology*, Vol. 56, No. 1, 2005.

"Introduction: Cultural Capital and Social Exclusion," in *Cultural Trends*, Vol. 13, No. 2, 2004.

"Culture and Governmentality," in, Bratich, J., Packer, J. and McCarthy, C. eds. *Foucault*, *Cultural Studies and Governmentality*. New York: Suny Press, 2003.

"Archaeological Autopsy: Objectifying Time and Cultural Governance," in *Cultural* Values, Vol. 6, Issue. 1–2, 2002.

"Acting on the Social: Art, Culture, and Government," in *American Behavioral Scientist*, Vol. 43, No. 9, 2000.

"Texts in History: The Determinations of Readings and Their Texts," in *The Journal of the Midwest Modern Language Association*, Vol. 18, No. 1（Spring 1985）.

二　其他参考文献（以作者姓氏为序）

（一）中文文献

1. 专著、编著和翻译专著

［法］路易·阿尔都塞:《保卫马克思》,顾良译,商务印书馆1984年版。

［法］路易·阿尔都塞:《列宁和哲学及其它论文集》,杜章智等编译,台湾远流出版公司1990年版。

［法］路易·阿尔都塞:《哲学与政治:阿尔都塞读本》,陈越编,吉林人民出版社2003年版。

［法］路易·阿尔都塞、艾蒂安·巴里巴尔:《读资本论》,李其庆、冯文光译,中央编译出版社2008年版。

［英］马修·阿诺德:《文化与无政府状态:政治与社会批评》,韩敏中译,三联书店2002年版。

［美］汉娜·阿伦特:《人的条件》,竺乾威等译,上海人民出版社1999

年版。

［德］汉娜·阿伦特编:《启迪:本雅明文集》,张旭东、王斑译,三联书店 2008 年版。

［英］佩里·安德森:《西方马克思主义探讨》,高铦等译,人民出版社1981 年版。

《巴赫金全集》第 1—6 卷,钱中文主编,河北教育出版社 1998 年版。

［法］罗兰·巴特:《写作的零度》,李幼蒸译,中国人民大学出版社2008 年版。

［英］阿恩雷·鲍尔德温等:《文化研究导论》,陶东风等译,高等教育出版社 2004 年版。

［德］瓦尔特·本雅明:《机械复制时代的艺术作品》,王才勇译,浙江摄影出版社 1996 年版。

［德］瓦尔特·本雅明:《经验与贫乏》,王炳钧译,百花文艺出版社1999 年版。

［美］丹尼尔·贝尔:《意识形态的终结》,蒋卫国等译,江苏人民出版社2001 年版。

［德］彼得·比格尔:《先锋派理论》,高建平译,商务印书馆 2002 年版。

［英］奥利弗·博伊德—巴雷特、克里斯·纽博尔德等编:《媒介研究的进程:经典文献读本》,汪凯、刘晓红译,新华出版社 2004 年版。

［美］保罗·博维:《权力中的知识分子:批判性人文主义的谱系》,萧莎译,江苏人民出版社 2005 年版,第 307 页。

［美］乔治·埃里斯·博寇:《新博物馆手册》,张云、曹志建等译,重庆大学出版社 2011 年版。

［美］马歇尔·伯曼:《一切坚固的东西都烟消云散了——现代性体验》,徐大建等译,商务印书馆 2003 年版。

［法］皮埃尔·布迪厄:《艺术的法则:文学场的生成和结构》,刘辉译,中央编译出版社 2001 年版。

［法］皮埃尔·布迪厄:《实践理性:关于行为理论》,谭立德译,三联书店 2007 年版。

邓晓芒:《康德〈判断力批判〉释义》,三联书店 2008 年版。

［英］丹尼斯·德沃金:《文化马克思主义在战后英国:历史学、新左派和文化研究的起源》,李凤丹译,人民出版社 2008 年版。

［美］斯坦利·费舍:《读者反应批评:理论与实践》,文楚安译,中国社会科学出版社1998年版。

［美］约翰·菲斯克:《解读大众文化》,杨全强译,南京大学出版社2001年版。

冯宪光:《"西方马克思主义"文艺美学思想》,四川大学出版社1988年版。

［法］米歇尔·福柯:《权力的眼睛:福柯访谈录》,包亚明主编,严峰译,上海人民出版社1997年版。

［法］米歇尔·福柯:《福柯集》,杜小真编选,上海远东出版社1998年版。

［法］米歇尔·福柯:《词与物:人文科学考古学》,莫伟民译,上海三联书店2001年版。

［法］米歇尔·福柯:《性经验史》,佘碧平译,上海人民出版社2002年版。

［法］米歇尔·福柯:《规训与惩罚》,刘北成、杨远婴译,三联书店2007年版。

［法］米歇尔·福柯:《疯癫与文明》,刘北成、杨远婴译,三联书店2007年版。

［法］米歇尔·福柯:《主体解释学:法兰西学院演讲系列,1981—1982》,佘碧平译,上海人民出版社2010年版。

［美］乔纳森·弗里德曼:《文化认同与全球过程》,郭建如译,商务印书局2004年版。

［意］安东尼奥·葛兰西:《狱中札记》,葆煦译,人民出版社1983年版。

［意］安东尼奥·葛兰西:《论文学》,吕同六译,人民出版社1984年版。

［法］吕西安·戈德曼:《文学社会学方法论》,段毅等译,工人出版社1989年版。

［澳］约翰·哈特利(John Hartley):《文化研究简史》,季广茂译,金城出版社2008年版。

［德］尤尔根·哈贝马斯:《公共领域的结构转型》,曹卫东等译,学林出版社1999年版。

［德］尤尔根·哈贝马斯:《作为"意识形态"的技术与科学》,李黎、郭官义译,学林出版社1999年版。

［德］尤尔根·哈贝马斯：《现代性的哲学话语》，曹卫东译，译林出版社
　　2008 年版。

［德］黑格尔：《美学》第一卷，朱光潜译，商务印书馆 1996 年版。

［英］斯图亚特·霍尔：《表征——文化表象与意指实践》，徐亮译，商务
　　印书馆 2005 年版。

［英］特伦斯·霍克斯：《结构主义和符号学》，瞿铁鹏译，上海译文出版
　　社 1987 年版。

［澳］马克·吉布森（Mark Gibison）：《文化与权力：文化研究史》，王加
　　为译，北京大学出版社 2012 年版。

金惠敏：《积极受众论：从霍尔到莫利的伯明翰范式》，中国社会出版社
　　2010 年版。

［日］今村任司：《阿尔都塞认识论的断裂》，朱建科译，河北教育出版社
　　2001 年版。

［德］康德：《判断力批判》，邓晓芒译，人民出版社 2002 年版。

［美］强纳森·柯拉瑞（Crary, Jonathan）：《观察者的技术：论十九世纪
　　的视角与现代性》，蔡培君译，（台北）行人出版社 2007 年版。

［法］布鲁诺·拉图尔：《科学在行动：怎样在社会中跟随科学家和工程
　　师》，刘文旋、郑开译，东方出版社 2005 年版。

［法］布鲁诺·拉图尔：《我们从未现代过：对称性人类学论集》，刘鹏、
　　安涅思译，苏州大学出版社 2010 年版。

［英］恩斯特·拉克劳、查特尔·墨菲：《领导权与社会主义的策略：走
　　向激进民主政治》，尹树广、鉴传今译，黑龙江人民出版社 2003 年版。

［美］丹尼斯·朗：《权力论》，陆震纶、郑敏哲译，中国社会科学出版社
　　2003 年版。

［匈牙利］格奥尔格·卢卡奇：《历史与阶级意识：关于马克思主义辩证
　　法的研究》，杜章智、任立译，商务印书馆 1996 年版。

［匈牙利］格奥尔格·卢卡奇：《卢卡奇早期文选》，张亮、吴勇立译，
　　南京大学出版社 2004 年版。

陆扬、王毅：《文化研究导论》，复旦大学出版社 2009 年版。

陆梅林选编：《西方马克思主义美学文选》，漓江出版社 1988 年版。

罗钢、刘象愚：《文化研究读本》，中国社会科学出版社 2000 年版。

［美］布鲁斯·罗宾斯：《知识分子：美学、政治与学术》，王文斌等译，

江苏人民出版社 2002 年版。

［英］弗朗西斯·马尔赫恩编：《当代马克思主义文学批评》，刘象愚、陈永国译，北京大学出版社 2002 年版。

《马克思恩格斯选集》第 1 卷，人民出版社 1972 年版。

乔治·E. 马尔库斯等：《作为文化批评的人类学：一个人文学科的实验时代》，王铭铭、蓝达居译，三联书店 1998 年版。

［德］卡尔·曼海姆：《意识形态与乌托邦》，黎鸣、李书崇译，商务印书馆 2000 年版。

［英］吉姆·麦克盖根：《文化民粹主义》，桂万先译，南京大学出版社 2001 年版。

［英］吉姆·麦奎根：《重新思考文化政策》，何道宽译，中国人民大学出版社 2010 年版。

［英］吉姆·麦奎根：《文化研究方法论》，李朝阳译，北京大学出版社 2011 年版。

莫伟民：《莫伟民讲福柯》，北京大学出版社 2005 年版。

［英］戴维·莫利：《电视、受众与文化研究》，史安斌译，新华出版社 2005 年版。

［美］安德鲁·皮克林：《实践的冲撞——时间、力量与科学》，邢冬梅译，南京大学出版社 2004 年版。

［斯洛文尼亚］斯拉沃热·齐泽克：《图绘意识形态》，方杰译，南京大学出版社 2002 年版。

［美］爱德华·萨义德：《知识分子论》，单德兴译，三联书店 2002 年版。

［俄］维克托·什克洛夫斯基：《俄国形式主义文选》，方珊等译，三联书店 1989 年版。

［英］多米尼克·斯特里纳蒂：《通俗文化理论导论》，阎嘉译，商务印书馆 2001 年版。

［美］约翰·斯道雷：《文化理论与通俗文化导论》，杨竹山、郭发勇译，南京大学出版社 2006 年版。

［英］保罗·史密斯等：《文化研究精粹读本》，陶东风编，中国人民大学出版社 2006 年版。

陶东风、周宪主编：《文化研究第 7 辑》，广西师范大学出版社 2007 年版。

陶东风、和磊：《文化研究》，广西师范大学出版社 2006 年版。

［英］E. P. 汤普森：《英国工人阶级的形成》，钱乘旦等译，译林出版社
　　2001 年版。

［加］斯蒂文·托托西：《文学研究的合法化》，马瑞奇译，北京大学出版
　　社 1997 年版。

［美］伊恩·P. 瓦特：《小说的兴起：笛福、理查逊、菲尔丁研究》，高
　　原等译，三联书店 1992 年版。

汪民安：《福柯的界限》，中国社会科学出版社 2002 年版。

汪民安：《文化研究关键词》，江苏人民出版社 2007 年版。

王瑾：《互文性》，广西师范大学出版社 2005 年版。

［英］雷蒙德·威廉斯：《关键词：文化与社会的词汇》，刘建基译，三联
　　书店 2005 年版。

［英］雷蒙·威廉斯：《文化与社会：1780—1950》，高晓玲译，吉林出版
　　集团 2011 年版。

［美］理查德·沃林：《文化批评的观念：法兰克福学派、存在主义和后
　　结构主义》，张国清译，商务印书馆 2007 年版。

谢少波、王逢振编：《文化研究访谈录》，中国社会科学出版社 2003
　　年版。

许纪霖主编：《公共性与公共知识分子》，江苏人民出版社 2003 年版。

衣俊卿、尹树光：《20 世纪的文化批判：西方马克思主义的深层解读》，
　　中央编译出版社 2003 年版。

［英］特里·伊格尔顿：《马克思主义与文学批评》，文宝译，人民出版社
　　1980 年版。

［英］特里·伊格尔顿：《美学意识形态》，王杰译，广西师范大学出版社
　　1997 年版。

［英］特里·伊格尔顿：《文化的观念》，方杰译，南京大学出版社 2003
　　年版。

［英］特里·伊格尔顿：《后现代主义的幻觉》，华明译，商务印书馆
　　2005 年版。

［英］特里·伊格尔顿：《沃尔特·本雅明或走向革命批评》，郭国良等
　　译，译林出版社 2005 年版。

［英］特里·伊格尔顿：《现象学，阐释学，接受理论——当代西方文艺

　理论》，王逢振译，江苏教育出版社 2006 年版。

［英］特里·伊格尔顿：《理论之后》，商正译，商务印书馆 2009 年版。

赵国新：《新左派的文化政治：雷蒙·威廉斯的文化理论》，外语教学与
　研究出版社 2009 年版。

张京媛：《新历史主义与文学批评》，北京大学出版社 1993 年版。

赵宪章：《马克思主义文艺美学基础》，南京大学出版社 1992 年版。

［美］弗雷德里克·詹姆逊：《政治无意识：作为社会象征行为的叙事》，
　王逢振、陈永国译，中国社会科学出版社 1999 年版。

［美］弗雷德里克·詹姆逊：《晚期资本主义的文化逻辑》，陈清侨译，三
　联书店 1997 年版。

［美］弗雷德里克·詹姆逊：《文化研究和政治无意识》，王逢振主编，中
　国人民大学出版社 2004 年版。

周凡：《后马克思主义导论》，中央编译出版社 2010 年版。

周宪：《文化现代性精粹读本》，中国人民大学出版社 2010 年版。

周兴杰：《批判的位移：葛兰西与文化研究转向》，中国社会科学出版社
　2011 年版。

2．部分中文期刊论文

［意］吉奥乔·阿甘本：《什么是装置?》，王立秋译，《当代艺术与投资》
　2010 年第 9 期。

［英］保罗·鲍曼：《后马克思主义的话语理论》，黄晓武译，《国外理论
　动态》2011 年第 4 期。

程锡麟：《互文性理论概述》，《外国文学》1990 年第 1 期。

段吉方：《理论与经验：托尼·本尼特与 20 世纪英国文化研究》，《马克
　思主义美学研究》2002 年第 2 期。

［英］弗兰西斯·姆恩：《英国文学中的阿尔都塞》，孟登迎译，《外国文
　学》2002 年第 2 期。

［英］G. 格雷厄姆：《马克思主义的艺术理论》，章建刚译，《哲学译丛》
　1998 年第 3 期。

郭俊立：《巴黎学派的行动者网络理论及其哲学意蕴评析》，《自然辩证法
　研究》2007 年第 2 期。

洪永稳：《简析康德美学中审美与人的自由》，《安徽大学学报》2004 年
　第 3 期。

韩雅丽：《认知测绘：总体性理论的进一步发展——卢卡奇与詹姆逊思想反思》，《外语学刊》2005 年第 5 期。

［英］托马斯·莱姆克：《不带引号的马克思——福柯、规治和新自由主义的批判》，陈元译，《现代哲学》2007 年第 4 期。

刘旭光：《审美主体性的确立——康德美学思想存在论的基础研究》，《人文杂志》2012 年第 3 期。

莫伟民：《管治：从身体到人口——福柯思想探究》，《学术月刊》2011 年第 7 期。

陶家俊：《西方文论关键词 萨义德》，《外国文学》2012 年第 3 期。

王杰：《阿尔都塞学派文学批评的视野和局限》，《广西师范大学学报》1996 年第 3 期。

王杰、徐方斌：《美学、社会、政治——托尼·本尼特访谈录》，《文艺研究》2011 年第 3 期。

温恕：《马谢雷论科学的文学批评》，《重庆师范大学学报》（哲学社会科学版）2004 年第 1 期。

［奥地利］雷纳·温特：《文化研究和后结构主义理论与后现代日常生活中的"抵抗社会性"》，张道建译，《江西社会科学》2009 年第 12 期。

朱鲁子、马欣：《历史维度中的审美主体与康德美学的四个契机》，《理论与现代化》2009 年第 5 期。

肖瑛：《回到"社会的"社会学》，《社会》2006 年第 5 期。

杨春时：《论现代美学的重建：超越现代主义与后现代主义》，《厦门大学学报》2012 年第 3 期。

［英］特里·伊格尔顿：《马歇雷与马克思主义文学理论》，戴侃译，《国外社会科学》1983 年第 1 期。

张永清：《马克思主义批评的"文化转向"》，《西北大学学报》2012 年第 2 期。

周凡：《从马克思主义到后马克思主义（中）——拉克劳、莫菲思想演进的全景透视》，《学术月刊》2008 年第 40 卷。

赵一凡：《萨义德与美国文化批评》，《外国文学研究》2004 年第 3 期。

3. 学位论文

徐德林：《英国文化研究的形成与发展——以伯明翰学派为中心》，北京大学 2008 年博士研究生学位论文。

（二）外文文献

1. 外文专著

Alexander, Jeffrey. *The Meanings of Social Life: A Cultural Sociology*. Oxford: Oxford University Press, 2003.

Althusser, Louis . *For Max*. Harmondsworth: Allen Lane, 1969.

Berube, Michael. ed. *The Aesthetics of Cultural Studies*. Oxford: Blackwell Publishing, 2005.

Bowman, Paul. *Post-Marxism Versus Cultural Studies: Theory, Politics and Intervention*. Edinburgh: Edinburgh University Press, 2007.

Bourdieu, Pierre. *Distinction: A Social Critique of the Judgment of Taste*. Harvard University Press and Routledge & Kegan Paul Ltd. , 1984.

Bourdieu, Pierre. *The Love of Art: European Art Museums and Their Public*. trans, by Caroline Beattie. Cambridge: Polity Press, 1991.

Bratich, Jake Z. (ed.) *Foucault, Cultural Studies and Govermentality*. New York: State University of New York Press, 2003.

Burchell, Graham and Gordon, Colin and Miller, Peter. eds. *The Foucault Effect: Studies in Governmentality: with two Lectures and Interview with Michel Foucault*. Chicago: The University of Chicago Press, 1991.

Cunningham, Stuart. "Cultural Studies from the Viewpoint of Cultural Policy," in *Critical Cultural Policy Studies: A Reader*. (eds.) Justin Lewis and Toby Miler, Blackwell Publishing, 2003.

Certeau, Michel de. *The Practice of Everyday Life*. Berkeley: University of California Press, 1984.

During, Simon. ed. *The Cultural Studies Reader*. London and New York: Rutledge, 1999.

Eagleton, Terry. *Criticism and Ideology*. London: New Left Books, 1976.

Eagleton, Terry. *The Ideology of the Aesthetic*. Oxford: Blackwell, 1990.

Eagleton, Terry. *Why Marx Was Right*. New Haven & London: Yale University, 2011.

Edwards, Tim . *Cultural Theory*. London: SAGE Publications, 2007.

Evans, Jessica and Boswell, David. eds. *Representing the Nation: A Reader Histories Heritage and Museums*. London and New York: Rutledge, 1999.

Faubion, James D. ed. *Aesthetics, Method, and Epistemology.* New York: The New Press, 1998.

Ferguson, Marjorie and Golding, Peter. " Cultural Studies and Changing Times: An Introduction. " in Ferguson, Marjorie and Golding, Peter. eds. *Cultural Studies in Question.* London: Sage, xx–xxii, 1995.

Foucault, Michel. *The Archaeology of Knowledge.* New York: Pantheon, 1972.

Foucault, Michel. *Language, Counter-Memory, Practice: Selected Essays and Interview.* New York: Cornell University Press, 1977.

Foucault, Michel. "*Body/Power.*" *Power/Knowledge: Selected Interviews and Other Writings*, 1972 – 1977. edited by Colin Gordon, Brighton: Harvester Press, 1980.

Foucault, Michel. *The Foucault Reader.* edited by Paul Rabinow, New York: Pantheon; London: Penguin, 1984.

Foucault, Michel. "*Technologies of the Self.*" *Ethics: Subjectivity and Truth — Essential Works of Michel Foucault*, 1954 – 1984. edited by Paul Rabinow, New York: The New Press, 1994.

Foucault, Michel. *Aesthetics, Method, and Epistemology: Essential Works of Foucault* 1954–1984. James D, Faubion. ed. London: The New Press, 1998.

Foucault, Michel. *Ethics: Subjectivity and Truth: Essential Works of Michel Foucault* 1954–1984. Rabinow, Paul Pengui. ed. London: The New Press, 1998.

Frow, John. *Marxism and Literature.* Cambridge, Mass: Harvard University Press, 1986.

Frow, John and Morris, Meaghan. eds. *Australian cultural studies: a reader.* Urbana and Chicago: University of Illinois Press, 1993.

Gurevitch, M. and Bennett, T and Curran, J and Woollacott, J. eds. *Culture, Society and the Media*, London and New York: Methuen, 1981.

Habermas, Jürgen. *Democracy and the Public Sphere.* London: Pluto Press, 2005.

Hall, Stuart and Gay, Paul du. *Questions of Cultural Identity.* London: SAGE Publications Ltd. , 1996.

Henning, Michelle. *Museum, Media and Cultural Theory.* London: McGraw-Hill International, 2006.

Hoggart, Richard. *Everyday Language and Everyday Life.* New Brunswick and London: Transaction Publishers, 2003.

Jacobs, Mark D. ed. *The Blackwell Companion to the Sociology of Culture.* Oxford: Blackwell Publishing, 2005.

Jameson, Fredric. ed. *Aesthetics and Politics.* London: New Left Books, 1977.

Johnson, Richard and Chambers, Deborsh. *The Practice of Cultural Studies.* London: SAGE Publications, 2004.

Kendall, Gavin and Wickham, Gary. *Understanding Culture: Cultural Studies, Order, Ordering.* London: Sage Publications, 2001.

Laclau, Emesto and Mouffe, Chantal. *Hegemony and Socialist Strategy: Towards a Radical Democratic Politics.* London: Verso Books, 1985.

Laclau, Ernesto. ed. *The Making of Political Identities.* New York and London: Verso, 1994.

Latour, Bruno. *Laboratory Life: The Construction of Scientific Facts.* New Jersey: Princeton University, 1986.

Latour, Bruno. *Pandora's Hope: Essays on the Reality of Science Studies.* Cambridge: Harvard University Press, 1999.

Latour, Bruno. *War of the Worlds: What about Peace?* Chicago: University of Chicago Press, 2002.

Latour, Bruno. *Politics of Nature: How to Bring the Sciences into Democracy.* Cambridge, Massachusetts: Harvard University Press, 2004.

Laybourn, Keith. *Marxism in Britain Dissent, Decline and Re-emergence 1945–c. 2000.* New York and London: Rutledge, 2006.

Leistyna, Pepi. ed. *Cultural Studies: Form Theory to Action,* Oxford: Blackwell Publishing, 2005.

Lewis, Justin and Miller, Tobey. eds. *Critical Cultural Policy Studies A Reader.* Oxford: Blackwell Publishing, 2003.

Lumley, Robert. ed. *The Museum Time-Machine: Putting Cultures on Display.* London and New York: Routledge, 1988.

Lukacs, Georg. *The Theory of The Novel: A Historico-Philosophical Essay on the forms of Great epic Literature.* Bostock, Anna. (tran), London: The Merlin Press, 1971.

Macdonald, Sharon. ed. *The Politics of Display: Museum, Science, Culture.* London and York: Routledge, 1998.

Maxwell, Richard. ed. *Culture Works: The Political Economy of Culture.* Minneaplis and London: University of Minnesota Press, 2001.

Macherey, Pierre. *A Theory of Literary Production*, trans. Geoffrey Wall, London, Henley and Boston: Routledge & Kegan Paul, 1978.

McRobbie, Angela. "Post-Marxism and Cultural Studies: A Post-script. " in Grossberg, Lawrence, Nelson, Cary and Paula A. Treichler. eds. *Cultural Studies.* New York and London: Routledge, 1992.

McGuigan, Jim. *Culture and the Public Sphere.* London: Routledge, 1996.

McGuigan, Jim. *Cultural Populism.* New York and London: Routledge, 1992.

Miller, Toby. *A Companion to Cultural Studies*, Oxford: Blackwell Publishers, 2001.

Miller, Toby. *Cultural Policy.* London: SAGE Publications, 2002.

Mitchell, Dean. *Governmentality: Power and Rule in Modern Society.* London: Sage, 1999.

Olssen, Mark. *Michel Foucault: Materialism and Education.* London: Bergin & Garvey, 1999.

Oswell, David. *Culture and Society An Introduction to Cultural Studies.* London: Sage Publications, 2006.

Owen, Sue. *Richard Hoggart and Cultural Studies.* New York: Palgrave Macmillan, 2008.

Prendergast, Christopher. *Cultural Materialism On Raymond Williams*, Minneapolis: University of Minnesota Press, 1995.

Resch, Robert Paul. *Althusser and the Renewal of Marxist Social Theory.* Berkeley · Los Angeles · Oxford: University of California Press, 1992.

Spargo, R. Clifton and Ehrenreich, Robert. eds. *After Representation? The Holocaust, Literature, and Culture.* New Brunswiek: Rutgers University Press, 2010.

Stern, Jonathan. "Bureaumentality. " in *Foucault, Cultural Studies, and Governmentality.* edited by Jack Z. Bratich, New York: State University of New York Press, 2003.

Vergo, Peter. *The New Museology*. London: Reaktion Books, 1989.

Wyer, Robert S and Chiu, Chi-yue and Hong, Ying-yi. *Understanding Culture: Theory, Research, and Application*. New York and London: Taylor & Francis Group, 2009.

Thompson, Kenneth. *Media and Cultural Regulation*. London: Sage Publications, 1997.

Turner, Graeme. *Nation, Culture, Text: Australian Cultural and Media Studies*. London and New York: Routledge, 1993.

Turner, Graeme. *British Cultural Studies: An Introduction*. New York and London: Routledge, 1996.

Waites, B and Bennett, T and Martin, G. *Popular Culture: Past and Present: A Reader*. London: Croom Helm, 1981.

Williams, Raymond. *Marxism and literature*. Oxford: Oxford University Press, 1977.

Williams, Raymond. *Resources of Hope: Culture, Democracy, Socialism*. New York and London: Verso, 1989.

2. 外文期刊

Graham, Helen. "Scaling Govermentality." in *Cultural Studies*, Vol. 26, No. 4, July 2012.

Lemke, Thomas. "Foucault, Governmentality, and Critique." in *Rethinking Marxism Conference*, University of Amherst, (September 21–24) 2000.

Kohlstedt, Sally Gregory. "'Thoughts in Things' Modernity, History, and North American Museums." in *Isis*, Vol. 96, No. 4 (December 2005), p. 594.

Kavanagh, James H. "Marxism' Althusser: Toward a Politics of Literature Theory", in *Diacritics*, Vol. 12, No. 1 (Spring 1982).

Jenkins, Keith. "Marxism and Historical Knowledge: Tony Bennett and the Discursive Turn." in *Literature and History*, ser. 3: 3: 1 (Spring 1994).

Reilly, Anne and Saiz, Prospero. "Volosinov, Bennett, and The Politics of Writing." in *Contemporary Literature* (Autumn 1981), Vol. 22, No. 4.

Rosteck, Thomas. "Readers and a Cultural Rhetorical Studies." in *Rhetoric Review*, Vol. 20, No. 1/2 (Spring, 2001).

Starn, Randolph. "A Historian's Brief Guide to New Museum Studies." in *The American Historical Review*, Vol. 11, No. 1 (February 2005).

Yengoyan, Aram A. "Universalism and Utopianism. A Review Article." in *Comparative Studies in Society and History*, Vol. 39, No. 4, Oct., 1997.

3. 网络资源

Daniel Chandler, An Introduction to Genre Theory, http://www. aber. ac. uk/media/Documents/intgenre/chandler_ genre_ theory. pdf.

［法］米歇尔·福柯：《安全、领土和人口》，赵晓力译，http://www. douban. com/group/topic/6501935/.

［英］斯图亚特·霍尔、陈光兴：《后现代主义、接合理论与文化研究：斯图亚特·霍尔访谈录》，http://staffweb. ncnu. edu. tw/hdcheng/articles/postmandcs. htm.

陈燕谷：《文化研究与市民社会》，http://www. culstudies. com/plus/ view. php? aid =659。